T0128511

Printed in the United States
By Bookmasters

بسم الله الرحمن الرحيم

علم النفس الإداري

Managerial Psychology

علم النفس الإداري

تأليف

الدكتور

سامي محسن الختاتنة

جامعة مؤتة- كلية العلوم التربوية- قسم علم النفس

الطبعة الأولى

1432 هـ - 2011 م

المملكة الأردنية الهاشمية
رقم الإيداع لدى دائرة المكتبة الوطنية
(2011/1/330)

658.019

الختاتنة، سامي محسن.
علم النفس الإداري/ سامي محسن ختاتنة، - عمان : دار ومكتبة الحامد للنشر والتوزيع، 2011 .
( ) ص .
ر. إ. : (2011/1/330) .
الواصفات : / علم النفس الإداري// إدارة الأعمال//
*يتحمل المؤلف كامل المسؤولية القانونية عن محتوى مصنفه ولا يعبّر هذا المصنف عن رأي دائرة المكتبة الوطنية أو أي جهة حكومية أخرى.

❖ أعدت دائرة المكتبة الوطنية بيانات الفهرسة والتصنيف الأولية .

* (ردمك) ISBN 978-9957-32-581-7

دار الحامد للنشر والتوزيع

شفا بدران - شارع العرب مقابل جامعة العلوم التطبيقية
هاتف: 5231081 -00962 فاكس : 5235594 -00962
ص.ب . (366) الرمز البريدي : (11941) عمان - الأردن

Site : www.daralhamed.net
E-mail : info@daralhamed.net
E-mail : daralhamed@yahoo.com
E-mail : dar_alhamed@hotmail.com

المحتويات

المقدمـــــة

قال تعالى: "وَنَفْسٍ وَمَا سَوَّاهَا (7) فَأَلْهَمَهَا فُجُورَهَا وَتَقْوَاهَا (8) قَدْ أَفْلَحَ مَنْ زَكَّاهَا (9) وَقَدْ خَابَ مَنْ دَسَّاهَا (10) "[الشمس: الآية 7-10].

لم يعد الاهتمام بدراسة علم النفس الإداري في عصرنا الحاضر شكلاً من أشكال الترف الثقافي ولغايات المعرفة وحب الفضول فقط، بل تعدى ذلك إلى توظيف هذه المعرفة في مجالات الحياة المتعددة. فعلم النفس الإداري واحد من أهم العلوم التي تساعد اليوم في بناء المجتمعات والرقي بها من خلال التركيز على أهم عامل من عوامل التنمية، ألا وهو الإنسان وسلوكه وقدراته وملكاته، وأهمية توظيف ما توصل له علم النفس الحديث في مجال إدارة السلوك الإنساني.

ومع أن علم النفس لازال قيد التطور ولم يعطِ كافة الإجابات لجميع القضايا المتعلقة بالجانب النفسي الإنساني نظراً لتميز الإنسان وتفرده فأصبح من الضروري متابعة البحث والدراسة في هذا المجال بهدف الوصول إلى فهم عميق للظواهر النفسية والسلوكية وعلاقتها في مجال إدارة السلوك، ومن هنا جاءت الأهمية الكبرى وهي متابعة أحدث التطورات وإصدار المؤلفات في هذا المجال من أجل تزويد طالب العلم والقراء في الوطن العربي بالمعرفة الدقيقة في هذا المجال.

وسيغطي هذا الكتاب أهم المفاهيم الأساسية في علم النفس الإداري من حيث: تعريف علم النفس، أهدافه، أهميته، وميادينه، ومدارسه وعلاقة الإدارة بعلم النفس، ومفهوم علم النفس الإداري.

وهذا المؤلف يضم بين طياته تسعة فصول رئيسية ومقدمة تتناول جميعها أبرز الموضوعات التي تشكل الأطر النظرية والتطبيقية لعلم النفس الإداري، وقد تناول **الفصل الأول** التعريف بعلم النفس بشكل عام ونشأته ومدارسه وميادينه النظرية والتطبيقية، كذلك تضمن الفص الأول علاقة الإدارة بعلم النفس والتعريف بعلم النفس الإداري وأهميته.

أما **الفصل الثاني** فقد تناول النظريات التي تفسر السلوك الإداري ومنها نظريات الدافعية والنظريات السلوكية والنظرية المعرفية والنظريات الموقفية للإدارة ونظرية الجماعة ونظرية الاتصالات.

ثم جاء **الفصل الثالث** ليبين ضغوط العمل من حيث مفهوم الضغط النفسي ونظرياته ومصادر ضغوط العمل، وأنماط الإشراف وعلاقتها بضغوط العمل، ثم قدم هذا الفص اقتراحات للتعامل مع شخص غاضب أثناء العمل.

وفي **الفصل الرابع** تم توضيح الصحة النفسية للعاملين من حيث تأثير الاضطرابات النفسية على مجال العمل والحاجات النفسية الهامة للعاملين، وأدوات وسائل تحقيق الصحة النفسية للعمال وأسباب تساعد على الوقاية من عصابات العمل والسيطرة عليها.

وفي **الفصل الخامس** تم تناول التواصل النفسي في الإدارة ، مبتدأً بتعريف الاتصال، والمحددات الأساسيه في مهارات الاتصال، والقواعد الأساسية للإصغاء، وأنواع الاتصال وآدابه ومعيقاته، وعيوب الاتصال مع الآخرين.

وقد تناول **الفصل السادس** الاختيار والتعيين من حيث أهداف الاختيار ومفهومه ومبادئه وضوابطه وخطواته، وبعض الأخطاء في عملية الاختيار، وقياس الأفراد والوظائف، وتحليل العمل، وانتقاء الأفراد في الممارسة العملية.

وقد خصص **الفصل السابع** للحافز وتقييم الأداء، حيث عُرض فيه العوامل المحفزة على العمل والأمان النفسيـ وأهميـة الوظيفـة، ثم تقيـيم الأداء وتخطيط عمليـة التقيـيم وإجـراء مقـابلات التقيـيم، وتقيـيم الوظـائف، والعلاقـة بـين تقيـيم الوظائف والكفاءات، ثم قائمة بخطوات تقييم الوظائف، واستخدام أسـاليب الحـافز والتقييم.

وتناول **الفصل الثامن** اتخاذ القرار وعُرّف في هذا الفصل مفهوم اتخاذ القرار وأهمية اتخاذ القرار وخطواته والعوامـل المـؤثرة فيـه، ومـدخلات ومخرجـات نظام اتخاذ القرارات، ثم تناول هذا الفصل نظريات اتخاذ القرار وأساليب اتخاذ القرار، وأثر التنشئة الاجتماعية على اتخاذ القرار.

أمـا **الفصل التاسـع** فقد أفـرد لمفهـوم سـيكولوجية التـدريب، حيـث تـم استعراض مفهوم التدريب وتعريفه وأهدافه، ونظريات التدريب، وموقف المتـدرب من البرامـج التدريبيـة، وأهميـة تحليـل الاحتياجـات التدريبيـة وتحديـدها، ومراحـل تقييم البرنامج التدريبي، ومؤشرات نجاح البرامج التدريبية.

المؤلف

الفصل الأول

علم النفس

الفصل الأول

علم النفس

- مفهوم علم النفس
- تعريف علم النفس
- أهداف علم النفس
- نشأة علم النفس
- الحركة البنيوية
- الحركة السلوكية
- الحركة الجشتالتية
- المدارس النفسية الحديثة- المدرسة السلوكية – المدرسة المعرفية- مدرسة التحليل النفسي- المدرسة الإنسانية – المدرسة البيولوجية
- ميادين علم النفس – الميادين النظرية – الميادين التطبيقية
- علاقة الإدارة بعلم النفس
- مفهوم علم النفس الإداري
- تعريف علم النفس الإداري
- أهمية علم النفس الإداري

الفصل الأول
علم النفس

مفهوم علم النفس:

يعتبر مفهوم علم النفس من أكثر المفاهيم تداولاً بين العامة والمثقفين في أكثر المجتمعات المعاصرة. رغم ذلك فهناك الكثير من الغموض وعدم الفهم الدقيق لهذا المفهوم بين العامة وغير المتخصصين. فمن المؤكد أن مفهوم علم النفس من وجهة نظر علماء النفس يختلف عن فهم الإنسان العادي لهذا المفهوم.

تعريف علم النفس:

مفهوم علم النفس يتكون من مفهومين فرعيين هما العلم والنفس. أما مفهوم العلم فله معان عدة منها أنه الدراسة المنتظمة للظواهر المختلفة، والسؤال الذي يتبادر إلى الذهن هنا ما المقصود بالنفس التي نسعى إلى دراستها دراسة علمية؟ هل هي السلوك أم العقل أم الانفعالات والدوافع أم الروح والجسد؟ لعل بعض طلبة علم النفس يرى أن النفس تشمل هذه المكونات جميعاً. غير أن علم النفس يتعذر عليه دراسة كل هذه المكونات. فالروح مثلاً لا سبيل إلى دراستها دراسة علمية. أما الجسد فيدرس من قبل علوم أخرى مثل علم التشريح وعلم وظائف الأعضاء والطب. وعليه فإن النفس كما تدرس في علم النفس تتضمن السلوك والعمليات العقلية. وهذا يشمل سلوك الإنسان الملاحظ وانفعالاته والعمليات المعرفية التي يجريها العقل عندما يستقبل مثير ما. وهذه العمليات تجعله يسلك بطريقة مميزة تختلف عن الطريقة التي يسلك بها الآخرون، ومن الأمثلة على العمليات المعرفية الانتباه، الإدراك، التذكر، التخيل، الاستدلال، وغيرها. بهذا تكون تعرفنا على مفهوم العلم ومفهوم النفس ولكن ما هو علم النفس؟

يعرف علم النفس حالياً بأنه الدراسة العلمية للسلوك والعمليات العقلية لعل هذا التعريف بحاجة إلى شيء من التفصيل. فما المقصود بالسلوك؟ وما المقصود بالعمليات العقلية؟ وكيف تدرس بطريقة علمية؟

السلوك هو كل ما يصدر عن العضوية من قول أو فعل يمكن ملاحظته بشكل مباشر، ومن الأمثلة على السلوك طفل يصرخ، طالب يدرس، فنان يرسم، طفل يتابع أمه بنظراته، لاعب يركل خصمه، مراهقة تبحث عن تسريحة مناسبة... إلخ. إذن فعلماء النفس يدرسون السلوك، ولكنك ستلاحظ في الفصول اللاحقة أنهم يدرسون أيضاً السمات مثل سمة الذكاء، القلق، الكرم، الانطواء... إلخ، وعلى كل حال، فالسمات تدخل ضمن نطاق مفهوم السلوك حيث أن السمة هي مجموعة من السلوكيات المترابطة التي تميل إلى الحدوث معاً. فسمة الذكاء مثلاً نستدل عليها من خلال مجموعة من السلوكيات الذكية التي يقوم بها الفرد، وغالباً ما يتسم بها سلوكه في المواقف المختلفة.

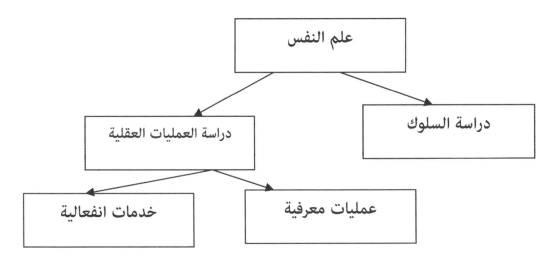

العمليات العقلية:

تشير إلى الخبرات الداخلية الذاتية التي لا يمكن ملاحظتها مباشرة وتشمل الإحساسات، الإدراكات، الذكريات، والأفكار، المعتقدات، الأحلام، المشاعر والدوافع، ومن الأمثلة عليها ذكريات طالب عن أول يوم له في الجامعة، المشاعر التي يمر بها الطفل عند خروج أمه من الحجرة ومعتقدات فتاة عن الاختلاط بين الجنسين، لاحظ أن هذه العمليات لا يمكن ملاحظتها بشكل مباشر كما نلاحظ السلوك الظاهر ولذا. فإننا نستنتجها من خلال السلوك الملاحظ، الآن، ما هو السلوك والعمليات العقلية لدى كاتب عند سماعه لنبأ حصوله على جائزة تقديرية؟ إذا كنا عنده لحظة سماعه للنبأ فإننا بسهولة نستطيع ملاحظة سلوكه الظاهر فقد يبتسم أو يصرخ أو يقفز أو يتحقق أو ينوه بأصحاب الفضل ولكن ما هي العمليات العقلية لديه في تلك اللحظة؟ هل هو في غاية السرور؟ منذهل؟ هل يشعر أنه انتشل كغريق؟ هل يفكر بطول فترة الانتظار قبل التقدير؟ هل يخطط للاتصال بالمقربين؟ إن وصف السلوك الظاهر عملية سهلة ومباشرة، أما وصف العمليات العقلية فتتم بطريقة استنتاجيه وهذه الاستنتاجات قد تكون صائبة أو خاطئة وهي تختلف من فرد إلى آخر.

تجدر الإشارة إلى أن العمليات العقلية يمكن تقسيمها إلى قسمين: عمليات معرفية وتشمل الإحساس والانتباه والإدراك والتفكير والتذكر وعمليات انفعالية وتشمل القلق والخوف والغضب والمشاعر المختلفة، كما يمكن تقسيمها من منظور التحليل النفسي إلى عمليات شعورية وعمليات لا شعورية.

نقصد بالدراسة العلمية أن علم النفس يستخدم مناهج منظمة لملاحظة ووصف وتفسير والتنبؤ وضبط السلوك. فعالم النفس- شأنه شأن باقي العلماء- يخطط وينفذ أبحاثه بدقة وعناية بغرض التوصل إلى بيانات دقيقة عن السلوك

موضوع الدراسة. فهو يلاحظ السلوك في المختبر وفي المواقف الطبيعية، وهو يصف الأنماط المتكررة من السلوك باستخدام مفاهيم نفسية دقيقة، وهو دائم البحث عن العلاقات السببية التي تفسر السلوك أي العلاقات التي تصف العلاقة بين السلوك والعوامل أو المتغيرات التي تؤثر عليه.

الظواهر النفسية:

إن أي علم لا بد أن يتوفر فيه مجموعة من الشروط لكي يسمى علماً، ومن هذه الشروط وجود ظواهر محددة يسعى الباحثون إلى دراستها فعلم الفيزياء مثلاً يدرس ظواهر طبيعية مثل الجاذبية والإشعاع والحركة والحث الكهرومغناطيسي- وعليه فما هي الظواهر السلوكية التي يدرسها علم النفس؟ هناك الكثير من الظواهر النفسية التي لفتت انتباه علماء النفس. سنذكر في هذا المقام للتوضيح فقط جزء يسير من هذه الظاهر: إن من أبرز الظواهر التي لفتت انتباه علماء النفس:

أولاًَ: ظاهرة الاضطراب النفسي فقد ينحرف سلوك بعض الأفراد عن السواء.

ثانياً: ظاهرة التعلم فالسلوك قد يتغير بشكل إيجابي أو سلبي نتيجة لتفاعل الكائن مع البيئة،

ثالثاً: ظاهرة النمو أو التطور فالفرد ينمو ويتطور اجتماعياً ولغوياً وعاطفياً ومعرفياً وأخلاقياً.

رابعاً: ظاهرة الفروق الفردية حيث أن الأفراد يختلفون فيما بينهم في جوانب عدة منها القدرات والاستعدادات وأساليب التفكير والتعلم. كما يتناول علم النفس ظواهر أخرى عديدة منها الإدراك والتفكير والانفعالات والذاكرة، ويهدف العلم عادةً إلى وصف الظواهر موضوع الدراسة وتفسيرها والتنبؤ بها والتحكم بها. وسوف نتناول هذه الأهداف بشيء من التفصيل لاحقاً.

أهداف علم النفس:

هدف علم النفس، هو الكشف عن أسس السلوك الإنساني، وتتحقق الغاية من علم النفس من خلال ثلاثة أهداف، هي:

1- الفهم: Understanding

فهم الظاهرة السلوكية،ويعنى البحث عن ظواهر أو متغيرات يؤدى التغير فيها إلى تغير منتظم في الظاهرة، أو متغيرات تربطها بالظاهرة علاقة وظيفية .

ويتم ذلك بعملية الربط وإدراك العلاقات بين الظواهر المراد تفسيرها وبين الأحداث التي تلازمها أو تسبقها، ويقود الفهم إلى التنبؤ.

2- التنبؤ: Prediction

وهو وضع تصور للنتائج المترتبة على استخدام المعلومات التي توصلنا إليها في مواقف جديدة.، ونفترض في عملية التنبؤ وجود علاقة جديدة لا نستطيع أن نتحقق من وجودها فعلاً بناءً على معلوماتنا السابقة.

ونختبر صحة التنبؤ بخطوتين رئيستين، هما:

الخطوة الأولى: القيام بعملية استنتاج عقلي عن طريق الاستدلال.

الخطوة الثانية: التحقق التجريبي، وفيها نرى ما إذا كان استنتاجنا صحيحًا أم لا .

3- الضبط: Control

إذا تحقق الفهم والتنبؤ يتحقق الضبط والسيطرة، وهو تناول الظروف التي تحدد حدوث الظاهرة والتحكم فيها بشكل يحقق لنا الوصول إلى هدف

معين. والضبط في المختبر يعني قدرة العالم على التحكم في العوامل المستقلة ومعرفة تأثيرها على العوامل التابعة.

نشأة علم النفس:

لاحظ الإنسان وجود الظواهر النفسية منذ أقدم العصور من مثل ظاهرة الاضطراب النفسي والأحلام وحاول تقديم تفسيرات خرافية لها من خلال ردها إلى الأرواح الشريرة والعفاريت، كما أدهشت ظاهرة التعلم والمعرفة عقول الفلاسفة الإغريق في القرنين الثالث والرابع قبل الميلاد وحاول أفلاطون تفسيرها على أن المعرفة هي عملية تذكر للمعلومات الموجودة أصلاً في العقل. فعندما يتعلم الفرد شيء جديد يكون (حسب نظرية أفلاطون) يتذكر معرفة موجودة مسبقاً في عقله. وقد خالفه في هذا الرأي تلميذه أرسطو الذي رأى أن المعرفة تأتي عن طريق الحواس.

وقد قدمت الكثير من المحاولات الفلسفية في الشرق والغرب لتفسير السلوك الإنساني. غير أن هذه المحاولات لا تعتبر جزء من علم النفس، وذلك لأنها فلسفية وليست علمية، بمعنى أنها لم تستند إلى تطبيق المنهج العلمي في تطويرها. وسوف نتناول في هذا البند ثلاثة حركات ظهرت في بدايات علم النفس وأثرت في تطوره. ثم سوف نتحدث في بند لاحق عن الاتجاهات او المدارس الأساسية في فهم وتفسير الظاهرة السلوكية وسوف تلاحظ خلال ذلك أن علماء النفس قد اختلفوا في كيفية تفسير هذه الظواهر وذلك لصعوبتها وشدة تعقيدها كما ستلاحظ أن هذه الحركات قد اختلفت في منهج البحث الذي اتبعته وفي طبيعة الظواهر السلوكيه التي درستها إذ أن منها من ركز على دراسة الحياة العقلية ومنها من ركز على دراسة السلوك الظاهر فقط ومنها من ركز على دراسة اللاشعور.

الحركة البنيوية:

كان وليم فونت أول من حاول دراسة عالم النفس بطريقة علمية وذلك عام 1879 عندما أسس أول مختبر لعلم النفس في العالم في جامعة ليـزبج في ألمانيـا. وكانت الظواهر الأساسية التي حاول فونت دراستها هي ظواهر لحياة العقليـة مـن إحساس وإدراك وتذكر، لذلك فقد عرف علم النفس في ذلك الوقت بأنه العلم الـذي يدرس الخبرة الشعورية، وبناءً عليه فلم تكن ظواهر علم النفس المختلفـة الأخـرى من ضمن موضوعات علم النفس، وقد كان يعتقد أن علم النفس يجـب أن يتصـدى إلى تحليـل هـذه العمليـات إلى مكوناتهـا تمامـاً كـما يفعـل الكيميـائي عنـدما يحلـل المركبات إلى عناصرها المكونة لها.

لذلك فقد افترض أن أفكار الإنسان وإدراكاتـه يمكن أن تحلـل إلى مكونـات أولية سماها العمليـات الأوليـة للشعور. وأن هـذه العمليـات الأوليـة يمكن التوصـل إليها وتحديدها من خلال تأمـل الفرد لأحاسيسـه وأفكـاره. وهـذا مـا سـمي بمنهج الاستبطان. فالاستبطان يعني أن تأمـل الفرد لطبيعـة أفكـاره وأحاسيسـه ومشـاعره عندما يتعرض لمثير ما. مثال ذلك طعم عصير الليمـون (إدراكنـا لـه) يمكن أن ينظـر إليه على أنه جزيء من الخبرة الشعورية وأن يحلـل إلى إحساسات نتوصـل إليهـا مـن خلال الاستبطان. فقد نقول أنه يتكون من إحساس بالحلاوة والحموضة والبرودة، وهكذا فقد كان فونت يطلب من معاونيـه في المختبر أن يصفوا إحساسـاتهم بـأكبر تفصيل ممكن عندما يتعرضون لمثير من مثل مثير أخضر ـ ناصع أو جملـة مطبوعـة على كرت.. إلخ، واعتبر فونت أن دراستنا لإدراكاتنا وأفكارنا بهذه الطريقة هي نقطة البداية بهدف التوصل إلى فهم الحياة العقلية للإنسان، وحيث أن مدركاتنا وأفكارنا ومشاعرنا تشكل في مجملها بنيـة العقل ولأن فونـت كـان يهـدف إلى دراسـتها فقـد سميث أفكاره ومنهجه بالحركة البنيوية.

لقد تم انتقاد البنيوية من قبل الكثيرين أبرزهم أولاً وليم جيمس وثانياً جون واطسون وثالثاً الحركة الجشطالتية.

رأى جيمس وهو الأب الروحي لعلم النفس في أمريكا أن علم النفس يجب أن يعطي تركيزاً أقل على تحليل عناصر الشعور وان يركز أكثر على فهم وظائف الشعور وكيفية حدوث السلوك وكان اهتمامه الأول ينصب على فهم الكيفية التي يعمل بها العقل لكي يتمكن الكائن Organism من التكيف مع البيئة. وتعتبر هذه هي الفكرة الرئيسية عند الحركة الوظيفية في علم النفس التي أسسها جيمس. ورغم أن هذه الحركة قد اندثرت الآن، إلا أن الكثير من أفكارها لا زال قائماً ومقبولاً من قبل علم النفس المعرفي.

الحركة السلوكية:

رأى جون واطسون مؤسس الحركة السلوكية خلال العقد الثاني من القرن العشرين أن النتائج التي نتوصل إليها من خلال الاستبطان لا يمكن إثباتها أو نفيها.

مثل ذلك إذا كانت النتيجة التي توصل إليها شخص من خلال الاستبطان تختلف عن النتيجة التي توصل إليها شخص آخر فما هو السبيل لمعرفة النتيجة الصحيحة؟ بالتأكيد لا مجال لذلك لأنه لا يوجد طريقة موضوعية للتحقق من النتيجة. فالاستبطان منهج ذاتي وغير موضوعي لأننا لا نستطيع التأكد من دقة نتائجه بطريقة محايدة. والموضوعية تقتضي أن يتم ملاحظة السلوك من قبل أكثر من شخص وأن يتفق الملاحظون على ما يتوصلون إليه، والاستبطان ذاتي لأن الشخص وحده يستطيع أن يلاحظ ما يجري لديه من عمليات عقلية، ولا يستطيع آخر أن يشاركه في هذه الملاحظة. ونتيجة لذلك فقد رأى واطسون أن علماء النفس ينبغي عليهم أن لا يدرسوا ظواهر الحياة العقلية لأنها غير ملاحظة

وان يتفرغوا لدراسة ما هو ملاحظ وقابل للقياس ونقصد بذلك السلوك الظاهر وقد عرف واطسون علم النفس بأنه ذلك الفرع من العلوم الطبيعية والذي يتخذ من السلوك- الأفعال والأقوال، المتعلم وغير المتعلم- موضوعاً له. ولأنه نادى بدراسة السلوك الملاحظ فقط فقد سميت حركته بالحركة السلوكية وبقيت السلوكية هي المدرسة المهيمنة على علم النفس لمدة ثلاثين عاماً.

لقد نظرت الحركة السلوكية إلى السلوك الإنساني على أنه سلسلة من الارتباطات بين المثيرات البيئية والسلوكيات التي تصدر عن الفرد استجابة لهذه المثيرات. فإذا استمعت إلى طرفة فإنك تضحك وإذا شتمك أحد فإنك تغضب وإذا سألك المدرس فإنك تجيب وإذا استمعت إلى الموسيقى فإنك ترقص أو تبتهج وإذا نزلت بك نائبة فإنك تحزن وإذا شممت رائحة الطعام سال لعابك، فالطرفة والشتيمة والسؤال والموسيقى والنوائب ورائحة الطعام تسمى المثيرات والضحك والغضب والإجابة والرقص والابتهاج والحزن وسيلان اللعاب تسمى الاستجابات.

ومن أبرز العوامل التي أدت إلى ازدهار الحركة السلوكية ظهور قوانين ثورنديك خاصة قانون الأثر والذي يشير إلى أن عواقب السلوك تحدد مدى تكراره لاحقاً، فالكائن يميل إلى تكرار السلوك الذي يكافأ عليه ويتجنب القيام بالسلوك الذي يعاقب عليه. فإذا كان الفرد يجالس بعض الأفراد وروى طرفة وضحك لها الحضور فإنه سيميل إلى تكرار تلك الطرفة كلما التقى مع أفراد جدد، أما إذا سخر منه البعض او تجاهلوها بعد روايته لها فإنه قد لا يكرر هذا السلوك مرة أخرى خاصة إذا ما تعرض للسخرية أو للتجاهل عدة مرات.

ومن العوامل التي أدت إلى ازدهار الحركة السلوكية أيضاً ظهور مفهوم الاستجابة الشرطية الذي قدمه عالم النفس الروسي إيفان بافلوف. ولكي نستوعب

مفهوم الاستجابة الشرطية علينا أن نميزه عن الاستجابة الطبيعية. فإذا ظهرت استجابة سيلان اللعاب عند تعرض الفرد لرائحة الطعام (المثير) تسمى عملية سيلان اللعاب استجابة طبيعية لأن هذا هو المثير الطبيعي لاستجابة سيلان اللعاب. أما إذا ظهرت هذه الاستجابة عند سماع طالب لصوت جرس الفسحة المدرسية فتسمى عملية سيلان اللعاب عندئذ استجابة شرطية، والاستجابة الشرطية هي استجابة متعلمة وليست طبيعية وتم تعلمها عن طريق اقتران صوت الجرس بعملية تناول الطعام عدة مرات. ومفهوم الاستجابة الشرطية من المفاهيم الهامة جداً في علم النفس لأنه يفسر لنا كيفية تعلم العديد من الاستجابات والسلوكيات مثل استجابة الخوف من أشياء لا تخيف، حيث تعلم الكثير من المخاوف عن طريق اقتران مثيرات لا تخيف أصلاً مع مثيرات أخرى تخيف.

وقد نظرت الحركة السلوكية إلى الاستجابة الشرطية على أنها أصغر وحدة سلوكية لا يمكن تقسيمها إلى وحدات أصغر منها. أي أنها تمثل "ذرة سلوكية" وأن السلوكيات الأكثر تعقيداً تتكون من سلسلة من هذه الاستجابات (مفهوم الاستجابة الشركية سيتم توضيحه في الفصل الخامس).

الحركة الجشطالتية:

الجشطالت كلمة ألمانية تعني الشكل. ظهرت هذه الحركة سنة 1912 في ألمانيا في نفس الوقت الذي ظهرت به الحركة السلوكية في أمريكا. ومؤسس هذه الحركة ماكس فيرتها يمر ومن أبرز أعلامها كوفكا وكوهلر.

وقد ظهرت هذه الحركة كردة فعل على الحركة البنيوية التي حاولت تجزئة الإدراك إلى مكونات أولية من الشعور وكذلك رد فعل على الحركة السلوكية التي عملت على تجزئة السلوك إلى سلسلة من المثيرات والاستجابات، اهتم أتباع هذه الحركة بدراسة ظاهرة الإدراك، ورأوا أن الإدراك لا يمكن أن

يجزأ بالطريقة التي ينادي بها البنيويون والسلوكيون، فعندما ندرك شيئاً ما فإننا ندركه ككل متكامل لا كمجموعة من الأجزاء. فعندما تدرك شكلاً ما كالطاولة فأنت لا تدرك مجموعة من الأخشاب المسامير وإنما تدرك الطاولة ككل متكامل. فمجموع هذه الأشياء لا تساوي طاولة، وإنما تتكون الطاولة من هذه الأشياء إضافة إلى التنظيم الذي يعطي هذه الأشياء معنى. والمثال السابق يعبر عن المبدأ الذي اشتهرت به هذه الحركة والقائل الكل أكبر من مجموع أجزائه، أي أن مجموع الأجزاء لا يساوي الكل. فالكل يساوي مجموع الأجزاء إضافة إلى التنظيم الذي يعطيها المعنى، فأنت إذا قرأت نصاً أو قصيدة شعر مثلاً لا نستطيع التوصل على الفكرة الرئيسية إلا إذا قرأت النص ككل. أما الجمل أو الأبيات المنعزلة عن بعضها البعض فلا توصل على الفكرة الرئيسية.

ومن هنا فقد رأى أتباع هذه المدرسة أن الظواهر السيكولوجية يمكن أن تفهم بشكل أفضل عندما ينظر لها على أنها كليات منظمة، أي للنظر للظاهرة على إنها كل متكامل لا على أنها مجموعة كبيرة من الأجزاء.

لقد درس الجشطالتيون في أوائل تجارتهم مفهوم الحركة الظاهرية. أي الحركة التي نشاهدها في الظاهر في الوقت الذي لا يكون فيه في الواقع. مثال ذلك الأضواء التي تشاهدها تتحرك على واجهة بعض المحلات ليلاً. علماً أنه لا توجد هناك حركة فعلية، وإنما هي حركة ظاهرية، واستنتجوا أننا ندرك هذه الحركة لان مجموعة المثيرات التي تكون عناصر الموقف مرتبة بشكل محدد يؤدي بنا إلى هذا الإدراك وأن هذه المثيرات إذا ما رتبت بشكل آخر فإننا سندرك شيئاً آخر. فالطريقة التي تنظم بها المثيرات تلعب دوراً بارزاً في كيفية إدراكنا لها.

وتبرز أهمية هذا الاتجاه من أوائل من تحدثوا عن مفهوم التعلم ذي المعنى أي القائم على الفهم لا على الصم . فالتعلم يكون أفضل عندما يدرك المتعلم العلاقات بين الأجزاء أو المفاهيم التي تكون المادة التعليمية لا أن تكون المادة التعليمية أجزاء متناثرة في ذاكرة المتعلم. التعلم ذو المعنى سيناقش في الفصل الخامس.

المدارس النفسية الحديثة:

سوف تناول المداخل الأساسية في تفسير الظواهر السلوكية. وهذه المداخل تختلف من حيث نظرتها على العوامل والأسباب التي تفسر السلوك. فالمدخل السلوكي يعتبر العوامل البيئية هي التي تضبط سلوك الفرد، إذ ينظر على السلوك على أنه استجابات لمثيرات بيئية، والمدخل المعرفي اعتبر أن العمليات العقلية الواعية مثل الانتباه والإدراك والتذكر هي التي تفسر سلوك الفرد، سلوك الأفراد يختلف باختلاف كيفية إدراك الأفراد للموقف وباختلاف نوعية وعمق المعالجة المعرفية للموقف وعناصره. والمدخل التحليلي نظر إلى الدوافع والخبرات اللاشعورية على أنها هي التي تحرك سلوك الفرد دون أن يعي الفرد ذلك، والمدخل البيولوجي نظر على الجهاز العصبي والهرمونات على أنها المحرك لسلوك الفرد حاول وأنت تطلع على هذه المداخل أن تتعرف على هذه الفروق وسوف نتعلم لاحقاً أن الفروق في التفسير ستقود إلى فروق في التنبؤ والضبط أو العلاج للمشاكل السلوكية والنفسية.

المدرسة السلوكية:

أثارت آراء واطسون اهتمام الكثير من علماء النفس مما أدى إلى نشوء ما يعرف بالحركة أو المدرسة السلوكية، وقد انضم إلى هذه الحركة عدد من

علماء النفس الكبار في الولايات المتحدة الأمريكية أمثال سكنر وهل وجثري. وقد اتفق هؤلاء العلماء مع واطسون على الكثير من الآراء والمواقف لكنهم كانوا اقل تطرفاً من واطسون الذي بالغ في التركيز على دور البيئة في تشكيل سلوك الفرد. وفيما يلي أهم الخصائص المميزة للحركة السلوكية.

أولاً: السلوك الملاحظ هو موضوع علم النفس وذلك لأننا نستطيع دراسته دراسة موضوعية. أما العمليات النفسية الداخلية فلا يجوز دراستها لأننا لا نستطيع وصفها بشكل موضوعي.

ثانياً: تؤكد الحركة السلوكية على أهمية استخدام المنهج التجريبي في البحث العلمي. وهي تقوم بدراسة أثر المثيرات البيئية وتوابع السلوك على السلوك وذلك لأننا نستطيع أن نلاحظ بشكل موضوعي كلاً من المثيرات والسلوكيات أو الاستجابات، وتوابع السلوك.

ثالثاً: غالباً ما يشار إلى النظريات السلوكية بنظريات المثير- الاستجابة وذلك لأنها نظرت على السلوك على أنه استجابات لمثيرات يتعرض لها الكائن. مثال ذلك تعرض طفل لمثير الألم يؤدي إلى استجابة البكاء. وتعرضه للصوت المرتفع يؤدي على استجابة الخوف. وتجدر الإشارة على أن هناك نظريات سلوكية ركزت على دور توابع السلوك من تعزيز أو عقاب أكثر من تركيزها على المثيرات. فالسلوك يتكرر إذا ما تبعه تعزيز ولا يتكرر إذا ما تبعه عقاب. رغم ذلك فإن هذه النظريات تصنف ضمن فئة نظريات المثير والاستجابة. وقد أكد السلوكيون على دور البيئة في تشكيل السلوك وذلك لأنها مصدر المثيرات التي تعرض لها الكائن.

رابعاً: يرى أتباع هذه المدرسة أن السلوك الإنساني هو غالباً سلوك مكتسب أو متعلم. وهذا يعني أن كافة السلوكيات التي تقوم بها بشكل اعتيادي من اغتسال ومشي وتحدث وممازحة وقراءة او السلوكيات الانفعالية مثل القلق أو الخوف أو المزاجية كالابتهاج والاكتئاب... إلخ تمثل كلها سلوكيات متعلمة.

خامساً: يحدث التعلم من خلال تكوين ارتباطات بين مثيرات واستجابات او بين استجابات وتعزيز أو عقاب. فعندما يتعلم الفرد الخوف من الحشرات فإنه يكون قد حدث ارتباط بين مثير وهو الحشرة واستجابة وهي الخوف. أما عندما يتعلم سلوكيات مثل القراءة والاغتسال والمشي يكون قد حدث عنده ارتباط بين هذه السلوكيات وتعزيز والذي يمكن أن يكون الشعور بالمتعة او النظافة أو التنقل والوصول إلى الأهداف. وتسمى هذه الأشياء تعزيزاً لأنها تعزز أي تقوي السلوك. ومن خلال هذا المنظور يمكن تفسير بعض المشكلات مثل البدانة او السمنة بالقول أن بعض الأفراد يكثرون من سلوك الأكل في وجود بعض المثيرات مثل الأكل الأم مع أطفالها مما يؤدي إلى أكل طبقها وما يتبقى من أطباق أطفالها لذلك يكون من المهم في البرامج العلاجية لمثل هذه المشكلة دراسة المثيرات التي تزيد من استجابة الأكل والعمل على تجنب هذه المثيرات. كذلك نفسر تعلم بعض الأطفال للسلوك العدواني مثل الركل والعض بأن هذا السلوك ارتبط مع تعزيز وهو انسحاب الطفل الذي يقع عليه العدوان.

سادساً: لا تهتم النظرية السلوكية بالعمليات العقلية التي تحدث بين المثير والاستجابة فهي مثلاً لا نهتم بكيفية تفسير الفرد للموقف أو للمثير، وهي لا تهتم بالعمليات العقلية لأن هذه العمليات غير ملاحظة وبالتالي لا يمكن دراستها بطريقة موضوعية.

سابعاً: تنظر هذه الحركة على السلوك المعقد على أنه يتكون من مجموعة من الارتباطات بين مثيرات واستجابات او بين استجابات وتعزيزك ومن هنا فقد نادى أتباع هذه الحركة بتجزئة السلوك وتحليله. مثال ذلك إذا أردت أن تحفظ قصيدة شعر فإنك غالباً تجزأ القصيدة إلى أبيات تحفظها واحداً تلو الآخر. ونلاحظ أنك بهذه الطريقة تحرز تقدماً نحو حفظ القصيدة ككل. أن التقدم الذي تحرزه يشعرك بالمتعة والسعادة وها يعتبر تعزيزاً أو مكافأة لسلوك التعلم بهذه الطريقة، مما يدفعك إلى الاستمرار بهذه الطريقة.

وللمدرسة السلوكية العديد من التطبيقات العملية فالأساليب السلوكية تستخدم للتخفيف من مشكلة الخوف والتقليل من الوزن ووقف التدخين وتدريب الأطفال على استخدام التواليت وممارسة عادات دراسية سليمة وتدريب العمال والجيش... إلخ. رغم ذلك فقد تم انتقاد المدرسة السلوكية أولا لإهمالها دور العقل والتفكير في السلوك، وثانياً لأنها عملت على تحليل السلوك ونظرت إليه على أنه أجزاء متباعدة، وثالثاً لأنها نظرت للإنسان على أنه مستجيب سلبي للمثيرات البيئية.

المدرسة المعرفية:

ظهرت الحركة المعرفية كرد فعل على الحركة السلوكية التي أهملت دور المعرفة والعمليات العقلية في السلوك، فالحركة المعرفية ترى أن الفرد ليس مستجيب سلبي للمثيرات البيئية وإنما هو يفكر ويفسر ويجري العديد من العمليات العقلية قبل أن يستجيب للمثير. إلا أن المعرفيين يتفقون مع السلوكيين حول أهمية دراسة السلوك دراسة موضوعية وقابلة للقياس. وتتفق الحركة المعرفية مع الحركة البنيوية والوظيفية في أهمية دراسة بنية العقل وعمليات التفكير لكنها تختلف عنهما في أن الحركة المعرفية لا تستند على الاستبطان في

دراسة هذه المواضيع. كما تنفق مع الحركة الجشطاتية في أن إدراك الكل يختلف عن إدراك مجموع الأجزاء لكن الجديد الذي قدمه المعرفيون هو دراسة وتحليل بنية العقل والعمليات العقلية التي تجعلنا ندرك المثيرات والمواقف بهذا الشكل، ومن أبرز علماء هذا الاتجاه اوزيل وملر ونايزر وفلافل وغيرهم الكثيرون.

ويستخدم الكتاب المعرفيون مفهومين بشكل مترادف يشيرون بهما إلى نفس المعنى وهذان المفهومان هما المعرفة Cognition والعمليات المعرفية Cognitive Processes. فنجد أن نايزر وهو من مؤسسي علم النفس المعرفي يعرف المعرفة والتي تسبب لها الحركة المعرفية. بأنها كل العمليات التي يجريها الفرد على المدخلات الحسية من تحويل واختصار وتفصيل وتخزين واسترجاع واستخدام فهي تشمل مفاهيم مثل الإحساس والإدراك والتخيل والاحتفاظ والاستدعاء وحل المشكلة والتفكير. ويقدم المعرفيون تعاريف مشابهة جداً لمفهوم العمليات المعرفية. راجع مثلاً. وكثيراً ما يستخدم مفهوم العمليات العقلية Mental Process للإشارة إلى نفس معنى. غير أن هذا المفهوم أعم من مفهوم العمليات المعرفية إذ أنه يشمل كافة ظواهر الحياة العقلية المعرفية وغير المعرفية بما في ذلك العمليات اللاشعورية مثل وسائل الدفاع الأولية، وتتصف المدرسة المعرفية بما يلي:

أولاً: التركيز على أهمية العمليات المعرفية التي تتوسط بين المثير والاستجابة، فالفرد ليس مستجيب سلبي وإنما يقوم بمعالجة نشطة للمعلومات قبل أن يستجيب. وبالتالي فإن سلوك الفرد او استجابته تختلف باختلاف العمليات التي يجريها الفرد. فمثلاً إذا اتصل بك أحد الأصدقاء هاتفياً قائلاً السلام عليكم فإنك قبل أن تستجيب ينطق اسمه تجري عدداً من العمليات المعرفية منها عملية

المقارنة حيث تقارن الصوت الذي نسمعه مع عدداً من الأصوات المخزنة في ذاكرتك وهذا يتطلب عملية أخرى هي الاسترجاع حيث تسترجع أصوات الكثير من الأصدقاء وهناك عملية ثالثة هي التوقع حيث أن توقعك لهوية المتصل تساعدك في التعرف عليه ثم أخيراً عملية التعرف التي تتضمن مطابقة الصوت الذي تسمعه مع صوت الشخص المخزن في الذاكرة، لذلك فإن استجابتك قد لا تكون دقيقة إذا عجزت عن استدعاء الصوت من ذاكرتك أو أخطأت التوقع أو عجزت عن استدعاء الصوت من ذاكرتك أو أخطأت التوقع أو عجزت عن إجراء المطابقة لتشابه الأصوات، مثال ثان افرض أن شخصاً كان يسير في حديقة عامة مظلمة ليلاً وفجأة سمع خطوات تقترب منه بسرعة. فكيف تكون استجابته لهذا المثير؟ أحدهم قد يفسح له الطريق وآخر قد يستعد للمشاجرة وثالث قد يهرب ورابع قد يكتفي بالنظر إليه بفضول وخامس قد يتوقف... إلخ. إذن لماذا اختلفت استجابات الأفراد لنفس المثير لقد اختلفت الاستجابات لاختلاف تفسيراتهم وإدراكهم للمثير. فقد يفسر المثير على أنه عابر سبيل أو أنه متحرش أو متسكع أو أنه قاطع طريق أو شخص غير عادي أو أنه صديق يود اللحاق... إلخ. نلاحظ من خلال هذه الأمثلة كيف تؤثر العمليات المعرفية من إدراك وتفسير وتذكر على السلوك في المواقف المختلفة.

ثانياً: الفرد كائن نشط وليس سلبي فهو يجري هذه العمليات بنشاط عقلي كبير إذ لا يستطيع الفرد أن يستجيب الاستجابة السليمة ما لم يجري سلسلة العمليات المعرفية بدقة وفعالية.

ثالثاً: يشبه علماء النفس المعرفيون العقل الإنساني بجهاز الحاسوب ويرون أن الفرد يتلقى مدخلات ويجري عليها عدداً من المعالجات أو العمليات العقلية ثم يستجيب أو يخزن هذه المدخلات بعد معالجتها. فالفرد يتعرض

لمثيرات من البيئة وهذه المثيرات تشكل المدخلات ويجري عليها عدداً من العمليات الحسية الأولية ومن خلال عملية الانتباه يتم نقل بعض المعلومات على الذاكرة قصيرة المدى حيث تتعرض إلى عدد من المعالجات مثل التعرف والمقارنة والتفسير ثم يتم الاستجابة للمثير او تخزين مخرجات المعالجة في الذاكرة طويلة المدى.

رابعاً: يمكن دراسة العمليات المعرفية دراسة علمية موضوعية رغم إنها غير ملاحظة دون اللجوء إلى الاستبطان، ولكن تتم دراستها بشكل غير مباشر مثل استخدام اختبارات وقياس الزمن ومهام حل المشكلة حيث تحلل الخطوات الصحيحة والخاطئة التي يجريها الفرد وقياس الزمن المستغرق لأداء مهمة معرفية ما حيث أن ازدياد الزمن يدل على تعدد العمليات المعرفية التي يجريها الفرد وتحليل الأخطاء التي يقع فيها الفرد فمثلاً من خلال تحليل الأخطاء التي يقع فيها الأفراد أثناء استدعاء المفردات من قائمة استطاع علماء النفس المعرفيين التوصل على استنتاجات حول ما إذا كانت الكلمات تخزن في الذاكرة بناءً على الصوت او المعنى.

لقد قدمت المدرسة المعرفية وما زالت تقدم الكثير لفهم السلوك الإنساني ولجعله علماً متكاملاً. رغم ذلك فهي تتعرض للنقد إذ يرى النقاد أولاً: رغم أهمية الإدراك والتفسير في السلوك إلا أنه لا يجوز ان نقل من الأحداث والمثيرات البيئية- مثل ظروف العمل وأوضاع الأسرة وفقدان شخص عزيز- على السلوك. وثانياً: لأنه دائماً يكون هناك عدة تفسيرات معرفية محتملة ويكون من الصعب أن نفضل إحداها على الأخرى

مدرسة التحليل النفسي:

تعتبر هذه المدرسة التي أسسها عالم النفس النمساوي سيجموند فرويد (1856-1939) أكثر مدارس علم النفس تأثيراً لا في علم النفس فقط بل في الفكر الإنساني المعاصر بشكل عام ولا يرجع تأثيرها العارم إلى دقة النتائج التي توصلت لها بل إلى أنها لفتت الانتباه إلى دور الخبرات والدوافع اللاشعورية التي تحرك السلوك الإنساني. لقد وجد فرويد وهو يستمع لفترات طويلة لمرضاه المصابون بالشلل الهستيري والقلق أن الكثير من الأعراض التي يشكو منها المصابون بهذه الأمراض ترجع لأسباب نفسية لا إلى أسباب عضوية، إذ كان يجد أن المريض قد تعرض، خاصة أثناء طفولته إلى خبرات مؤلمة وعمل على كبتها في منطقة من العقل أسماها اللاشعور. وبالتالي فقد استنتج ان سلوك الإنسان يتأثر بالخبرات اللاشعورية المكبوتة عند الفرد. إذ أن الفرد يلجأ إلى كبت الكثير من الخبرات والدوافع والرغبات التي يعاقب عليها المجتمع خاصة الوالدان. وبالتالي فلكي نفهم سلوك فرد ما علينا أن نتعرف على طبيعة الخبرات المكبوتة لديه.

وجد فرويد أن خبرات الفرد متفاوتة من حيث مدى قدرته على تذكرها وهذا ما دعاه إلى تقسيمها من حيث مدى الوعي بها إلى ثلاث مستويات. فهناك مستوى الشعور ويشير إلى الذكريات والأفكار التي يسهل على الفرد تذكرها. ولكن يمكن للفرد أن يتذكرها بشيء من الجهد. وهناك مستوى اللاشعور ويشير إلى مجمل الأفكار والرغبات والمخاوف المكبوتة التي عمل الفرد على كبتها وإبعادها عن مجال الشعور أو الوعي وذلك لأن تذكرها يسبب له القلق والتوتر.

مكونات الشخصية: ويرى فرويد ان الشخصية تتكون من ثلاث أجزاء هي الهو والأنا والأنا الاعلى. الهو id يشير إلى الرغبات والغرائز الفطرية عند

الفرد التي تحتاج إلى إشباع فوري. وهذا الجزء يحكمه مبدأ اللذة. فهو يحث الفرد بشكل دائم على القيام بما يشبع اللذة. ومكنات الهو تقع بالكامل ضمن الجانب اللاشعوري من شخصية الإنسان. أما الانا ego فيشير إلى الجانب العقلاني من الشخصية. أنه الجزء التنفيذي من الشخصية الذي يوفق بين مطالب الهو والانا الأعلى وهو يعمل وفق مبدأ الواقع إذ يحث الفرد على التصرف بما يتناسب مع الواقع والإمكانيات. ومن الوظائف الأساسية للأنا إيجاد الطرق لإشباع حاجات الهو. ويحدث هذا عادتا من خلال تأجيل الإشباع على الوقت المناسب. الأنا الأعلى superego يشير إلى الجانب الأخلاقي من الشخصية وهو يعمل وفق مبدأ الأخلاق إن أنه يعاقب الانا على الأفكار والأفعال السيئة، ويتطور الأنا الأعلى خلال سنوات الطفولة المبكرة حيث يجب على الطفل تعلم الصواب والخطاء حيث أنه يكافأ على الصواب ويعاقب على الخطاء ومن خلال عملية التدريب هذه يتطور الأنا الأعلى ويصبح قادر على أن يضبط الفرد ذاتياً دون رقابة خارجية عليه. والانا الأعلى يقسم إلى قسمين فرعيين هما الضمير conscience والانا المثالية ego-ideal الضمير يتكون من مفاهيم أو تصور الفرد لما هو خطأ ولا يجب عليه فعله. وهو ناتج ما كان قد عوقب عليه الفرد والانا المثالية يتكون من تصور الفرد لما هو صحيح ومناسب. وهو ما كان قد كوفئ عليه .

استخدم فرويد طريقة التحليل النفسي من أجل علاج المشكلات والأمراض النفسية، والتحليل النفسي- يعني تحليل خبرات الفرد في محاولة للتعرف على الخبرات والدوافع والصراعات اللاشعورية المكبوتة والتي يفترض فرويد أنها المسبب الأساسي للاضطراب النفسي. والأسلوب الأساسي الذي استخدمه فرويد في التحليل النفسي هو التداعي الحر free association وهو

يعني ترك المريض يعبر عن كل ما يجول في خاطره من أفكار بعد ان يسترخي على أريكة في جو هادئ. كما استخدم فرويد أساليب أخرى مثل تحليل الأحلام وزلات اللسان، فالأحلام كثيراً ما تعبر عن رغبات الفرد وصراعاته الداخلية وزلات اللسان قد تعبر عن الرغبة الحقيقية عند الفرد.

لقد قدمت مدرسة التحليل النفسي الكثير لتعميق فهمنا للنفس الإنسانية خاصة فيما يخص دور الخبرات اللاشعورية في سلوك الإنسان إلا أنها تعرضت للانتقاد لعدة أسباب منها: أولاً لم تقم على أساس تجريبي وثانياً لأن النظرية تم التوصل إليها من خلال التحليل النفسي لعدد قليل من المرضى ولم يتم التحقق منها على الأسوياء. وثالثاً: لأن العديد من افتراضاتها لا يمكن إثباتها علمياً مثل الافتراض أن العدوان غزيرة عند الإنسان، ورابعاً لأنها دائماً ترجع المشكلات النفسية إلى العقد الداخلية عند الرغد وتتناسى دور الأنظمة السياسية والاجتماعية.

المدرسة الإنسانية:

ظهرت هذه المدرسة كرد فعل على المدرسة السلوكية والتحليلية إذ يرى أتباعها أن المدرسة السلوكية قد نظرت إلى الإنسان على أنه مستجيب للمثيرات البيئية وبالتالي فإن هذه المثيرات تحكمه وتحدد سلوكه. كما يرى الإنسانيون أن التحليلية نظرة الفرد على أنه أسير للدوافع اللاشعورية. وبالتالي فإن كل من السلوكية والتحليلية قد حطت من حرية الإنسان وإرادته الحرة.

تركز المدرسة الإنسانية على جوانب القوة عند الإنسان فهي تنظر للإنسان على أنه يتمتع بالإرادة الحرة والقدرة على اتخاذ القرارات وأنه قادر على التحكم في حياته وسلوكه. وترفض المدرسة الإنسانية الدراسات التي تجري على المرضى النفسيين لأن هذه الدراسات لا تساعد في التعرف على جوانب القوة والإبداع والطاقات الداخلية عند الإنسان.

إن الدافع الأساسي عند الإنسان هو النزعة إلى النمو وتحقيق الذات. فالإنسان دائم البحث عن الأعمال والنشاطات التي تساعده على تحقيق طاقاته على أقصى مدى ممكن وقد يتعرض الفرد إلى الكثير من المعوقات المادية والاجتماعية إلا أن نزعته الأساسية تبقى هي تحقيق الذات مثال ذلك أن المرأة التقليدية قد تمضي عشر سنوات في تربية أطفالها قد تتنامى لديها الرغبة في العمل ربما لتشبع رغبة نائمة في الإبداع العلمي ونشعر أنها تساعدها على تحقيق الذات.

من أهداف هذه المدرسة وصف الحياة والخبرات الداخلية أكثر من تطوير النظريات لتفسير السلوك والتنبؤ به. لذلك فإن هذه المدرسة تبقى أقرب إلى الأدب والفن منها إلى العلم، فمن الصعب أن يقدم الاتجاه الإنساني تفسيراً للعديد من الظواهر والمشكلات النفسية فهي مثلاً لا تساعدنا في فهم كيفية حدوث النسيان والتعرف على الوجه وذلك لأن هذا الاتجاه لا يهتم بهذه المشاكل. والواقع أن بعض الإنسانيين يرفضون المناهج العلمية جملة وتفصيلاً مدعيين أن هذه المناهج التي تدرس سلوكيات بسيطة لا تساعدنا كثيراً في فهم الطبيعة الإنسانية التي يجب النظر إليها ككل.

تؤكد المدرسة الإنسانية على النظرة الكلية للإنسان بدلاً من النظرة التحليلية لذلك فهي ترفض أن تجزئ او تحلل مفهوم مثل مفهوم الشخصية إلى عناصر أو وحدات أصغر منه معتبرين أن هذا التحليل يفقد المفهوم جوهره.

من أبرز رواد هذا الاتجاه ماسلو وروجرز: وقد لعبت هذه المدرسة دوراً في توجيه علم النفس نحو دراسة أفكار الإنسان وأهدافه وقيمه كما ساهمت في تقديم طريقة في الإرشاد والعلاج النفسي. إلا نقاد هذه المدرسة يرون أنها غامضة وأنها تمثل فلسفة حياة أكثر من كونها علماً يفسر السلوك.

المدرسة البيولوجية:

لاحظنا أن المدارس النفسية السابقة تحاول تفسير سلوك الفرد من خلال دراسة تأثير العوامل البيئية والاجتماعية او العقلية على هذا السلوك. أما المدرسة البيولوجية فهي تنحو منحى آخر إذ تحاول تفسير السلوك من خلال دراسة تأثير الدماغ والجهاز العصبي والهرمونات على سلوك الفرد. فأصحاب هذا الاتجاه يرون أن العمليات البيولوجية التي تجري داخل الجسم والدماغ بشكل خاص تؤثر على تفكير الفرد ومشاعره ومزاجه وآماله وسلوكه بشكل عام. ومن هنا فهم يرون أنه يجب علينا أن ندرس وظائف الدماغ والجهاز العصبي لكي نفهم السلوك.

وفي تفسيرهم للسلوك العدواني يشير أصحاب هذا الاتجاه على أن التجارب التي أجريت على الحيوانات بينت ان استثارة أجزاء معينة من الدماغ يجعل الحيوان هائج في حين ان استثارة مناطق أخرى يجعل الحيوان هادئ، ولذا فإن بعض حالات العدوان يمكن إرجاعها على بعض المشكلات أو الأمراض في الدماغ أو إلى بعض الاضطرابات العصبية. وفي تفسيرهم لظاهرة خوف الطفل من الغرباء فهم يرون أنه ينشا عن وجود بعض المواد الكيمائية في الدماغ.

إن هذا الاتجاه يحمل رسالة مفادها أننا لا نستطيع فهم سلوك الإنسان دون فهم الجسم كما أنه قدم الكثير لخير الإنسان مثل تطوير عقاقير للكثير من الأمراض النفسية والعقلية مثل الاكتئاب والقلق والخوف والوسواس القهري والفصام العقلي، على كل حال فهذا الاتجاه يتعرض أيضاً للنقد اولاً لأنه يرجع كافة الظواهر النفسية إلى الهرمونات والخلايا العصبية والجينات والانزيمات ويتجاهل دور العوامل النفسية والاجتماعية، وثانياً لأن هناك كثير من جوانب

السلوك الإنساني لا يمكن أن تدرس من قبل هذا الاتجاه أما لأسباب أخلاقية حيث أننا لا نستطيع ان تجري التجارب البيولوجية والعصبية على الإنسان لخطورتها. كما أن التجارب التي تجرى على الحيوان ليس بالضرورة أن تكون دائماً قابلة للتطبيق على الإنسان.

ميادين علم النفس:

الميادين النظرية:

1-علم النفس العام:

يهتم بدراسة المبادئ العامة لسلوك الإنسان الراشد السوي (أي يستخلص الأسس العامة للسلوك الإنساني ويصرف النظر عن الحالات الخاصة) مثل دراسة الدوافع والانفعالات والذكاء، كما يدرس أساليب البحث ووسائل جمع المعلومات في علم النفس وكذلك مدارس علم النفس التي حاولت تفسير السلوك، يجب على كل من يريد دراسة علم النفس أن يبدأ بدراسة علم النفس العام.

2- علم النفس الفسيولوجي:

يهتم بدراسة دراسة الحواس وأثرها على السلوك، والجوانب الفيزولوجية من دوافع الإنسان وانفعالاته، ودراسة الدماغ لمعرفة مناطقه المتخصصة بالعمليات السيكولوجية، كما يدرس تأثير الهرمونات والمخدرات والكحول على سلوك الإنسان .

3- علم النفس الاجتماعي:

يدرس علاقة الفرد بالفرد وتأثير الفرد بالأفراد، كالإخوة والآباء والرفاق، كما يدرس السلوك الجماعي، كالإشاعة والتعصب والصراعات ووسائل الإقناع والإخضاع.

4- علم نفس النمو:

يطلق عليه تسميات مختلفة مثل "علم النفس التكويني "،"علم النفس الارتقائي "، "سيكولوجية الطفولة والمراهقة"، ويدرس مراحل النمو التي يمر بها الإنسان وخصائصها لمعرفة الشروط البيئية اللازمة التي تؤدي لأحسن نمو ممكن ولاكتساب أحسن طرق التكيف الاجتماعي.

5- علم النفس الفارق:

دراسة الفروق بين الأفراد والجماعات والسلالات والجنسين وأسبابها وأثر كل من الوراثة والبيئة عليها، ويتم استخدام الاختبارات والمقاييس النفسية لدراسة تلك الفروق.

6-علم نفس الحيوان:

يهتم بدراسة الأسس السيكولوجية لسلوك الحيوان من أجل التوصل لنتائج تفيد في تفسير سلوك الإنسان. واهتم به علماء النفس والفسيولوجيا لسهولة إجراء التجارب على الحيوان في حين يستحيل تطبيق بعضها على الإنسان.

7- علم النفس المقارن:

يقارن سلوك الإنسان بالحيوان، وسلوك الطفل بسلوك الراشد، وسلوك الإنسان البدائي بسلوك المتحضر،وسلوك الشخص السوي بسلوك الشاذ.

8- علم نفس الشواذ:

يدرس سلوك فئات خاصة في المجتمع وينقسم إلى فرعين:

أ – علم نفس الموهوبين

ب- علم النفس المرضي: يدرس الاضطرابات السلوكية وأسبابها وكيفية مواجهتها ومساعدة من يعانون منها، سواء كانت انحرافات سلوكية(الجناح –

السرقة)، أو عصابية أي نفسية (القلق، الهستريا، الوساوس، توهم المرض) أو ذهانية أي عقلية (الفصام، الهوس، الاكتئاب، البارانويا).

الميادين التطبيقية:

1-علم النفس التربوي:

ويحتاج المعلم أن يلم بثلاثة أمور: المادة التي يدرسها، ونفسية التلاميذ وعقلياتهم، وكيفية إيصال المعلومات لهم. وعلم النفس التربوي يعنى بدراسة الخصائص الرئيسية لمراحل النمو ليستطيع المربون وضع المناهج الدراسية المناسبة لكل مرحلة.

ويعنى بدراسة المبادئ والشروط الأساسية للتعلم حتى يستطيع المربون إكساب التلاميذ المعلومات والعادات والاتجاهات السليمة.

ويراعي الفروق الفردية بين الطلاب في القدرات والميول. ويهتم بحل المشكلات التعليمية، ولا تكون الحلول سريعة وفورية لتعدد العوامل فيها وتغيرها. ويعنى بإجراء التجارب لمعرفة أحسن المناهج التعليمية، وهو في ذلك يستخدم المقاييس المختلفة للذكاء والقدرات العقلية والتحصيل الدراسي.

2- علم النفس الصناعي:

يطبق مبادئ علم النفس في مجال الصناعة لزيادة الكفاءة الإنتاجية للعامل. ويدرس أسباب التعب في الصناعة وأثرها في تقليل الإنتاج. ويستخدم الاختبارات النفسية لاختيار أصلح العمال ووضعهم في المكان المناسب لاستعداداتهم العقلية والنفسية. ويطبق مبادئ التعلم في برامج التدريب الصناعي.

ويدرس أسباب الحوادث ويحاول وضع أساليب لتقليلها، ويدرس العلاقات الاجتماعية والمشكلات التي تحصل في العلاقات الاجتماعية في المصانع.

3 - علم النفس التجاري:

يدرس دوافع الشراء، والاتجاهات النفسية نحو السلع، ويدرس سيكولوجية البيع والإعلانات.

4- علم النفس الجنائي:

وهو فرع تطبيقي لعلم النفس الشواذ، ويدرس أسباب الجريمة وطرق علاجها.

5- علم النفس القضائي:

يدرس العوامل المؤثرة في عملية التحقيق والحكم (العوامل المؤثرة على المدعين، المتهم، الشهود، القاضي، الرأي العام).

6 - علم النفس العسكري أو الحربي:

و يطبق مبادئ علم النفس في الجيش لزيادة كفاءة القوات المحاربة. ويستخدم الاختبارات النفسية لاختيار أنسب الجنود وتوزيعهم على الوحدات بما يناسب قدراتهم واستعداداتهم. ويطبق مبادئ التعلم في برامج التدريب العسكري، ويدرس المشكلات النفسية المتعلقة باستخدام الحواس في ميدان القتال حتى يستطيع الجنود توظيف حواسهم على أحسن وجه، ويدرس سيكولوجية القيادة والروح المعنوية والدعاية والحرب النفسية. وعلاج وتأهيل الجنود بعد القتال من المصابين بصدمات نفسية أو تشوهات بدنية.

7- علم النفس التجريبي:

يهتم في دراسة سلوك الإنسان والحيوان في المختبر باستخدام الطريقة التجريبية التي تمتاز بأنها من أفضل الطرق العلمية وتمتاز بالدقة وضبط العوامل.

8- علم النفس القياس والتصميم التجريبي ويهتم ب:

● تصميم الاختبارات النفسية.

● تطوير الاختبارات النفسية والخصائص التي تجعلها أكثر دقة وموضوعية وخاصة الصدق والثبات

● تصميم الدراسات وضبط العوامل وتحليل النتائج والوصول إلى التوصيات.

9- علم النفس الإداري:

وهو العلم الذي يهتم بدراسة السلوك البشري في المجال الإداري دراسة علمية وذلك بقصد وصفه، وتحليله، وتصنيفه، وفهمه، وتفسيره، ومعرفة أسبابه ودوافعه وبواعثه، وضبطه والتحكم فيه، وتوجيهه، والتنبؤ بحدوثه في المستقبل،والتوصل إلى القوانين التي تحكمه.

علاقة الإدارة في علم النفس:

من أهم التطورات التي دخلت على الإدارة هو أنها أصبحت تستخدم مبادئ علم النفس في أغلب عملياتها ونشاطاتها التي تقوم بها المؤسسة أو الشركة التي تتولى إدارتها، حيث تستخدمه في عمليات اتخاذ القرار، ورسم وتنفيذ ومتابعة وتقييم خططها، واختيار العاملين المناسبين في فروعها، وكذلك

في توزيع الأعمال والمسؤوليات على العاملين وتوجيههم عند تأديتهم لأعمالهم، ورفع معنوياتهم، وزيادة مشاركتهم في العمل ورضاهم عنه وتكيفهم معه، وزيادة إنتاجيتهم وتدريبهم أثناء الخدمة من اجل زيادة كفايتهم وتحسين أدائهم واستطلاع آرائهم، ووجهات نظرهم عن العمل، وهكذا ظهر علم جديد عرف باسم علم النفس الإداري.

مفهوم علم النفس الإداري:

لعل أقرب العلوم النفسية إلى علم النفس الإداري هو علم النفس الصناعي الذي يلتقي معه ويتداخل في كثير من مباحثه ومبادئه وتطبيقاته، وتستفيد من نتائج الأبحاث والتجارب والدراسات التي تجري في ميدانه، حيث يصل التشابه بينهما إلى حد الاعتقاد بأنهما علم واحد، ولعل أهم ما يميز علم النفس الإداري هو تخصصه بالعمل الإداري لمختلف جوانبه وعملياته ووظائفه وقضاياه ومشكلاته، فهو يدرس ويعالج قضايا على أسس نفسية تستمد وجودها من معطيات باقي علوم النفس ذات الارتباط الوثيق به.

كما يتميز بدراسة الأسباب والعوامل الداخلية والخارجية المؤثرة على سلوك العاملين، ودرجة إنجازه للأعمال الموكلة لهم، وكذلك دراسة العوامل المسببة للإجهاد المهني والغياب والتأخر عن العمل، وأفضل الطرق لتنظيم العمل الإداري.

تعريف علم النفس الإداري:

يهتم علم النفس الإداري بدراسة سلوك الإنسان في مجال الإدارة دراسة علمية، والهدف منها وصف السلوك وفهمه وتفسيره وتحليله لمعرفة الأسباب والدوافع الحقيقية التي تحرك السلوك، وذلك من أجل العمل على ضبطه والتحكم فيه وتوجيهه الوجهة المرغوبة.

ويمكن تعريف علم النفس الإداري بأنه ذلك العلم الذي يحاول تطبيق مبادئ وقوانين ومنهج علم النفس العام في مجال الإدارة على الموظفين والعاملين والمشرفين في مجال الإدارة، وبالتالي الإجابة عن الأسئلة ذات العلاقة بالسلوك الذي يتبعه العاملون في الشركات والمؤسسات المختلفة، ويساعد على توجيه وقيادة العاملين.

وهناك تعرف آخر لعلم النفس الإداري وهو ذلك العلم الذي يهتم بدراسة السلوك البشري وبتطبيق المبادئ النفسية في مجال الإدارة وهو يعتبر من أحدث العلوم النفسية، حيث انه لم يحقق استقلاله عن بقية العلوم النفسية إلا متأخراً.

أهمية علم النفس الإداري:

إن معطيات علم النفس ونتائج أبحاثه ودراساته تستخدم بشكل واسع في مجالات الإدارة المختلفة، بهدف تحسن أدائها، والمساعدة على توجيه وقيادة العاملين فيها، بما يساهم في معرفتهم لأنفسهم وبإمكاناتهم ويساعدهم على الاختيار السليم لوظائفهم وأعمالهم.

إن سر نجاح القادة والمشرفون الإداريون في مهامهم وفي توجيههم للعاملين هو معرفتهم بطبيعة وأبعاد العمل الذي يديرونه، وبأصوله وأنسب الطرق والأساليب والوسائل لأدائه وتنفيذه، وذلك حتى يكون تعليمهم وتوجيههم وتدريبهم لغيرهم ذا معنى وجدوى وينال القبول والثقة من العاملين تحت قيادتهم. وكذلك لا بد لهم من المعرفة بطبيعة السلوك البشري وأسس تعديله وبمبادئ التعلم السليم وفهم دوافع الآخرين وانفعالاتهم وأنماط شخصياتهم، ومن هنا تأتي أهمية هذا العلم الذي كان السبب في ازدهاره وتطوره هو الحاجة له في المجال الإداري.

الفصل الثاني

النظريات التي تفسر
السلوك الإداري

الفصل الثاني

النظريات التي تفسر السلوك الإداري

- مقدمة
- الأسباب التي أدت لظهور علم الإدارة
- النظريات التي تفسر السلوك الإداري
- نظريات الدافعية
- النظريات الموقفية في الإدارة
- النظرية السلوكية
- النظرية المعرفية
- نظرية الجماعة
- نظرية الاتصالات
- النظرية العلمية للإدارة

الفصل الثاني
النظريات التي تفسر السلوك الإداري

مقدمة:

إن تطبيق الإدارة وممارستها في الواقع بدا منذ فجـر التـاريخ وبدايـة ظهـور المدنية، فإذا نظرنا للمصريين القدماء نجد إن عندهم قدرات إداريـة فعّالـة في بنـاء الأهرامـات والمعابـد وإدارة شـؤون دولـتهم وينطبـق نفـس الشـيء عـلى الحضـارات القديمة مثل الصين وبابل والإمبراطورية الفارسية والرومانية وقدم المسلمون نمـاذج مبهرة في مجال الإدارة جعلتهم ينتقلون من حياة البداوة إلى دولة مترامية الأطراف ذات حضارة عظيمة.

ولكن دراسـة الإدارة كعلـم لـه مبـادئ ونظريـات لم يبـدأ إلا نتيجـة للثورة الصناعية أواخر القرن التاسع عشر، وما صاحبها من ظهـور اختراعـات عديـدة الـذي أدى إلى تقدم الصناعة الآلية بشكل كبير وإنشاء المصانع الكبرى والتوسع في الإنتاج.

الأسباب التي أدت لظهور علم الإدارة:

1. اتساع حجم المشروعات والتوسع والتطور أدى إلى كبر وتعقد مشاكل إدارة هذه المشروعات.
2. ظهور الشركات المساهمة على نطاق واسع مكن عدد كبير مـن أصحاب رؤوس الأموال من استثمارها عن طريق شراء الأسـهم ومـع ازديـاد عـدد حاملي الأسهم أصبح مـن الصعب عليـهم إدارة المشـروع، فكان مـن الضروري وجود فئة مـن المـديرين المحـترفين عليـهم إدارة المشـروع ممـا أدى إلى فصل الإدارة عن ملكية المشروع، وعلى هذا

الأساس أصبحت فئة المديرين هـي المسئولة عـن نجاح المشروع أو فشله، مما دفعهم للبحث عن أساليب إدارية أفضل لأداء مسؤولياتهم نحو أصحاب رأس المال، وبهـذا انتقلت السيطرة على المشروعات مـن طبقة الملاك إلى طبقة المديرين، وأطلق على هذا التحول اصطلاح الثورة الإدارية.

3. تطبيق مبدأ تقسيم العمل والتخصص: مـع كبر المشروعات ثم تطبيق مبدأ تقسيم العمل والتخصص أدى ذلك إلى سرعـة أداء العمل وإتقان الأفراد لأعمالهم المتخصصة وزيادة الإنتاج بكميات كبيرة، ولكن أدى هذا إلى ظهور مشـاكل إداريـة منهـا ضرورة التنسيق والتخطيـط بـين أجـزاء العمل وكذلك الرقابة الجيدة على العمال.

4. مع زيادة عـدد المشروعات الخاصة في ظل النظم الرأسمالية وُجـدت العديد من المشاكل لتعارض مصالح الأفراد مع مصلحة المجتمع في اغلب الأحيان، فكان أن تدخلت الدولة بأشكال مختلفة مـن الضوابط لتوجيه وضبط حركة المشروعات الخاصة مثل قوانين حماية المستهلك ورقابة جودة المنتجات أو تحديد حد أدنى من الأجور وتشيع المشروعات ببعض الامتيازات مثل الإعفاءات الجمركية أو الضريبة، وقد ضاعف ذلك من أعبـاء ومسؤولية إدارة المشـروع وتطلب الأمـر ضرورة قيـام المـديرين بالتعمق في دراسة علاقة المشروع بالدولة والمجتمع والتشريعات المنظمة لذلك.

وقد ظهر عدد من رجال الإدارة والباحثين الـذين حاولوا معالجة مشاكل الإدارة بالأسلوب العلمي المنظم بدلا من الاعتماد على أسلوب التجربة والخطأ، مـما أدى إلى ظهور اتجاهات ومناهج مختلفة لدراسة الإدارة وفيما يلي نبـذة مختصرة لهذه المدارس أو المداخل حسب تطورها التاريخي.

النظريات التي تفسر السلوك الإداري:

توجد عدة نظريات تبحث في تفسير السلوك الاداري وهذه بعض النظريات التي تفسر السلوك البشري في الإدارة:

أولا: نظريات الدافعية:

ترتبط فاعلية أي منظمة بكفاءة العنصر البشري وقدرته على العمل ورغبته فيه باعتباره العنصر المؤثر والفعال في استخدام الموارد المادية المتاحة. وتعتمد الإدارة في تعظيم النتائج على ترشيد استخدام الموارد المادية والبشرية المتاحة. وقد يصعب ترشيد استخدام العنصر البشري لتعدد المتغيرات المحددة له، لدرجة تزيد من صعوبة قدرة الإدارة على ترشيد استخدام هذا العنصر وهو الأمر الذي جعل المشكلة الرئيسية التي تواجه الإدارة في أي منظمة هي التعرف على المتغيرات المحددة لهذا العنصر والتي تنعكس على سلوك هؤلاء الأفراد الذين يمثلون قدرة العمل في المنظمة.

وتعتبر الدوافع والحوافز من المؤثرات الأساسية التي تلعب دوراً هاماً وحيوياً في سلوك الأفراد، ومن خلالها يمكن خلق الرغبة لديهم في الأداء. الأمر الذي يمكن معه القول أن قدرة المنظمات على تحقيق أهدافها تتوقف إلى حد كبير على نجاح الإدارة في توفير القدر الكافي من الدافعية لدى الأفراد ووضع نظام فعال للحافز الذي يوجه لإثارة الدوافع التي بدورها تدفع العاملين للإنتاج وتحقق لهم الرضا عن ذلك العمل: «مما يؤدي إلى رفع الروح المعنوية وزيادة معدلات الأداء».

وتكمن أهمية الدوافع والحوافز في تأثرها على السلوك الإنساني حيث تعتبر عاملا مهما في تحديد سلوك الأداء الفردي في العمل. ومهما تساوت أو

تقاربت خبرات الأفراد وقدراتهم إلا أن أحد أسباب اختلاف الأداء يعود إلى قوة رغبة أو دافعية الفرد لأداء العمل.

تعريف الدوافع:

الدافع هو حاجة غير مشبعة يؤدي إلى سلوك معين للفرد، ويتحدد هذا السلوك اعتماداً على قوة الدافع. فالبحث عن الأكل يأتي من واقع طبيعي هو الجوع وبمجرد إشباع هذه الحاجة ينقضي هذا السلوك.

إذا الدوافع عبارة عن مجموعة الرغبات والحاجات والقوى الداخلية المحركة والموجهة للسلوك الإنساني نحو أهداف معينة. أو بمعنى آخر هي كل ما ينشط السلوك الإنساني ويحافظ عليه أو يغير اتجاه السلوك وشدته وطبيعته.

ومن هنا تتضح أهمية الدافع في التأثير على أداء الفرد وسلوكه... بمعنى... أنه لو توافرت قدرة عالية على الأداء وظروف مناسبة للعمل، فإن ذلك لن يؤدي إلى أداء مرتفع إلا في حالة وجود دافع للفرد على الأداء، وبالتالي يجب على المنظمات أن توجه جهودها لدفع العاملين، والتأثير في سلوكهم، وإثارة دوافعهم لصالح العمل، وإذا نجحت الإدارة في أي منظمة في إثارة دوافع الأفراد، وحفزهم للعمل فتكون بذلك قد نجحت بدرجة كبيرة في تحقيق أهدافها بدرجة عالية من الكفاءة، وتتوقف قدرة الإدارة في التأثير على سلوك الموظفين وإثارة دوافعهم للعمل على عدة عوامل، هي:

نوعية الدوافع:

يجب على الإدارة أن تحدد أنواع الدوافع التي يمكن أن تثير حماس الفرد وتدفعه للعمل، وتحديد أكثرها تأثيراً على سلوك الفرد، ومن ثم استخدام الأساليب المناسبة لإثارتها. ويمثل اختلاف الدوافع من فرد إلى آخر تحدياً

خطيراً يجب على الإدارة مواجهته حتى تنجح في مخاطبة الدافع الحقيقي للفرد على العمل.

طبيعة الأساليب المستخدمة لإثارة الدوافع:

تتفاوت الأساليب المستخدمة في إثارة الدوافع منها ما يعتمد على التهديد والعقاب، ومنها ما يعتمد على المكافأة وترغيب الموظفين أو العاملين، وعادة ما تعتمد الإدارة في أي منظمة على مزيج من هذه الأساليب عند تحريك الدوافع وإثارتها لدفع العاملين وحثهم على العمل ويقع على عاتق الإدارة اختيار الأسلوب المناسب للموظفين، والذي يسهم في تحريك سلوكهم بالشكل المرغوب.

أهم النظريات التي تبحث في السلوك الإنساني من خلال الدافع:

نظرية الحاجات (ماسلو):

قدم ابراهام ماسلو (1) نظريته المعروفة باسم " نظرية تدرج الحاجات " the need hierarchy theory of motivation في عام 1943، والتي تعتبر بحق نقطه البداية المنظمة لدراسة موضوع الدافعية . وفيما يلي المعالم الأساسية لهذه النظرية.

تنقسم أهداف الفرد إلى خمسة حاجات أساسيه هي ، الحاجات الفسيولوجية، حاجات الاستقرار، الحاجة إلى الحب "الحاجات الاجتماعية"، الحاجة إلى احترام الذات، والحاجة إلى تحقيق الذات.

تعتبر الحاجات الفسيولوجية نقطة البداية في نظرية الدافعية، وهي تلك الحاجات التي تتعلق بالمأكل والمشرب والحاجة إلى النوم إلى آخر تلك القائمة التي لا تنتهي. وتعتبر هذه الحاجات أقوى مجموعات الحاجات جميعا. وهذا يعني أن الفرد الذي يفتقد كل شي في حياته، تتبلور دوافعه أساسا في الحاجات

الفسيولوجية دون غيرها من الحاجات ، كما أن سلوكه يوجه نحو محاولة إشباعها أيضا.

أما حاجات الاستقرار فهي تلك الحاجات التي تنمو مع الفرد منذ الصغر ويمكن ملاحظتها بسهوله في سلوك الأطفال جميعا وبالنسبة للبالغين أيضا حيث تتمثل هذه الحاجات في العديد من الأشياء مثل الحصول على عمل مستقر يوفر الأجر الكافي والحماية الكافية الآن وفي المستقبل. الرغبة في ادخار بعض المال، والرغبة في الحصول على الأنواع المختلفة للتأمين مثل التامين ضد البطالة والشيخوخة والعجز والتأمين الطبي. كذلك تعكس حاجات الاستقرار أو الرغبة في تنظيم العالم الذي يحيط بالفرد حتى يسهل عليه تفهمه والتنبؤ به. ولذلك فهي تعكس الميل الفردي نحو اعتناق دين معين وفلسفة محدودة في الحياة أيضا.

أما حاجات الحب والتي عادة ما يطلق عليها الحاجات الاجتماعية فإنها تعكس الحب والتعاطف والانتماء في علاقة الفرد بغيره ولا شك أن عدم توافر هذه الحاجات قد يؤدي إلى نوع من الخلل في قدرة الفرد على التكيف مع المجتمع الذي يعيش فيه.

وبالنسبة لحاجات احترام الذات فهي تلك الحاجات التي تعكس رغبة الفرد في الحصول على احترام الغير له بصورة مستمرة، كما تعكس رغبته في احترام الآخرين أيضا. ومثل هذا الاحترام يجب أن يبنى على قدرة الشخص على الانجاز وكسب احترام الغير له. هذا ويمكن تقسيم هذه الحاجات إلى قسمين، حيث يرتبط القسم الأول بالرغبة في القوة والإجادة، والثقة بالنفس، والاستقلال والحرية، أما القسم الثاني فيرتبط بالرغبة في اكتساب تقدير الآخرين واعترافهم.

وأخيرا، فأن الحاجة إلى تحقيق الذات تعكس رغبة الفرد في تحقيق كـل مـا يتفق مع قدراته، أي الرغبة في أن يصبح الفرد ما يريد أن يكونه وما يمكن أن يكونه.

ترتبط هذه الحاجات الأساسية ببعضها البعض، وبالتالي فانه يمكن ترتيبها في صورة هرم متدرج تمثل قاعدته الحاجات الأقوى وتمثـل قمتـه الحاجـات الأقل قوة. ووفقا للنظرية فأن الحاجـة الأكـثر قوة سوف تقـوم بتجنيـد جميـع طاقات الفرد وتنظيمها وتوجيهها نحـو إشباع هـذه الحاجة، وهـذا يعنـي إنكار باقي الحاجات الأخرى " الأقل قوة ".

وحينما يتم إشباع حاجة ما إشباعاً كليا أو ما يقرب من الإشباع الكلي فإنها تتلاشى وتحل محلها الحاجة التالية " أي الحاجة التي تليها في القوة، وهكذا يتدرج الفرد من مستوى إلى أخر ابتداء من قاعدة الهرم حتى قمته. أي أن الفرض الأساسي هنا هو " أن الحاجة المشبعة ليست دافعا ". وبالرغم من وجود درجـة مـن الإشباع الجزئي وعدم الإشباع الجزئي لجميع حاجات الفرد في المجتمع الذي نعيش فيـه الآن، إلا أن ذلك لا يعني أن هناك تداخلا في الإشباع بين المسـتويات المختلفـة للحاجـات، والدليل على ذلك أنه كلما ارتقى الفرد سلم الحاجات كلما كانت درجة عـدم إشباع الحاجات التي يرتقي إليها واضحة تماما.

أن أي محاولة للحد من إشباع هذه الحاجات الأساسية أو لتفويض الأركان التي يرتكز عليها إشباعها هي بمثابة تهديد سيكولوجي للفرد قد يؤدي إلى الكثير من الأمراض النفسية.

نظرية X و Y لدوجلاس ماجرجور:

ركز دوجـلاس ماجروجر على أهميـة فهـم العلاقـة بيـن الدافعيـة وفلسفة الطبيعة البشرية، وقد بنى نظريته على أن معظم المديرين يميلون إلى وضع

الافتراضات عن العاملين معهم، واختيار الأسلوب المناسب لدفعهم من خلالها، وبناءً على هذه الافتراضات فقد قسم ماجروجر العاملين إلى مجموعتين أطلق عليهم الرمزين" (x,y) حتى لا يحكم على المضمون إذا كان جيدا أو رديئا أو متشددا أو متساهلا، و إنما لأنهما يمثلان موقفين مختلفين"

وحدد لكل منهما الملامح الرئيسية نعرضها كالآتي:

نظرية (X):

1. الإنسان كسول بطبيعته و لا يحب العمل.
2. خامل و لا يريد المسؤولية في العمل.
3. يفضل الفرد دائما أن يجد شخصا يقوده و يوجهه و يشرح له ماذا يعمل.
4. العقاب أو التهديد بالعقاب من الوسائل الأساسية لدفع الإنسان على العمل، أي أن الإنسان إنما يعمل خوفا من العقاب و ليس حبا في العمل.
5. لابد من الرقابة الشديدة و الدقيقة على الإنسان لكي يعمل حيث لا يؤتمن الفرد على شيء هام دون الرقابة.
6. أن الأجر و المزايا المادية الأخرى هي أهم حوافز العمل.

هذه الفلسفة "هي امتداد لفلسفة العصا و الجزرة التي قامت عليها النظرية التقليدية في الإدارة حيث أن الإدارة هي التي تملك التحكم في مختلف العمليات من توظيف و أجور و تدريب و مكافآت... و هي جميعها لا تخرج عن كونها الجزرة التي يسعى العامل للحصول عليها مقابل أدائه لعمله، في حين أن

التراخي في الأداء يحول هذه العمليات إلى عصا تستخدمها الإدارة للضغط على الأفراد."

وهذه النظرة الظالمة لسلوك الإنسان كانت هي الشائعة في الإدارة التقليدية إلى أن أثبتت العلوم الاجتماعية بطلانها كنتيجة لتجاربها الكثيرة حول سلوك الفرد و الجماعات.

نظريـة (Y):

تخالف هذه النظرية أولا تلك الاقتراحات في السلوك البشري و التي وردت في نظرة x و التي وتصف المورد البشري بصفات ظالمة ليست من طبيعته تلك النظرية التي تنكرت للجانب الإنساني في الإنتاج و تناست دوافع العاملين نحو العمل و التي تشكل أساس السلوك الإنساني.

إن هذه النظرية إلى جانب إيمانها بدوافع العمل و حاجات العمال، فإنها تحاول تقديم افتراضات أخرى تفسر بعض مظاهر السلوك الإنساني و هي:

1. إن الجهد الجسمي و العقلي الذي يبدله العامل في العمل هو شيء طبيعي كاللعب و الراحة أن العمل (معتمدا على ظروف يمكن مراقبتها) يمكن أن يكون مصدر رضا و لذلك سوف يتم إنجازه و بشكل تطوعي، كما يمكن أن يكون مصدر عقوبة و بذلك يتم تجنبه إذا كان ذلك ممكنا.

2. إن الرقابة الخارجية و التهديد بالعقاب ليسا الوسيلة الوحيدة التي تدفع العاملين لبذل الجهد من أجل تحقيق الأهداف التنظيمية ، إذ أن العامل سوف يقوم بممارسة الرقابة الذاتية و التوجيه الشخصي من أجل انجاز الأهداف التي التزم بها.

3. إن العنصر البشري (و تحت ظروف عادية) يعرف كيف يبحث عن المسؤولية و ليس فقط قبولها.

4. في ظروف الحياة الصناعية الحديثة فإن الطاقات الكامنة للعنصر البشري قد تمت الاستفادة منها بشكل جزئي.

5. يعمل الإنسان ملا في الحصول على المكافأة لا خوفا من العقاب. إن أهم مكافأة للفرد على سبيل المثال هي الرضا الشخصي و إشباع حاجة تحقيق الذات والذين قد يحققهما في عمله الذي يقوم به. هذه هي اقتراحات نظرية Y التي ترتكز على القيادة الإدارية من خلال الدافعية بالأهداف و من خلال السماح للمرؤوسين لتحقيق الرضا الشخصي م دامت تساهم و تؤدي إلى تحقيق أهداف التنظيم

التطبيق العملي لنظرية (X, y): يمكن للمديرين والموظفين أن يستفيدوا من مبادئ x ,y في دفع العاملين من خلال تحليلهم لشخصية هؤلاء العاملين وتحيد العاملين الذين تنطبق عليهم أفكار النظرية (x) والآخرين الذين تنطبق عليهم أفكار النظرية (y) .

نظرية دافع الإنجاز:Achievement

توصل دافيد ماكيلاند Daivd Mcclelland من خلال تجاربه أن هناك أفراد ذو ميل، ورغبة لإتمام العمل بصورة جيدة خلافاً للأفراد العاملين وأطلق عليهم مسمى (الإنجاز العالي Achieve) وتتلخص هذه النظرية بما يلي:

أولاً: الحاجة إلى الإنجاز هي تلك الرغبة لأداء العمل بصورة جيدة، حيث أن هناك أفراد متحمسين بدرجة عالية لإتمام وإنهاء العمل. وهناك أفراد يعملوا لكن دافع الإنجاز لديهم في انخفاض.

ثانياً: أن دافع الإنجاز يعتبر من الدوافع المتعلمة حيث ترجع إلى الخبرات وتربية الفرد ورصيد ما تعلمه.

ثالثاً: يتميز دور الإنجاز بخصائص تختلف عن ذوي الإنجاز المنخفض، وهذه الخصائص هي:

1. يميل ذو دافع الإنجاز إلى تحمل المخاطر المتوسطة ويعني بذلك:

   أ. هناك إمكانية لحساب احتمالات هذه المخاطر.

   ب. درجة متوسطة من المخاطر تعني أنها قد تكون مناسبة لحجم ونوعية قدرات الفرد حيث يتمكن من خلالها أن يثبت كفاءته وقدراته وأن يعمل بالشكل الذي يحقق به أهدافه.

2. يميل ذو دافع الإنجاز إلى اختيار الأعمال التي تعطيهم أكبر قدر ممكن من المعلومات عن مدة إنجازهم وتحقيق أهدافهم.

3. يميل ذو دافع الإنجاز إلى اختيار الأعمال التي توفر لهم الشعور بالتقدير من إن الله لا يضيع أجر من أحسن (إجراء إتمام العمل بنجاح من قوله تعالى: لكنهم يجيدان أن يحصلوا على عوائد مادية عالية لشعورهم أنها التقدير) عملاً والقياس لمدة إتمامهم العمل.

4. فور اختيارهم للعمل وتحديد أهدافه، يصبح العمل مسيطر على مشاعرهم وحواسهم وكيانهم ووجدانهم بحيث لا يتركوا العمل في منتصفه وإذا ما اعترضهم مشكلة يعملوا جاهدين لحلها والسيطرة عليها مع إتمامهم العمل.

التطبيق الإداري لدافع الإنجاز:

بالرغم من بساطة النظرية إلا أنها تقدم لنا أسس جيدة للتطبيق الإداري، نذكر منها مثلاً:

1. توفير ظروف عمل مشابه لتلك الخصائص السابقة مثل درجة متوسطة من المخاطر ودرجة علم كاملة بالتقدم في الإنجاز تساعد ذوي دافع الإنجاز من إبراز طاقاتهم واستغلال خبراتهم بالشكل الذي يفيد العمل ويفيدهم شخصياً.

2. إذا كان دافع الإنجاز من الدوافع المتعلمة فإننا يمكننا تصميم بعض البرامج التدريب التي يمكنها رفع الإنجاز وأثناء ذلك يمكن حقنها بعناصر توفير وتسهيل للمندرين لرفع إنجازهم في هذه الدورات مع توفر هذه الأهداف.

أ. لا بد أن نعلم المشتركين في دورة التدريب كيف يفكرون وكيف يتحدثون تماماً مثلما يفعل ذو الإنجاز العالي.

ب. لا بد من تعويد وتعليم المتدربين على أن يضعوا أهدافاً محددة لتكون بمستوى قدراتهم وذات مخاطر متوسطة بالقدر الذي يمكنهم من استغلال خبراتهم بشكل يستطيعوا من السيطرة على العمل وتحقيق الهدف.

3. لا بد من تزويد المتدربين والعاملين من وقت لآخر بمعلومات عن مدى تقدمهم في الإنجاز التدريبي أو في أداء العمل.

نظرية التوقع:

توضح هذه النظرية أن سلوك الإنسان ليس بسيطاً بحيث يمكن أن تحدد محفزات وتجارب تعمل لإشباع حاجات معينة بل أن الإنسان يجري مجموعة من العمليات العقلية والتفكيرية قبل أن يؤدي الأمر إلى سلوك محدود.

وضعت أسس هذه النظرية من قبل فيكتور فردم [Vector Vroom] حيث يرى أن دافعية الفرد لأداء عمل معين هي محصلة للعوائد التي سيحصل عليها وشعوره واعتقاده بإمكانية الوصول إلى هذه العوائد، ولتوضيح هذه النظرية نورد خصائصها وهي:

1. يميل الفرد إلى الاختيار بين بدائل عديدة للسلوك، وأن السلوك الذي نختاره يحدد به مقدار عوائده.

2. دافعية الفرد لأداء عمل معين هي حصيلة ثلاث عناصر هي:
   أ. توقع الفرد أن مجهوده سيؤدي إلى أداء معين = التوقع.
   ب. توقع الفرد بأن هذا الأداء هو الوسيلة للحصول على عوائد معينة = الوسيلة.
   ج. توقع الفرد أن العائد الذي سيحصل عليه ذو منفعة وجاذبية له = المنفعة.

3. أن العناصر الثلاثة [التوقع + الوسيلة + المنفعة] تمثل عملية تقدير شخصي للفرد، باختلاف الأفراد يختلف التقدير وهي تمثل عناصر إدراكية له.

4. ترى هذه النظرية أن الفرد لديه القدرة والوعي بإمكانية البحث في ذاته عن العناصر الثلاثة السابقة، وإعطائها تقديرات وقيم، لذلك وجب الاهتمام بهذه العناصر بشكل موسع.

عناصر نظرية التوقع لفروم:

أولاً: التوقع: هو تقدير الشخص لقوة العلاقة بين المجهود الذي يبذله وبين الأداء المطلوب الوصول إليه بمعنى أي زيادة في الجهد المبذول سيؤدي إلى إنجاز وأداء أفضل.

ثانياً: الوسيلة: هو إدراك الفرد لاحتمال وجود فوائد معينة (إيجابية أو سلبية) سترتبط مع الأداء والجهد المبذول، فإذا كان الأداء عالياً فهو الوسيلة للحصول على مكافأة عالية.

ثالثاً: منفعة الفوائد: هي عبارة عن إدراك الفرد لقيمة الفوائد التي يتوقع أن يحصل عليها، و مدى رضاه عنها مثل الشكر والتقدير والحوافز المادية، وغيرها، لكنها تختلف من شخص لآخر.

هذه العناصر

الدافعية = التوقع × الوسيلة × منفعة الفوائد

ونلاحظ أن هذه النظرية اشتهرت وذاع صيتها وأصبحت مقبولة باعتبارها إحدى نظريات الدافعية والأداء حيث يمكن استخدام مبادئها في بعض التطبيقات الإدارية.

نظرية العدالة:

اشتقت (آدم Adams) نظريته من نظرية المقارنة الاجتماعية Social Comparison التي تقوم على أن الاتجاهات والمواقف تجاه عمل معين يبنى على أساس الظروف السائدة في العمل وعلى أساس التجارب السابقة وقد بين آدم في نظريته العدالة ذلك حيث رأى أن الفرد يكون مدفوعاً في سلوكه التي تحقق الشعور بالعدالة، وهي شعور وجداني عقلي، يتم التوصل إليه من خلال مجموعة العمليات العقلية والتمثيل الذهني للمشاعر الدالة على العدالة من عدمه.

النقاط الأساسية لهذه النظرية هي:

1. الفرد كائن مدفوع حيث يحدث لديه حالة من التوازن الداخلي بين ما يقدم من مساهمات وما يحصل عليه من عوائد في المنظمة.

2. يتم وضع هذه المقارنة في نسبة بسطها العوائد التي يحصل عليها الفرد مثل الأجر والترقية والشكر والحافز المادي والمديح وغيرها، أما مقامها هو إسهامات الفرد وتمثل الجهود وآراء وخبرة وعمل وجودة.

3. يتجدد شعور الفرد بالعدالة من عدمه عندما تقارن النسبة السابقة مع أفراد يعملون معه في داخل المنظمة.

4. عندما يشعر الفرد بعدم عدالة فيؤدي إلى تخفيض التوتر وإنهاء حالة عدم العدالة بإتباع سلوك معين.

5. هناك يجب أن نسأل، ماذا يحدث عندما يشعر الفرد بعدم عدالة؟حاولت بحوث كثيرة للإجابة عن هذا السؤال وتوصلت لاحتمالين:

الاحتمال الأول: أن تكون النسبة الحاصلة بالفرد أقل من النسبة الحاصلة من الآخرين من حيث العوائد بصورة عامة.

الاحتمال الثاني: تكون العوائد أعلى، وهذه العوائد هي مرتب ثابت أو أجر قطعة وهناك أربعة حالات هي:

الحالة الأولى: عندما يكون الأجر بالقطعة ويشعر الفرد أن عوائده قليلة فيعمل لزيادة كمية الإنتاج حتى لو كان على حساب الجودة رغبة منه في تحسين عوائده.

الحالة الثانية: عندما يكون الأجر بالقطعة ويشعر أن عائد أقل فيحاول التغلب على حالة عدم الاتزان هذه من خلال زيادة الجودة، حتى لو كان على

حساب الكمية، هنا ستقل عوائد الفرد المادية لكن التقدير الذاتي ربما يزيد كنتيجة للتوصل إلى حالة من العدالة.

الحالة الثالثة: مرتب ثابت والفرد يشعر أن عوائده أقل، حيث يعمل على تقليل مساهماته مما يؤدي إلى أن لكل من الكمية والجودة أو أحدهما تقل. الحالة الرابعة: مرتب ثابت ويشعر الفرد عوائده أعلى حيث يعمل على رفع مساهماته سواء أكان من الناحية الكمية أو الجودة في العمل.

توضح هذه النظرية أن حالة الرضا عند الفرد تكون عندما يشعر بأنه يحصل على عوائد نتيجة للجهد الذي يبذله مقارنة بالآخرين وما يقدموه من خلال ربط الحوافز بالعوائد وقياس فعالية الأداء وفق برنامج تضعفه المنظمة لذلك لتوضيح سبب ارتفاع دخل بعض العاملين عن غيرهم.

ثانيا: النظريات الموقفية في القيادة:

يقول أصحاب هذه النظريات و مؤيدوها بأن الفعالية القيادية لا يمكن أن تعزى لنمط قيادي محدد ،فالموقف الذي يتواجد فيه القائد هو الذي يحدد فعالية القائد. ومن هذه النظريات:

1. نموذج فيدلر: في هذا النموذج لابد من قياس أمرين هما:
الأمر الأول: وصف القائد لمرؤوسه الأقل تفضيلا عنده، فقد يصفه القائد بأنه جيد وعندها نقول أن القائد يهتم بالمرؤوسين، وإن وصفه بأنه غير جيد نقول إن القائد يركز على المهام، وقد يهتم بهما بشكل متوسط (وقد شكك الباحثون بصدق هذا المقياس.
الأمر الثاني: الموقف القيادي و يقاس من خلال الأبعاد الثلاثة التالية مرتبة حسب أهميتها:

علاقة القائد بمرؤوسيه: جيدة (ج) أو سيئة (س)

هيكلة المهام: قد تكون مهيكلة (م) أو غير مهيكلة (غ)

قوة القائد: قد يكون قويا(ق) أو ضعيفا (ض)

وينشأ من هذه الأبعاد ثمانية مواقف قيادية تحدد درجة سلطة القائد ففي أحد المواقف (س،غ،ص) تكون سلطة القائد قليلة ويلزمه التركيز على المهام ،وفي المواقف الأربعة التالية: (س،غ،ق)، (س،م،ض)،(س،م،ق)،(ج،غ،ض) تكون سلطة القائد معتدلة ويلزمها قائد يهتم بالعلاقات الإنسانية.

وفي المواقف الثلاثة الباقية: (ج، غ، ق)، (ج، م، ض)، (ج، م، ق) تكون سلطة القائد قوية، ويلزمها قائد يركز على المهام و العلاقات الإنسانية.

2- نموذج هاوس و إيفانس: أطلقا عليه (المسار و الهدف)، وبينا أن المهمة الأساسية للقائد هي توضيح الأهداف للمرؤوسين ومساعدتهم لتحقيقها بأفضل الطرق بالاعتماد على نظرية التوقع و نظريات الحفز أما العوامل الظرفية في هذا النموذج فهي:

بيئة العمل: المهمة، نظام المكافآت، و العلاقة بالزملاء .

صفات العاملين: حاجاتهم ،الثقة بالنفس و قدراتهم .

أما الأساليب القيادية التي يمكن للقائد استخدامها في ظل هذه الظروف فهي:

المساند: يهتم بحاجات المرؤوسين و راحتهم و يخلق جو عمل مريح لهم .

المشارك: يعطي المرؤوسين المجال للمشاركة في صنع القرار .

الإجرائي: يزود المرؤوسين بالإجراءات و التعليمات و التوقعات بشكل واضح .

الإنجاز أو التحدي: يضع للمرؤوسين أهدافا تتحدى قدراتهم وتساعد على تطوير أدائهم و تشعرهم بثقة قائدهم بهم .

3- نموذج فروم و باتون: أطلقا عليه (مخطط عملية صنع القرار) وبينا فيه خمسة أساليب لصنع القرار تعتمد على الوضع الذي يمكن تحديده من خلال الإجابة على سبعة أسئلة (بنعم أولا) ،وتتعلق هذه الأسئلة: بنوعية المشكلة ،كفاية المعلومات،هيكلة المشكلة،أهمية قبول القرار من قبل المرؤوسين،مدى قبولهم للقرار الذي يصنعه القائد بنفسه،مدى مشاركة المرؤوسين في تحقيق أهداف المنظمة عند حل هذه المشكلة و احتمال أن يتسبب الحل الأمثل بنزاعات بين المرؤوسين ،أما الأساليب الخمسة لصنع القرار فهي:

يصنع القرار لوحده يصنع القرار لوحده بعد الحصول على المعلومات من المرؤوسين .

يصنع القرار لوحده بعد أن يسمع وجهات نظر العاملين فرادى .

يصنع القرار لوحده بعد أن يسمع وجهات نظر العاملين كمجموعة .

يصنع القرار بشكل جماعي مشارك.

ثالثا: النظرية السلوكية:

يرى أصحاب هذه النظرية بان السلوك الإنساني عبارة عن مجموعة من العادات التي يتعلمها الفرد ويكتسبها أثناء مراحل نموه المختلفة ،ويتحكم في تكوينها قوانين الدماغ وهي قوى الكف وقوى الاستثارة اللتان تسّيران مجموعة الاستجابات الشرطية، ويرجعون ذلك إلى العوامل البيئة التي يتعرض لها الفرد.

وتدور هذه النظرية حول محور عملية التعلم في اكتساب التعلم الجديد أو في إطفائه أو إعادته، ولذا فان أكثر السلوك الإنساني مكتسب عن طريق التعلم ،وان سلوك الفرد قابل للتعديل أو التغيير بإيجاد ظروف وأجواء تعليمية معينة. المبادئ التي ترتكز عليها هذه النظرية في تعديل السلوك:

الإشراط الإجرائي:

ويطلق عليه مبادئ التعلم حيث إنها تؤكد على الاستجابات التي تؤثر على الفرد، فان التعلم يحدث إذا أعقب السلوك حدث في التهيئة يؤدي إلى إشباع حاجة الفرد واحتمال تكرار السلوك المشبع في المستقبل وهكذا تحدث الاستجابة ويحدث التعلم أي النتيجة التي تؤدي إلى تعلم السلوك وليس المثير، ويرتبط التعلم الإجرائي في أسلوب التعزيز الذي يصاحب التعلم وصاحب هذا الإجراء هو (سكنر) والذي يرى أن التغيرات تحدث نتيجة لتبادلات في سلسلة من المقدمات و الاستجابات والنتائج مما تؤدي إلى التحكم في الإجراء إذا كان وجود النتيجة يتوقف على الاستجابة.

ولهذا الإجراء استخدامات كثيرة في مجال الإدارة وتعديل سلوك الأفراد ولها استخداماتها في التعليم والتدريب والإدارة والعلاقات العامة.

التعزيز أو التدعيم:

ويعتبر هذا المبدأ من أساسيات عملية التعلم الإجرائي ويعد من أهم مبادئ تعديل السلوك لانه يعمل على تقوية النتائج المرغوبة لذا يطلق عليه اسم مبدأ (الثواب أو التعزيز)فإذا كان حدث ما (نتيجة) يعقب إتمام استجابة (سلوك) يزداد احتمال حدوث الاستجابة مرة أخرى يسمى هذا الحدث اللاحق معزز أو مدعم.

والتعزيز نوعان هما:

التعزيز الإيجابي: وهو حدث سار كحدث لاحق (نتيجة) لاستجابة ما (سلوك) إذا كان هذا الحدث يؤدي إلى زيادة استمرار قيام السلوك.

التعزيز السلبي: ويتعلق بالمواقف السلبية والبغيضة والمؤلمة فإذا كان استبعاد هذا الحدث منفّر يتلو حدوث سلوك بما يؤدي إلى زيادة حدوث هذا السلوك فان استبعاد هذا الحدث يطلق عليه تدعيم أو تعزيز سلبي.

التعليم بالتقليد والملاحظة والمحاكاة: وتتركز أهمية هذا المبدأ حيث أن الفرد يتعلم السلوك من خلال الملاحظة والتقليد، فالطفل يبدأ بتقليد الكبار، والكبار يقلد بعضهم بعضا وعادة يكسب الأفراد سلوكهم من خلال مشاهدة نماذج في البيئة وقيامهم بتقليدها و يتمثل في الحدث الذي يعقب حدوث الاستجابة والذي يؤدي إلى إضعاف الاستجابة التي تعقب ظهور العقوبة، أو التوقف عن هذه الاستجابة وينقسم العقاب إلى قسمين هما:

العقاب الإيجابي: ويتمثل في ظهور حدث منفر (مؤلم) للفرد بعد استجابة ما يؤدي إلى إضعاف هذه الاستجابة أو توقيفها ومن أمثلة ذلك العقاب (العقاب البدني) والتوبيخ بعد قيام الفرد بسلوك غير مرغوب إذا كان ذلك يؤدي إلى نقص السلوك أو توقفه.

العقاب السلبي: وهو استبعاد حدث سار للفرد يعقب أي استجابة مما يؤدي إلى إضعافها أو اختفائها.

التشكيل: وهي عملية تعلم سلوك مركب وتتطلب تعزيز بعض أنواع السلوك وعدم تعزيز أنواع أخرى ويتم من خلال استخدام القوانين التالية: الانطفاء أو الإطفاء أو الإغفال أو المحو: وهو انخفاض السلوك في حال التعزيز سواء أكان بشكل مستمر أم منقطع فيحدث المحو أو الانطفاء أو الإغفال أو الإطفاء.. وتفيد في تغيير السلوك وتعديله وتطويره ويتم من خلال إهمال السلوك وتجاهله وعدم الانتباه إليه أو عن طريق وضع صعوبات أو معوقات أمام الفرد مما يعوق اكتساب السلوك ويعمل على تلاشيه.

التعميم: ويحدث التعميم نتيجة لأثر تدعيم السلوك مما يؤدي إلى تعميم المثير على مواقف أخرى مثيراتها شبيهة بالمثير الأول أو تعميم الاستجابة في مواقف أخرى مشابه تتغير استجابة شخص إذا تأثر باستجابات أخرى لديه فلو امتدحنا هذا الشخص لتبسمه (استجابة) فان قد يزيد معدل الضحك والكلام أيضا لذا فان في تدعيم الاستجابة يحدث وجود استجابات أخرى (الابتسامة والضحك) عند امتداحه في موقف أخرى.

التمييز : ويتم عن طريق تعزيز الاستجابة الصحيحة لمثير معين أي تعزيز الموقف المراد تعليمه أو تعديله ومثال ذلك: عندما يتمكن الفرد من إبعاد يديه عن أي شئ ساخن كالنار مثلا.

التخلص من الحساسية أو (التحصين التدريجي): ويتم ذلك في الحالات التي يكون فيها الخوف والاشمئزاز والذي ارتبط بحادثة معينة فيستخدم طريقة التعويد التدريجي المنظم ويتم التعرف على المثيرات التي تستثير استجابات شاذة ثم يعرض المسترشد تكرارا وبالتدريج لهذه المثيرات المحدثة للخوف أو الاشمئزاز في ظروف يحس فيها بأقل درجة من الخوف أو الاشمئزاز وهو في حالة استرخاء بحيث لا تنتج الاستجابة الشاذة ثم يستمر التعرض على مستوى متدرج في الشدة حتى يتم الوصول إلى المستويات العالية من شدة المثير بحيث لا تستثير الاستجابة الشاذة السابقة وتستخدم هذه الطريقة لمعالجة حالات الخوف والمخاوف المرضية.

الكف المتبادل: ويقوم أساسا على وجود أنماط من الاستجابات المتنافرة وغير المتوافقة مع بعضها البعض مثل الاسترخاء والضيق مثلا.

الإشراط التجنبي: يستخدم لتعديل السلوك غير المرغوب فيه وقد استخدم في معالجة الذكور الذين ينزعون الجنس الآخر والتشبه بهم أو في علاج

الكحولية أو التدخين ،ويتم استخدام مثيرات منفرة كالعقاقير المقيئة والصدمات الكهربائية وأشرطة كاسيت تسجل عليها بعض العبارات المنفرة والتي تتناسب مع السلوك الذي يراد تعديله.

التعاقد السلوكي (الاتفاقية السلوكية): ويقوم هذا الأسلوب على فكرة أن من الأفضل للفرد أن يحدد بنفسه التغيير السلوكي المرغوب ،ويتم من خلال عقد يتم بين طرفين هما المدير والموظف يحصل بمقتضاه كل واحد منهما على شيء من الآخر مقابل ما يعطيه له. ويعتبر العقد امتداد لمبادئ التعليم من خلال إجراء يتعزز بموجبه سلوك معين مقدما حيث يحدث تعزيز في شكل مادي ملموس أو مكافأة اجتماعية.

رابعا: النظرية المعرفية Cognitive Theory

عند ما تذكر النظرية المعرفية يذكر العالم النمساوي جان بياجيه فهو المؤسس والمنظر لهذه المدرسة.

والنظريات المعرفية في تفسيرها للتعلم تؤكد على أهمية الروابط الموجودة بين سلوكات الأفراد و كل من أفكارهم و خبراتهم السابقة و قدراتهم العقلية مثل أساليبهم في التفكير و التذكر و الإدراك و ما شابه.

وتختلف المعرفية عن النظريات السلوكية في كونها لا تأبه بالعلاقات بين السلوكات و نتائجها أو بالأعمال المتعلمة عن طريق المشاهدة و غيرها، حيث تفترض أن البشر هم أكثر من مجرد الأعمال التي يقومون بها، فهم يفكرون و يدركون و يتذكرون و أن جميع هذه الأمور يجب أن يتم استنتاجها مما يقوله الناس أو يقومون به و ليس من مجرد مشاهدة سلوكهم الظاهري.

ولهذا فإن أصحاب النظريات المعرفية يلجأون إلى استخدام لغة و تعابير واصطلاحات تختلف عن تلك التي يستخدمها السلوكيون و أنهم بدلا من التكلم عن المثير والاستجابة و التعزيز فإنهم يتكلمون عن الذاكرة و الإدراك و الانتباه والمعنى و تنظيم الأفكار.

خامساً: نظرية الجماعة:

ليس هناك من ينكر بأن التنظيم الإداري عبارة عن شكليات روتينية لكن الشيء المهم، في أية إدارة هو معرفة العوامل التي تؤثر في الأفراد العاملين في أي جهاز حكومي، لان الأفراد يتصرفون ويقرون وفقا للتأثيرات الداخلية والخارجية التي يكون لها انعكاسات على أعمالهم اليومية ولهذا فالموظف لا يمكن فصل تحركاته وأعماله الإدارية عن المجموعات التي ينتمي إليها . وإذا نحن حللنا ادوار الجماعات، وهياكل منظماتهم ،وقواعد التعامل بين المنضمين إلى كل جماعه، فان باستطاعتنا أن نتعرف على الاتجاه الحقيقي للتنظيم الإداري والسياسة المراد تطبيقها في مجال الإدارة العامة.

وما نريد أن نصل إليه من نظرية الجماعة هو أن التنظيم الإداري و الإجراءات الإدارية، وكذلك الأهداف العامة للتنظيم، ما هي إلا تجسيم لإرادات الجماعات القوية لان العناصر الباردة هي التي تقوم بتوزيع الأدوار الاجتماعية وضبط الخطوات العريضة للعمل ، ومعنى هذا أن البيروقراطيين، في كل إدارة يعملون بتوجيه وبوحي من المجموعات التي تتعاطف معهم أو تدعهم في أداء مهامهم. وأكثر من ذلك فأن أعمال الموظف الإداري ،في أية مصلحة مرتبطة ارتباطا وثيقا بمدي مقدرتهم على الدفاع عن مصالح المجموعة التي ينتمي إليها. وانطلاقا من هذه الحقيقة فانه بإمكاننا أن نقول بأن المؤسسات الإدارية عبارة عن مراكز قوة لمختلف جماعات الضغط التي تشتغل على مستويات مختلفة.

ونستخلص من كل ما تقدم أن القرارات المصيرية، بالنسبة لأي مجتمع هي من صنع المجموعات التي تساوم فيما بينها وتقوم بالمناورات والمحالفات في الخفاء. وفي الغالب يصعب على أي موظف أن يتحدى الجماعات المتضامنة فيما بينها، وان هو تعنت واظهر عدم الاستعداد لمسايرة التيار العام فانه يفقد حماية ومساندة جماعته، والعبارة التي يمكن أن يستخلصها الإنسان من هذه الفكرة هي إن الجماعات عندما تتساوي وتتحالف فيما بينها، تدق على عموموميات في ظاهرها الاتفاق والحرص على خدمة المصلحة ألعامه، وفي باطنها متناقضان وعيوب لا يمكن الإفصاح عنها. ولكن في جميع الحالات، تعود كل مجموعه على ولا عناصرها ودفعهم إذا اقتضى الأمر، إلى تطبيق الإجراءات والقرارات الإدارية المتطابقة مع قيمها وغاياتها المنشودة. وهكذا يتضح لنا أن قوة الأفراد مستمدة من قوة الجماعات، وان قوة أي تنظيم إداري تكمن أساسا في إيجاد العناصر التي تلتزم بالولاء والطاعة للمنظمات الاجتماعيه. أما مسالة فرز الأعمال والتعرف على القرارات الخاطئة والقرارات الصائبة والمجسمة للمصلحة العامة فهذه قضيه من اختصاص المؤرخين الذين يمكنهم إصدار أحكاما على صحة القرارات أو خطأها ، فيما بعد.

ومع أن الجماعات تختلف باختلاف المهن والمصالح والتيارات العقائدية، فان الشيء الأكيد هو أن السلطة الفعلية توجد في حوزة المجموعة المتناسقة والمتجانسة، وعن طريق وجود السلطة والنقود في يد مجموعات قوية، تستطيع العناصر البارزة أن توثر في مجرى الأمور وتغري الأفراد وتشجعهم على الالتفاف حولها مقابل الحصول على مكاسب ومناصب ومكافآت ماديه .

وإذا فرضنا إن الموظف الإداري قد استقر في وظيفته بالرغم من عدم انتمائه إلى جماعه معينه، فانه سيتعرض، بدون شك إلى ضغوط من الجماعات

التي يتعامل معها، فإذا كانت مصلحة الموظف تقتضي إن ينجح في أداء مهامه وتحقيق أهدافه، فان الواقع يفرض عليه كذلك إن يتعاون مع رجال النخبة الأقوياء الذين لا يمكن تجاهل مطالبهم .

وإذا قلنا إن الجماعات القوية هي التي تتحكم في مصير الشعوب فإننا نقصد بذلك إن الموظف بدوره، يخضع للتحولات الاجتماعية لان قيم ومواقف المنظمات الاجتماعية هي التي تغير مجرى الأمور.

وبما أن المجتمعات تسودها تجمعات متعددة ومصالحها متباينة ، فان فهمنا للإدارة ألعامه يتوقف على فهم أهداف الجماعات ومخططاتهم ومدى تأثير الأفراد الذين ينتمون إليهم ويقومون بإعمال الإدارة ألعامه في الأجهزة الحكومية.

وهناك من يرى بأن مشاكل التنظيم البيروقراطي يكمن أساسا في عدم وضوح الأشياء وصعوبة اتفاق الجماعات القوية فيما بينها على انتهاج سياسة واضحة المعالم ومرضيه للجميع فالاختلافات العقائدية والنزاعات الشخصية بين قادة الجماعات، وبقاء الغموض في الخطة ألعامه للعمل تقود في العادة إلى البلبلة وحيرة الموظف الذي يتصرف وهو غير واثق من تطابق أعماله مع أهداف الجماعات القوية وبما إن الواقع يفرض على الموظف إن يصل إلى أهدافه المنشودة والمتمثلة في حل المشاكل وإرضاء المواطنين، فانه يجد نفسه في بعض الأحيان مجبرا على التحليل وإتباع الأساليب الملتوية للنجاح في مهامه، وإلا فانه سيفشل ويفقد منصبه وراتبه إن هو بقي جامدا أمام القوانين الغامضة والضغوط المفروضة عليه.

سادساً: نظرية الاتصالات:

إن جودة نقل المعلومات وإيصال الحقائق إلى الأشخاص المعنيين بأي أمر، بالإضافة إلى حسن استغلال الثروة اللغوية والدقة في التعبير، تعتبر من أهم العوامل التي تساهم في نجاح أي تنظيم إداري. فالاتصال هو العصب الحساس في حياة الأفراد والمنظمات إذ لا يمكن إن يكون هناك عالم بدون اتصالات بين الأفراد فيما بينهم أو بين الأفراد والمؤسسات الإدارية وأكثر من ذلك فان تقدم أي مجتمع مرتبط بإيصال المعلومات إلى إفراده وتقاسم المعرفة وإثراء الثقافة والتعمق في فهم الفنيات التقنية.

ومن كل ما تقدم، نستطيع إن نستخلص بأن مصير المنظمات الاجتماعية والأفراد يتوقف على نوعية المعلومات التي تصل إلى المسئولين لاتخاذ القرارات الصائبة وحسب بعض الإحصائيات المتوفرة عن هذا الموضوع فان 70% من أوقات الناس تذهب في المحادثات الثقافية في الاستماع إلى الآخرين، في إبداء الآراء، وفي القراءة والحصول على معلومات جديدة أو الكتابة وتعريف الآخرين بوجهات نظره في قضايا معينة.

وهذه الحقيقة تكشف لنا عن جانب مهم في الإدارة العامة وهو إن جودة العمل وسلامة القرار، على أي مستوى، تتوقف على قنوات الاتصال التي تقام بين العاملين وقيادتهم فإذا كانت الهياكل متماسكة يسودها الانسجام فان دور القائد يسهل لأنه يمارس سلطاته من خلال الاتصالات التي تقام بينه وبين مساعديه من جهة، وبينه وبين البيئة الخارجية من جهة ثانية وبكلمة موجزة، فان القيادة في حاجة ماسة إلى إجراء اتصالات ومشاورات وتبادل أراء بين الرؤساء والمرؤوسين، وبناء على المعلومات التي تنقل وتصل إلى قيادة المنظمة يمكن للقائد الإداري:

1* إن يحدد الأهداف ألعامه للتنظيم.

2* إن يكافئ الأفراد الذين اظهروا تفانيهم في العمل.

3* إن يخلق عامل الحوافز وتشجيع العمل الجماعي.

4* إن يوجه الأفراد العاملين ويمارس سلطاته.

5* إن يتخذ القرارات الهادفة.

6* إن يقوم بتنسيق الجهود.

7* إن يراقب كل العمليات التي يجري تنفيذها في داخل المنظمة.

وليس هناك جدال بأن اكبر عيب يوجد في الإدارات الحديثة هو سوء توصيل المعلومات واتخاذ القرارات بصفة ارتجالية وقد تبين من خلال دراسات ميدانية إن الاتصالات المباشرة بين المسئولين ومساعديهم تعتبر من أهم العوامل التي تساعد الموظفين في النجاح في أعمالهم وتحسين أوضاعهم الإدارية والمالية. فعن طريق إيصال المعلومة بدقة واختيار الأهم والجيد منها، يتسنى للعديد من العاملين في المؤسسات الإدارية إن يحصلوا على ترقيات ويصعدوا بسرعة في السلم الإداري، كما اتضح إن الاتصالات تساهم إلى حد كبير في تحسين سلوك الإفراد في النقاش الذي يدور بين مجموعة الناس قد ينتج عنه تغير العمليات وحل المشاكل. ولهذا فالمجموعات التي يتناقش إفرادها في قضايا تهمهم، يستفيد أعضاؤها من ذلك الحوار بكيفية لا يمكن مقارنتها بنتائج الاستمتاع إلى محاضرة، لان الاتصال المتبادل بطريقة مباشرة يكون أكثر جدوى من الاتصال الآتي من اتجاه واحد فقط.

وبالنسبة لأنواع الاتصالات، لا بد إن نشير إلى إن هناك المعلومات التي يتم إيصالها من القاعدة إلى القمة عن طريق السلم الإداري، والأوامر التي تأتي

من أعلى إلى أسفل، والاتصالات المتوازية، أي التي تحصل بين الإدارات التي هي في مستوى واحد ولا تخضع لسلطة واحدة.

وفيما يخص النوع الأول من الاتصالات والمتمثل في إيصال المعلومات إلى القمة من القاعدة، فان جودته تعكس الوضعية الحقيقية لأية منظمة ناجحة، لان المشكل الأساسي هو إن مختلف المسئولين في مستويات متعددة، يتجاهلون آراء الفئات العاملة البسيطة والخاضعة لهم ولا يأخذون بعين الاعتبار وجهات نظر من هم أدنى منهم رتبة ولهذا فان ارتباط إيصال المعلومات واتخاذ القرارات بالمناصب أو مراكز القوة كثيرا ما يتسبب في إيقاف المعلومات وغربلتها على مختلف المستويات بحيث تبرز في النهاية التأثيرات والتغييرات المحبذة من طرف الأقوياء في الأجهزة الإدارية فقط أما البسطاء فعليهم إن يعملوا فقط.

وفيما يخص النوع الثاني من الاتصالات فان أهميته تكمن في كونه يعبر عن المنبع الذي تصدر منه التوجيهات والتعليمات وهذا معناه إن مركز اتخاذ القرارات هو الذي يحسم السلطة القانونية أو الرسمية ولا بد إن تعطى له أهمية كبيرة لان القيادة هي التي تطلع العاملين على نوعية المهام التي يقومون بها, والتغييرات التي يمكن إدخالها على برامج العمل، وطرق العمل التي ينبغي إتباعها عند تطبيق التعليمات الواردة من أعلى، وتقديم الاقتراحات المتعلقة بمعالجة المشاكل التي تبرز من حين لأخر وإذا كانت القيادة تملك حق مكافأة ومعاقبة الإفراد الذين ينتمون إليها، فان العاملين يملكون قوة الضغط الجماعي وإخفاء المعلومات التي قد تساعد على اتخاذ القرارات الصائبة، ولهذا، فان القرارات التي تتخذها القيادة بدون إن تأخذ بعين الاعتبار مصالح العمال في القاعة تكون في العادة مقدمة للاضطرابات الاجتماعية، ولا يقل أهمية عن هذين

النوعين من الاتصال، النوع الثالث وهو الاتصال الأفقي، أو الاتصال بين مؤسسات في مستوى واحد وموازية لبعضها البعض. ففي هذه الحالة نلاحظ إن المديريات تسعى لتقوية نفسها على حساب المديريات الأخرى وفي العادة تكون النتيجة الحتمية لهذا التنافس بين الأشخاص في المديريات المختلفة، هي خلق صراع بين وحدات الإنتاج أو الخدمات وبين مجموعات الاختصاص والشيء المهم في هذا الموضوع هو إن تحقيق الأهداف الأساسية لأي تنظيم، تصير عملية صعبة عندما تتعد وحدات الاختصاص، وتتعقد مسألة التنسيق بين الإدارات التي تضم مجموعات مختلفة من الاختصاصيين وليس هناك جدال بأن الاتصال بين مسئولين متساويين في المسؤولية والمفيد هو الذي يحقق الانسجام وتحقيق الانسجام وتحقيق الأهداف المنشودة وذلك بالرغم من الصعوبات المتمثلة في تباعد الاختصاصات، وتوزيع العمل بين الخبراء. وتمتع كل مدير بصلاحياته الإدارية، واستحالة القيام بضغوط على زملاء في مستوى واحد.

سابعاً: النظرية العلمية للإدارة:

اهتمت نظرية الإدارة العلمية التي ظهرت في نهاية القرن التاسع عشر ومطلع القرن العشرين الميلاديين بشكل رئيسي بدراسة الوقت والحركة، والفصل ما بين التخطيط الذي يتولاه المدير والتنفيذ الذي يقوم به العامل، ورفع الإنتاجية كهدف يؤدي إلى التعاون بين العاملين والإدارة، وزيادة كفاءة العامل عن طريق التدريب والتخصص وتقسيم العمل وتنميط إجراءاته، ودراسة الفاقد في الوقت والمواد الخام والتلف والضياع في عناصر الإنتاج.

وقد ساهم عمل تايلور في نمطيات الأداء والإدارة بالاستثناء مساهمة فعالة في تصميم واستخدام نظم المعلومات الإدارية الحديثة ". حيث نجد أن للإدارة العلمية مساهمة كبيرة بعدد من المفاهيم التي يفترض أخذها في الاعتبار

عند تصميم وتطوير النظم المعلوماتية التي تعتمد على التقنية الحديثة، وذلك في معرض استهدافها لرفع الكفاءة الإنتاجية والتفريق بين النمطيات التي تعتبر مقاييس للأداء وبين الأهداف التي تحاول المنظمة الوصول إليها، كذلك ما يسمى "الإدارة بالاستثناء" حيث يتم وضع كل الخطوات اللازمة لأداء العمل في تسلسل منطقي آخذاً في الاعتبار كل العناصر اللازمة ولا يتم التدخل بعد ذلك إلا في ظروف تطويرية أو إصلاحية تعد استثنائية وكذلك العلاقات الرسمية التي تحكم التنظيم والتي لا يمكن تجاهل دورها لأي تنظيم.

الفصل الثالث

ضغوط العمل

الفصل الثالث

ضغوط العمل

- مقدمة
- مفهوم الضغط النفسي
- نظريات الضغط النفسي
- ضغط العمل
- تكاليف ضغوط العمل
- مصادر ضغوط العمل
- المصادر المتعلقة بشخصية الفرد
- المصادر النفسية
- المصادر السلوكية
- أنماط الإشراف وعلاقتها بضغوط العمل
- اقتراحات للتعامل مع شخص غاضب أثناء العمل

الفصل الثالث
ضغوط العمل

مقدمة:

إن مستوى الصحة النفسية للفرد يؤثر في مستوى الضغط النفسي لديه. إن هذا الجانب هام جداً ويؤخذ بعين الاعتبار في موضوع ضغط العمل.

إن مستوى الصحة النفسية للفرد يؤثر على أشياء كثيرة في حياة الفرد بدءاً من الطاقة، والقدرة على الاحتمال، ومثابرة الفرد لتلبية متطلبات الوظيفة، والاستعداد العقلي للفرد فمقدار الكفاءة وفق التطورات التكنولوجية، والاستعداد للنظر إلى الأمور من زوايا مختلفة، الإبداع، وتعلم طرق مختلفة لإنجاز المهمة.

كل ما سبق يتطلب من الفرد أن يكون لديه صحة نفسية للتكيف مع ضغوط العمل. أحيانا يستطيع بعض الناس التعامل بكفاءة مع وظائف تسبب ضغطاً شديداً ولكن أحداث خارج العمل مثل التفكك الأسري والطلاق تفقدهم التوازن وتوصلهم إلى الحد النهائي من التحمل.

قبل الحديث عن ضغوط العمل وتعريفها سوف نستعرض مفهوم الضغط النفسي ونظريات الضغط النفسي لارتباطها الوثيق بضغوط العمل.

مفهوم الضغط النفسي:

ما زال مفهوم الضغط النفسي من أكثر المفاهيم غموضا وهناك صعوبة في تحديد تعريفه ودراسته بشكل دقيق وذلك لارتباطه بعدة مفاهيم من حيث المعنى , وارتباطه كذلك باتجاهات نظريه مختلفة ولم يتوصل العلماء والباحثون إلى اتفاق محدد حول معنى "الضغط النفسي" إذا ما زال هذا المصطلح غامضا ويحتاج إلى مزيد من البحث والدقة والتحديد.

جميعنا بلا استثناء نتعرض يوميا لمصادر متنوعة من الضغوط الخارجية بما فيها ضغوط العمل والدراسة والضغوط الأسرية وضغوط تربيه الأطفال ومعالجة مشكلات صحية والأمور المالية وتكاثر الأعباء الاجتماعية أو انتقال لبيئة جديدة والعجز عن تنظيم الوقت والسفر والصراعات الأسرية وتكاثر الإعمال والمطلوب انجازها والأزمات المختلفة التي قد نتعرض لها على نحو متوقع أو غير توقع. كما نتعرض يوميا للضغوطات ذات المصادر الداخلية واعني هنا أنواع الطعام أو كميه ما تأكله يوميا والمضاعفات المرضية وأنواع الأدوية والعقاقير التي نتعاطاها والقلق النفسي والاكتئاب والآثار العضوية والصحية السلبية التي تنتج عن أخطائنا السلوكية في نظام الأكل أو النوم أو التدخين والتعرض للملوثات البيئية.

نظريات الضغط النفسي Theories Of Stress:

اهتمت جميع النظريات في علم النفس بالإشارة إلى طبيعة الضغط النفسي وتفسير الانفعالات ذات العلاقة والارتباط معه، وأكدت هذه النظريات على اثر الضغط النفسي في الجوانب الوظيفية السيكولوجية والمعرفية والانفعالية والسلوكية، ورغم الاختلاف ما بين اتجاهات كل نظرية من النظريات إلا أن هناك اتفاق عام ما بينهما على اثر الضغط النفسي على صحة الفرد وتوازنه وكيفيته.

وحيث أن الانفعالات عبارة عن نواتج للمفاهيم وأفكار حلول الذات ومحيطها فان هناك إمكانية لضبط هذه العوامل التي تحدث، اضطراب انفعالي ويشير نموذج إجلاس وسينجر أن أي موقف مثير للضغط النفسي يتطلب من الفرد إدراك الإحداث المثيرة ومستوى شدتها واستمرارها.

أما نظرية العوامل الاجتماعية (social factors of stress) في تفسيرها للضغط النفسي فترى أن علاقة الفرد في بيئته الاجتماعية قد تشعره بالاغتراب، وهذا يؤدي بدورة إلى شعور بالخسارة والعزلة وعدم الوضوح والمعنى مما يشكل ضغط نفسي علية، وبذلك فإن البيئة الاجتماعية تؤثر مباشرة في الخبرة الشخصية وينتج عن هذا التفاعل ما بين الفرد والبيئة مشكلات تكون سبب في حدوث الضغط النفسي.

و نظرية العوامل الاجتماعية (theories of emotional functional) فالضغط النفسي يفسر في اغلبها على الاستجابة الانفعالية، فالإحباط الناتج عن تعرض الفرد للضغط النفسي، ويؤدي إلى حدوث مشكلات انفعالية كالغضب والعدوان والانزعاج ويؤكد العالمان دولارد وميلر أن الفرد الذي يواجه الضغط النفسي يساعد الآخرين ولا يشارك بشكل ايجابي في الأمور الاجتماعية مما يؤكد أهمية الانفعالات في حياة الفرد.

نظرية الضغوط لسيلي (stress theory seley):

قدم هذه النظرية عالم الفسيولوجيا هنز سيلي وتم إعادة صياغتها مرة أخرى عام 1976، واعتبر الأب الحقيقي لنظرية الضغط النفسي الحديثة ويؤمن بأن درجة معتدلة أو متوسطة من الضغط النفسي تؤدي إلى اضطراب التوازن الجسمي.

وقد أطلق سيلي (selye) على هذه النظرية بعد صياغتها متلازمة التكيف العام " general adaptation syndrome gas) إذ يؤكد أن التعرض المستمر أو المتكرر للضغوط يؤدي إلى تأثيرات سلبية على حياة الفرد، مما يفرض متطلبات فسيولوجية أو اجتماعية أو انفعالية أو نفسية أو الجمع بينهما،

وهذا يؤدي بالفرد إلى حسد كل طاقة لمواجهة تلك الضغوط، وهنا يدفع ثمنها في شكل أعراض فسيولوجية.

وجملة التكيف العام هي: سلسلة من الاستجابات الجسمية لمهاجمة المرض ويطلق عليها عامة، لان الاستجابات الفسيولوجية الثلاثة التالية والتي تحدث في العديد من المواقف الضاغطة وهي:

1- تضخم أو اتساع الغدة الادرينالية.

2- انكماش الغدة الصنوبرية (غده صغيرة قرب قاعدة العنق) والجهاز اللمفاوي المسئول عن مقاومة الأمراض.

3- القرح الهضمية.

4- وقد وصف العالم سيلي (sale) نظرية في ثلاثة مراحل هي:

أولا: مرحلة رد الفعل التحذيرية (التنبيه للأخطار): (the alarm reaction) وتمثل هذه المرحلة خط الدفاع الأول لضبط الضغط النفسي فعندما يتعرض الفرد للخطر أو التهديد الجسمي مثل المرض والجروح وفقدان القدرة على النوم أو أي تهديد نفسي مثل إنهاء علاقة حميمة، وتوتر العضلات ويزداد إفراز العرق وإفراز الادرانلين لذا سيحاول الفرد مواجهة مصدر الضغط النفسي.

ثانيا: مرحلة المقاومة: (the stage of resistance) مرحلة مواجهة مصدر الضغط النفسي من قبل الفرد فيهيئ الفرد نفسه للمواجهة، ولكن انشغال الفرد مع مصدر الضغط النفسي فسيولوجيا ونفسيا يجعله أكثر حساسية لمصادر الضغط الأخرى مما يعرضه لتطور اضطرابات نفسية وجسمية مثل التقرحات في جهاز الهضم وضغط الدم والربو القصبي.

ثالثا: مرحلة الإنهاك: (the stage of exhaustion) تنخفض قدرة الفرد على التعامل مع الضغوط النفسية فيصبح مصدر الضغط مسيطرا، مما يجعل الفرد غير قادر على حماية وجوه تحت الاستمرار بالمقاومة إلى نهاية إذا تبدأ علامات الإعياء بالظهور تدريجيا وبعد أن يقل إنتاج الطاقة في الجهاز العصبي السمبثاوي يتولى الجهاز العصبي السمبثاوي الأمور فتتباطأ أنشطة الجسم وقد تتوقف تماما.

الضغط كعبء أو مشقة خارجية:

اتجاه القوة الفيزيائية:

وهذا الاتجاه يعرف الضغط كحدث لا يمكن التنبؤ به أو التحدث فيه، ويمكن إرجاعه إلى قوة خارجية قاسية وعنيفة، ويفترض في هذا الاتجاه أن جميع الأفراد بإمكانهم أن يفعلوا شيئا ما كمحاولة لمقاومة الضغوط وعلى هذا فان الضغط الخارجي هو شيء ما يضع عبئا شديدا على الفرد، وكل فرد يمكنه مقاومه هذا الضغط من اجل البقاء والاستمرارية.

الضغط كتوتر داخلي:

الاتجاه النفسي:

ويشير هذا الاتجاه إلى أن الضغط حالة داخلية في الصراع النفسي التوتر والقلق وربما حتى الذكر الذي يتضمن إدراك تهديد أو ضرر، والضغط وفقا لهذا الاتجاه صراع داخلي يستمر بداخلنا عندما نحاول كواجهة شيئا ضاغطا بشدة ويرى هذا الاتجاه أننا قد نستخدم الميكانزمات النفسية مثل الإنكار أو التبرير والتي تعتبر بصفة عامة دفاعات سلبية ضد الضغط كما قد مقاومة الضغط بالطرق الايجابية أيضا مثل استحداث الحلول الابتكارية لحل المشكلات

الصعبة، وعلى أي حال فالمقاومة النفسية تستهلك وقتا وطاقة وإذا استمرت لفترة طويلة، فان الضغط يستنزف طاقة الفرد ويحبط دافعيته.

الضغط استثارة جسمية:

الاتجاه الفسيولوجي:

وهذا الاتجاه افترضه أساسا "سيلي" الذي يرى أن الضغط استجابة عامة غير محدودة يقوم بها الجسم لأي متطلب يقع على عاتقة، وقد استخدم سيلي مصطلح المحنة ليشير به للضغط غير السار أو غير المرغوب، والضغط المرغوب يشير إلى الضغوط الحسنة الايجابية وفي نموذج يتوقف الضغط على بعض المتطلبات أو الحاجات الملحة، لكنه لم يفرق بين ما إذا كانت الحاجة الملحة سيئة أم حسنة، فالضغط لم يعرف بلغة الحاجة الملحة في حد ذاتها بل بمواجهتها حيث يستجيب الجسم بمستويات مرتفعة من الإثارة ويستهلك طاقة اكبر.

الاتجاه المعرفي:

لا شك أن الاتجاهات الثلاثة السابقة في تعريف الضغط يؤكد كل منها على جانب واحد من جوانب الضغط، وبالتالي فكل منهما ضروري لتفسير الضغط واحدها ليس كافيا لرؤية جوانب الضغط، لذلك توصل " ريتشارد لازاروس " لتعريف كامل للضغط في نموذج الذي يعتبر النموذج الهام للضغط في الوقت الحالي، ونموذج الضغط الذي صاغه لازاروس وزملاءه نموذج معرفي وقد تم صياغته لأول مرة في السبعينات من القرن السابق ولكنه استمر ليكون أكثر النظريات أهمية، وفي هذا النموذج المعرفي يعرف الضغط بأنه ليس مثير بيئي خاص بالفرد، ولا استجابة ولكنه علاقة بين مثير "حاجة ملحة"

واستجابة وهي القدرة على المواجهة دون عواقب هدامة وهكذا يوجد الضغط عندما تفوق المتطلبات البيئية قدرة الفرد على المواجهة فان مهارات مواجهة الفرد ضعيفة وغير فاعلة، فقد يحدث الضغط.

الضغط بين نظريات الشخصية:

لا يتسع المجال هنا للحديث عن الأسس النظرية للنظريات الشخصية المختلفة سواء السيكوديناميكية أو السلوكية أو الإنسانية أو المعرفية أو الاتجاه الثقافي الاجتماعي، ولكننا سوف نحصر أنفسنا لتخليص الجوانب الأساسية لهذه الاتجاهات النظرية في نمو الشخصية مع توضيح منشأ ومصدر الضغط في كل منها، وللمزيد يمكن الرجوع إلى المراجع المختلفة في نظريات الشخصية.

أ) الضغط ونظرية التحليل النفسي:

من المعروف لدارس علم النفس أن فرويد هو الأب الشرعي لتحليل النفسي وانه قد ركز على الجنس واللاشعور، ويرى أن الشخصية تتكون من ثلاثة أنظمة هي: الهو، والانا، والانا الأعلى، فالهو تمثل قوى اللبيدو غير العقلانية، والمحفزات والرغبات غير العقلانية وغير المنطقية التي تتصارع مع الأنا الأعلى أو الضمير والقيم المستدرجة إثناء عملية التنشئة الاجتماعية، أم الأنا فهي الضابط الوسيط بين الهو برغباتها غير العقلانية والانا الأعلى بقيوده، ومن ثم فان وظيفة الأنا هي تحقيق التوازن بين متطلبات الهو وقيود الأنا الأعلى.

ولكن متى يشعر الإنسان بالضغط من منظور التحليل النفسي ؟ يمكننا القول بأنه أن لم يتحقق التوازن بين الهو والانا الأعلى ينتج الضغط، وبالمصطلحات السيكوديناميكية فان إدارة الضغوط هي عملية تحقيق وانجاز التوازن بين الهو والانا الأعلى.

ب) الضغط والمنحنى السلوكي:

لا شك أن النظرية السلوكية في الشخصية تركز على مبادئ نظرية التعلم، حيث تفترض أن كل أنماط السلوك متعلمة بالشريط والتدعيم، وترى أن كل مثير لا بد من استجابة، فالمثير (أ) يؤدي إلى السلوك (ب) الذي تعقبه الاستجابة (ج).

وهكذا فإنه وفقا للاتجاه السلوكي تحدث استجابة الضغط عندما تكون أنماطنا السلوكية هي عملية تعلم السلوكيات جديدة وملائمة للمواقف التي تعترضنا.

ج) الضغط من منظور التعلم الاجتماعي:

يعتبر " روتر " أو من طور نظرية التعلم الاجتماعي، حيث افترض أن مصادر التدعيم ترتبط بالاعتقاد بما إذا كانت القوى الداخلية أو الخارجية هي المسئولة عما يحدث لنا وبالتالي فان هذا الاعتقاد يؤثر على كيفية تصرفنا في المواقف التي تعترضنا.

فقد قسم روتر 1954 الأفراد طبقا لمدى تأثير مصدر الضغط الخارجي أو الداخلي في سلوكهم حيث افترض أن ذوي الضبط الداخلي أو الخارجي البالغ أو الشديد أكثر احتمالا لأن يكونوا غير متوافقين نفسيا أكثر من اللذين سجلوا درجات متوسطة. كذلك وجدت دراسات أخرى أن ذوي الضبط الداخلي أكثر قدرة على المواجهة للضغوط من ذوي الضبط الخارجي.

د) الضغط والتوجه الإنساني:

الافتراض الأساسي للاتجاه الإنساني هو أن كل الناس طيبون ولذلك يكون اتجاهم نحو العالم ونحو الآخرين ايجابي، أما الأفعال الشريرة والهدامة

هي نتيجة تحريف وتشويه وكبت وإحباط هذا المبدأ الأساسي للخير، ويؤكد علم النفس الإنساني إذن على الحاجة للنمو الشخصي وتحقيق الذات.

وهكذا وفقا للاتجاه الإنساني فان الضغوط هي نتيجة لإحباط القدرة الإنسانية ومن ثم إدارة الضغط يجب أن نتجه نحو التركيز على تحقيق الهوية والتخلص من العوائق التي تعترض الوصول إلى الانجازات والأهداف واحترام الذات.

هـ) الضغط والمنحنى الوجودي:

يؤكد المنحنى الوجودي في نمو الشخصية على أهمية الوصول إلى معنى وقيمة وهدف لحياتنا وهو ذلك يشبه الاتجاه الإنساني لكنه يختلف عنه في تركيزه على البيئة الاجتماعية والسياسية التي يعيش فيها الفرد في سعيه نحو الوجود الحقيقي ثم فهم مدى مسؤوليته عن أفعالة وتصرفاته.

و) الضغط ونظرية الأنماط والسمات:

تقوم هذه النظرية على افتراض أساسي وهو: أننا جميعا لدينا سمات أو أنماط سلوكية ثابتة تؤثر في كيفية تعاملنا مع المواقف، وتتميز هذه السمات بالثبات النسبي مثل: سمة الخجل والصلابة والعدوانية، وقد تجتمع هذه السمات معا في مجموعة واحدة وحينئذ يطلق عليها مصطلح " أنماط الشخصية " أ " والنمط السلوكي " ب " كذلك من السمات التي ارتبطت بالضغوط هي الصلابة ومصدر الضغط.

ح) الضغط والتوجه الثقافي والاجتماعي:

يفترض هذا الاتجاه أن المجتمع يفرض على أفرادة العديد من المتطلبات والقيود والمعايير. وهكذا فانه وفقا للاتجاه الثقافي الاجتماعي تنتج الضغوط من

المتطلبات البيئية التي تقع على عاتق الفرد وكذلك من الصراع بين رغبات الفرد وغرائزه وبين المعايير الاجتماعية.

ضغط العمل:

عرف المعهد الوطني لدراسة الصحة والسلامة national institute for occupational safety and health (NIOSH) ضغط العمل على أنه: "الأذى الجسدي والنفسي الذي يصيب الفرد عندما لا تتناسب متطلبات الوظيفة مع قدراته وحاجاته في العمل".

يعرف Rice سرايس ضغط العمل النفسي على أنه:

" متطلبات المهنة التي تتجاوز حدود وقدرات الموظف على التعامل معها ومواجهتها بشكل ناجح وفعال".

وتتضمن ضغوط العمل النفسية بشملها الأوسع تداخل وتفاعل ظروف العمل مع مميزات وخصائص الموظف نفسه التي تؤدي إلى تغيير سيكولوجي, فيزيولوجي, يؤثر على حياته وسلامته, ويؤثر على الأداء الوظيفي وبالتالي على أداء المؤسسة المهنية.

تكاليف ضغوط العمل The Costs Of Work Stress:

كلاً من صاحب العمل والعاملين سوف يدفعون الكثير إذا لم يأخذوا موضوع الضغط في العمل بشكل جدي.

حيث أن زيادة الضغط يعود على تغيير في طبيعة العمل، خفض حجم العمالة ساعات عمل طويلة، خسائر كثيرة.

لذا فإن المديرين اللذين يفشلون في التعامل مع الضغط في العمل مع موظفيهم سوف يفقدون الأيدي العاملة الكفاءة التي هم بحاجة لها لمواجهة التحديات الصناعية وسوف يتعرضون إلى مشكلات مادية وقانونية لعدم تأمين شروط السلامة الصحية والنفسية لموظفيهم.

لقد اهتمت لجنة الصحة والسلامة للعمل في أوروبا بتأثير ضغط العمل الذي يشكل خطراً عالياً على العاملين وعملت على أن تؤمن سلامة الأفراد بسند قانوني يحدد طرقاً للتعامل مع الضغط قبل أن يصبح في مراحله المتقدمة.

فإذا عرف مسؤول أن موظفاً معيناً معرضٌ للمرض بسبب عمله فإن الموظف يستطيع أن يقاضيه (المسئول) قانونياً لذلك.

عملياً ليس دائماً من تعتقد أنهم تحت تأثير الضغط هم الأكثر تأثرا به ربما يكون تأثير الضغط على موظف لعمل مكتبي صغير من تأثير الضغط على مسئول عن قسم موظفين.

تلتزم بعض الدول الأوروبية مؤسساتها المهنية بتوفير (tool kit) أدوات للكشف عن أعراض الضغط النفسي في العمل، حتى أصبح ذلك مقياساً لجودة الأداء في العمل.

تبين من خلال الدراسات أن 58% من العاملين يشكون من ضغط العمل. زادت النسبة ما بين عام 2003-2004 بما يعادل 2%.

تقدر الخسارة في العالم في كل عام ما يعادل 6.5% مليون يوم عمل وتقدر حجم الخسارة 7 بليون جنيه إسترليني.

وقد أفادت وزارة العمل الأمريكية أنه في عام 1992 كان هناك 60300 حالة وفاة قد حدثت نتيجة لأمراض مهنية مثل الرئتين، السل، السرطان، التسمم بالرصاص والزئبق.

وقد كانت تكلفة التعامل مع الإصابات والأمراض الصحية من العمل عام 1992 حوالي 65 مليار دولار. وتكلفة الأجور المفقودة قد بلغت 106 مليار دولار أي بخسارة إجمالية 171 مليار دولار سنوياً.

هذه الخسائر تتساوى في ضخامتها مع الخسائر التي تحصل جراء الإصابة بأمراض القلب والسرطان 164 مليار دولار. وأضعاف الخسائر الناتجة عن مرض الإيدز 30 مليار دولار.

إجمالاً التقديرات تقول أن تكلفة المشكلات ذات العلاقة بضغوط العمل النفسية تكلف ما يقارب 15% من الأرباح سنوياً للشركات.

وهناك ثقافة سائدة في هذا القطاع (ثقافة العمل) (العمل لساعات طويلة) ما يزيد عن القطاعات الأخرى. حيث أن العامل في قطاع الصناعة يعمل للحد الأعلى وهو (48) ساعة عمل/ أسبوع.

إن الأطباء يقولون انه من كل 5 حالات صحية واحدة بسبب الضغط في العمل وأن هناك 7 ملايين شخص عامل يتوفون بسبب الضغط كل سنة.

مصادر ضغوط العمل:

المصادر المتعلقة بالفرد:

إن هناك الكثير من العوامل المتعلقة بالفرد والتي تسهم في حدوث ضغوط العمل لديه، هذه العوامل لا يمكن حصرها بالطبع وذلك عائد إلى تعقد

السلوك الإنساني وتشابكه بل وتغيره أيضا. لذا فإننا هنا سنركز على أهم المصادر هي على النحو التالي:

أولا - المصادر المتعلقة بشخصية الفرد.

ثانيا - المصادر النفسية.

ثالثا - المصادر السلوكية.

أولا- المصادر المتعلقة بشخصية الفرد:

يعتبر موضوع الشخصية من أشد المواضيع تعقيدا في مجال دراسات علم النفس و السلوك الإداري وذلك لما تتسم به شخصيات الأفراد من التعقيد والغموض والتباين، لذا فإن العثور على تعريف ملائم للشخصية متفق عليه بين الباحثين يكاد أن يكون أمرا بالغ الصعوبة، غير أن ذلك لا يعني أننا لا نستطيع إيجاد تعريف يخدم غرضنا في هذا المجال، إذ يمكن أن نعرّف الشخصية هنا على أنها خصائص التي تميز فردا عن غيرة أو بعبارة أخرى: يمكن النظر إلى الشخصية على أنها تمثل مجموعة من الخصائص و ألاتجاهات.لذا فإن أي مناقشة للضغوط بصفة عامة وضغوط العمل بصفة خاصة، لن تكون مكتملة إذا لم تتعرض لبناء وتركيب الشخصية الإنسانية وخاصة أن ما نعتقده بخصوص أنفسنا والطريقة التي نتصرف بها تمثل غالبا عناصر أساسية في شخصياتنا.

كما أنها تعتبر من المحددات المهمة للضغوط التي تواجهنا في العمل.هذه الخصائص الشخصية تعتبر وليدة العوامل الوراثية المتمثلة فيما ينقلوا الأشخاص من صفات عن أقاربهم وذويهم، والعوامل البيئية المتمثلة في تأثير البيت والحي والمدرسة و المجتمع ككل.

إن دراسة الشخصية تعتبر مهمة لفهم الأفراد والتنبؤ بسلوكهم والتحكم في هذا السلوك إذا ما أمكن، ومن ثم تصنيفهم والتعامل معهم وفقا لشخصياتهم والقيم والسلوك الذي يظهره هؤلاء الأفراد في تفاعلهم مع البيئة التي يعيشون ويعملون بها.

أننا نميل في حياتنا اليومية سواء أكان ذلك في العمل أو خارجه إلى أن نصف الناس حسب سماتهم، فهناك الشخص اللطيف والشخص العدواني، والشخص القلق، والشخص الهادئ.كذلك هناك الشخص الانطوائي والشخص المنبسط و الشخص العقلاني و الشخص العاطفي و الشخص الواضح والشخص الغامض.

كل هذه الفئات تتباين فيما بينها، من حيث سلوكها وردود أفعالها للمؤثرات التي تتعرض لها في حياتها. ونظرا لأهمية موضوع الشخصية، فإن الكثير من المنظمات تحرص عند توظيفها للأفراد على التأكيد من وجود سمات محددة تتلاءم والعمل الذي سيكلف به الشخص، حيث تعتبر هذه السمات عاملا حاسما في نجاح الفرد أو فشله، كما هي أيضا عامل حاسم في مدى إمكانية الفرد للتعامل مع الضغوط التي تواجهه في بيئة العمل.

لقد تم النظر إلى علاقة الشخصية بالضغوط من خلال محورين رئيسين: المحور الأول هو أن نمط شخصية الفرد يعتبر مؤشرا على مدى قابلية تعرضه للضغوط الناجمة عن هذا النمط، حيث نجد الشخصية العدوانية أكثر احتمالا من أن تكون عرضة للضغوط من الشخصية الودودة. أما المحور الثاني فه تحديد نمط الشخصية ودرجة خطورة النتائج الناجمة عن هذه الضغوط التي من المحتمل أن تترك آثارها على صحة الفرد، فالشخصية القلقة قد تكون أكثر عرضة للإصابة بالأمراض البدنية والنفسية من الشخصية الهادئة.

ونظرا لتعدد العوامل المرتبطة بشخصية الفرد في مجال ضغوط العمل، فإن الانتباه في الوقت الراهن موجه إلى ما يسمى بمفهوم الذات ونمط وسلوك الشخصية (أ) و (ب)، والشخصية القلقة، ومركز التحكم، وسوف نتكلم عن هذه العوامل وعلاقتها بضغوط العمل وذلك على النحو التالي:

1- **مفهوم الذات**: يقصد بمفهوم الذات هنا اتجاه الإنسان أو فكرته الشاملة عن ذاته وهو يعتبر جوهر الشخصية، حيث ينظم ويحدد إلى درجة كبيرة مدى قابلية الفرد للتعرض للضغوط والتعامل معها. إن مفهوم الذات يمثل إدراكنا الشخصي لذاتنا والذي ربما لا يتطابق مع الطريقة التي ينظر إلينا الآخرون، لذا فإن فكرتنا عن وذاتنا لها التأثير الكبير فيما يتعلق بتحديد ثقتنا في أنفسنا وبالتاي في سلوكنا.

إن مفهوم الذات مفهوم معقد سواء أكان ذلك من حيث تكوينه، أو من حيث تأثيره على سلوك الفرد، ولكن القول بأن هناك ستة مكونات أساسية لمفهوم الذات، هي:

- **الوعي بالذات**: ويقصد بها هنا مدى إدراك الفرد أن لديه القدرة على التأثير على عالمه من حوله، من الممكن أن تؤثر فيه.على أن هذا الإدراك من قبل الشخص لتصرفات الآخرين لا يعني أنه مسئول دائما عن ردود الأفعال أو سلوكيات الآخرين، وإنما يعني درجة وعي الإنسان وإدراكه بأنه يستطيع أن يلعب دورا رئيسيا في التأثير على مجريات الأمور من حوله.

- **القيمة الذاتية**: وتعني مدى شعور الفرد بأنه مساو للآخرين في الحقوق و الواجبات. هذا الشعور ربما يعود في جزء منه إلى التنشئة الاجتماعية التي يتعرض لها الفرد، فعلى سبيل المثال، تنص تعاليم الدين الإسلامي على أن الناس سواسية كأسنان المشط وأنه لا فضل لعربي على عجمي و لأسود على

أبيض إلا بالتقوى. هذه التعاليم تنمي في الفرد المسلم شعوره بقيمته الذاتية، سواء أكان ذلك في مجتمعه، أم في المجتمعات الأخرى التي تختلف عنه من حيث العقائد والقيم.

● **حب الذات:** إن حب الذات يعني في أبسط معانيه عدم تعريض الفرد لنفسه المخاطر التي تزيد على طاقته، و لعل هذا يتطابق شكلا وموضوعا مع ما جاء به الإسلام من عدم وجوب كليف النفس ما لا تطيق وعدم التشدد والغلو في جميع تصرفات الفرد. إن الكثير من البشر، في جميع المجتمعات، يعتقدون أن كسب الرضا عن النفس إنما يتم من خلال التضحية الشديدة وعقاب الذات والحرص على إرضاء الآخرين وعدم التسامح مع الذات في أي خطأ يحدث، وهذا يتعارض مع حب الذات، إذ إن الشخصية السوية هي التي تحرص على أن تحقق أهدافها بطريقة متزنة، بغض النظر عن كون تحقيق هذه الأهداف يتفق مع رغبات الآخرين دائما أو لا يتفق.

● **تقدير الذات:** ويستخدم في أحيان كثيرة بنفس المعنى الذي يستخدم به مفهوم احترام الذات، وهو يمثل المستوى الرابع من مدرج (ماسلو) الهرمي للحاجات.ويتضمن هذا المفهوم شعور الفرد بأنه متميز عن الآخرين من حيث أهميته وخصوصيته، ويظهر هذا التميز في اختياره لملابسة أو سيارته، ورغبته في الحصول على تقدير الآخرين، والشعور بأهمية وهدف حياته، والقيام بأنشطة معينة تشعره بأنه قادر ومفيد لنفسه ولغيره.

● **الثقة في الذات:** وتكمن في قدرة الشخص على أن يتكيف مع العالم من حوله، ذلك أن لكل شخص إدراكه للعالم من حوله، كما أن له طريقته أو أسلوبه الخاص الذي يعالج به الأحداث التي تقع له في محيطه، بناء على إدراكه لها مما قد ينم عن ثقته في ذاته. إن النجاح في تحقيق الثقة بالذات يأتي من

خلال رؤية النتائج المخطط لها من قبل الفرد وهي تتحقق بشكل واقعي، وذلك من خلال استخدام الفرد لإمكاناته المتمثلة في خبراته السابقة والأمل الذي يعايشه والتشجيع الذي يتلقاه ممن حوله.

● **احترام الذات**: ويتمثل في قدرة الشخص على التعبير عن مشاعره بصورة واضحة. هذه المشاعر تتمثل في الحب أو الكراهية والإعجاب أو النقد والغضب، ويرتبط احترام الذات بتقدير الفرد لذاته، ذلك أن الشخص عندما يقدر نفسه تقديرا عاليا دون مبالغة، فإن ذلك سيتبعه قدرة الشخص على التعبير عن مشاعره بشكل طبيعي وملائم.

إن مفهوم الذات لدى الفرد يتطور ويتبلور على مدى السنين، وذلك من خلال المؤثرات والتوجيهات التي يتلقاها من الآخرين، سواء أكان هؤلاء الآخرين هم الآباء، أم الأساتذة، أم الزملاء، أم المديرين. فعلى سبيل المثال: من الممكن للآباء أن يبنوا الذات الايجابية لدى أبنائهم، إذا ما استخدموا معهم عبارات من قبيل: "أنت ولد ذكي"، أو "عندي شعور بأنك ستكون ناجحا بحياتك"، وذلك على عكس إذا استخدموا عبارات سلبية من قبيل " أنت ولد فاشل ولن تنجح في حياتك ".

هذه العبارات لتي نتلقاها منذ طفولتنا تستمر في تأثيرها على تقديرنا لذاتنا ومن ثم قدرتنا على مواجهة المشكلات والتعامل معها بطريقة ايجابية في سن الرشد. على أننا عندما نكبر وبخاصة عندما نتولى أعمالا ونخضع لإشراف الآخرين ونتعامل مع الزملاء بشخصيات متباينة، فإن التغذية المرتدة التي نتلقاها من هؤلاء الأفراد عن أدائنا والحكم علينا بالنجاح أو الفشل، لها تأثير كبير على شعورنا بالتقدير لذاتنا والثقة في أنفسنا، ومن ثم قدرتنا على التعامل مع مشكلات العمل التي تسبب لنل الضغوط. ذلك أن الرسائل المرتدة التي نتلقاها من الأفراد

الآخرين، فيما يتعلق بأدائنا وعلاقاتنا مع الآخرين، كلما كانت ايجابية، فإن هذا يعني أننا سوف نكون أقل عرضة لضغوط العمل، وذلك بعكس ما إذا كنا دائما نتلقى رسائل سلبية من الآخرين توحي بعدم الكفاءة في العمل والفشل في تحقيق علاقات ايجابية مع الآخرين، والتي قد تمثل لنا مصدرا من مصادر الضغوط في العمل،ذلك أن هذه الرسائل قد تكون لدينا اتجاها سلبيا عن وذاتنا، مما يترتب عليه الشعور الدائم بالتشاؤم وكثرة الشكاوي والخلاف وعدم حب الاختلاط بهم والعمل معهم.

2. **نمط وسلوك الشخصية (أ) و (ب)**: يعود شيوع مصطلح ما يسمى بنمط الشخصية (أ) والشخصية (ب) إلى فترة السبعينيات القرن العشرين،وذلك عندما قام كل من (فريدمان وروزنمان) بالفصل بين هاتين الشخصيتين على أساس ارتباطهما بأمراض الأوعية الدموية، فقد اكتشف (فريدمان وروزنمان) أن بعض العوامل، مثل: ضغط الدم وزيادة نسبة الكولسترول والعمر والوراثة،لا تدل على حدوث مرض الشريان التاجي، وهي الحالة التي تكون فيها كمية الأكسجين التي تصل إلى قلب الشخص غير كافية، بشكل قاطع، لهذا فقد اعتقدا أن هناك عوامل أخرى تلعب دورا أساسيا في نشوء هذا المرض.

أما (بريف وورد ورابينوتز) فقد وصفوا نمط الشخصية "أ" بأنه ذلك الشخص الذي يعمل ساعات طويلة وشاقة بشكل مستمر؛ ليحقق المواعيد النهائية لانجاز الأعمال رغم أنه مثقل بالأعباء الزائدة. هذا الشخص غالبا ما يأخذ معه العمل إلى البيت في الليل أو في نهاية الأسبوع، وبالتالي فإنه غير قادر على الاسترخاء، بل انه دائما في تنافس مع نفسه يحاول أن يحقق معايير عالية من الانجاز. هذا السلوك غالبا ما يقوده إلى الإحباط في بعض الأوقات وخاصة في علاقاته مع زملائه الذين يشعر أنهم لا ينجزون، كما أنه يساء فهمه من قبل رؤسائه الذين يعتقدون أنه له أغراضا شخصية من وراء هذا الجهد.

أما فيما يتعلق بنمط الشخصية (ب)، فإن ليس لديه أي من هذه الأنماط السلوكية السابقة التي يتصف بها نمط الشخصية "أ".على أن هذا لا يعني أن الأفراد من نمط الشخصية "ب" لا يتصفون بالتنافس والدافعية للأداء أو أنهم غير متفوقين في أدائهم، بل من الممكن أن يكونوا كذلك، ذلك أن الاختلاف الأساسي بين النمطين يكمن في أن نمط الشخصية (أ) يسابق الزمن، بينما يعمد الشخص من النمط (ب) إلى إيقاع منتظم.

لقد حاول (لوثانس) أن يفرق بين نمط الشخصية (أ) ونمط الشخصية (ب) من خلال وصفه لسلوكيات كل منهما، ومع أن أعمال (فريدمان وروزنمان) في التفرقة بين نمطي (أ) و (ب) قد أسهمت بقدر كبير في معرفتنا للضغوط النفسية ونتائجها و أوجه الاختلاف بالنسبة للطرق التي يتعامل بها الناس مع هذه الضغوط، فان هذه الأعمال لم تسلم من الانتقادات. فمن بين الانتقادات الموجهة لهذا الإطار، أنه يتسم بعدم الاتساق فيما يتعلق بأساليب قياس الأنماط السلوكية (أ) و الشخصية (ب)،و التي تتمثل حتى الآن في الملاحظات والاختبارات التحريرية و المقابلات الشخصية. فضلا عن ذلك فإن هذا الإطار يتصف بالإفراط في تبسيط تقسيم سلوك الأشخاص القابلين للإصابة بأمراض انسداد الشرايين إلى فئتين فقط، مع عدم إثبات العلاقة السببية بين السمات السلوكية وأمراض القلب.

والى جانب ذلك فإن النتائج التي تم التوصل إليها قد أجريت على فئة قليلة من الأشخاص البيض. وبالرغم من صحة هذه الانتقادات، فلا يجب أن تقلل من أثر وأهمي العمل،ذلك أن الكثير من الخصائص الرئيسية لنمط الشخصية (أ) ترتبط بوظائف المديرين التي تتميز في الغالب بالإقدام والتنافس الحاد والنشاط والاهتمام بعامل الوقت.

3. **القلق (الشخصية القلقة):** يمثل القلق حجر الزاوية في كل نوع من أنواع الأمراض النفسية، وبخاصة العصاب الذي هو عبارة عن اضطراب وظيفي في الشخصية تجعل حياة الشخص أقل سعادة، خاصة والقلق يعتبر نذيرا بالخطر وهو الخطر الذي يهدد أمن سلامته النفسية وتقديره لذاته، كما يتهدد إحساسه بالسعادة و الرضا. ويمكن تعريف القلق بأنه " حالة توتر شامل ومستمر نتيجة توقع تهديد خطر فعلي أو رمزي ممكن حدوثه، حيث يصاحبه خوف غامض وأعراض نفسية جسيمة". كما يعرف (جيردانو) القلق بأنه "نوع من الخوف الدائم أو الشعور بعدم الأمان لدى الفرد ناجم عن إدراكه للمثيرات من حوله سواء أكانت هذه المدركات أشخاصا، أم مواقف، أم أشياء على أنها مهددة لبقائه أو متحدية له".

ورغم أن القلق غالبا ما يكون عرضا لبعض الاضطرابات النفسية فإن حالة القلق قد تغلب،فتصبح هي نفسها اضطرابا نفسيا أساسيا، وهذا ما يعرف باسم (عصاب القلق) أو (القلق العصابي).

4. **مركز التحكم:** يعرف مركز التحكم على أنه اعتقاد الفرد في أن ما يحدث له من نجاحات أو أحداث سيئة في حياته، إنما هو إما محكوم بتصرفات وإرادة الشخص ذاته (في الغالب السيطرة الداخلية)، أو أنه خاضع لعوامل خارجة عن إرادته، مثل الحظ والصدفة (السيطرة الخارجية).

ويعتبر مركز التحكم أحد أبعاد الشخصية التي وضعها وبحثها (روتر)، حيث أشار إلى أنه من الممكن أن يتفاوت مركز التحكم لدى الأفراد بين درجه عالية من السيطرة الداخلية ودرجه عالية من السيطرة الخارجية، فالأشخاص الذين يشعرون بدرجه عالية من التحكم الخارجي، يعتقدون أن ما يحدث لهم في حياتهم، إنما يحدث نتيجة لعوامل خارجة عن إراداتهم، فيم يعتقد الأشخاص

الذين يشعرون بدرجه عالية من التحكم الداخلي أن في استطاعتهم شخصيا التأثير على الكثير مما يحدث لهم.

لقد حاولت (ثومباسون) تقسيم السمات الشخصية المتصلة في مركز التحكم إلى أربعة أنواع:

1- **التحكم السلوكي**: ويعتقد أصحاب هذه السمة بأنه يمكنهم القيام باستجابة سلوكية ملائمة لمواجهة أسباب التوتر، ومن ثم الشعور بالارتياح والاطمئنان.

2- **التحكم المعرفي**:ويتمثل في قدرة أصحاب هذه السمة على تبني إستراتيجية معرفية للتكيف مع الأحداث، ولذلك من خلال التجاهل أو الابتعاد عن الأحداث المسببة للضغوط.

3- **التحكم ألمعلوماتي**: ويشير إلى وجود نوع من الاتصال أو الرسائل التحذيرية لدى بعض الأفراد،والتي تساعدهم على محاولة تفادي أخطار الأحداث قبل وقوعها.

4- **التحكم المبني على استعادة الأحداث الماضية**:يشير وجود هذه السمة إلى أن الأفراد الذين يتسمون بها عادة ما يعزون أسباب الحوادث التي تقع عليهم إلى حوادث وقعت لهم في الماضي.

لقد كانت خاصية التحكم ومدى تأثيرها على الضغوط أو الإنتاج موضع اهتمام من قبل الباحثين، باعتبار أنها تمثل جانبا من اتجاهات أو معتقدات الفرد بخصوص ذاته ومدى إمكانية تحكمه في الأحداث من حوله.

ثانياً - المصادر النفسية:

تعد الأسباب النفسية من أكثر الأسباب تعقدا وتشعبا في إطار المصادر المسببة لضغوط العمل، ويعود هذا التعقد والتشعب في حقيقة الأمر إلى أنه لا يوجد تعريف متفق علية بين الباحثين السيكولوجيين لمعنى المرض النفسي ولا الأسباب التي تؤدي إليه، ذلك أن المتتبع للكتابات السيكولوجية يجد أن هناك اختلافا كبيرا بين الباحثين، فيما يتعلق بالفصل بين الاضطرابات الشخصية و النفسية والذهنية، من حيث تعريفها ومفهومها وأسبابها تفسيرها ومناهج علاجها. هذا الاختلاف يمكن ردة إلى تباين المدارس القائمة في مجال علم النفس، وتأثير العوامل السياسية و الاجتماعية والثقافية على مناهج الباحثين في هذه المدارس.

ومع إدراكنا لصعوبة التحديد لطبيعة المصادر النفسية لضغوط العمل، فإننا يمكن أن نعرّف هذه المصادر على أنها تلك الأحداث والمواقف التي تنشأ نتيجة للتفاعل المعقد بين الفرد وبين البيئة التي يعيش فيها ومدى إدراك الفرد لهذه الأحداث والوقف وطبيعة رد فعلة نحو. ذلك أن إدراك الأفراد للأبحاث والواقف من حولها يلعب دورا كبيرا في تحديد مدى تأثيرها عليهم، وبالتالي ردود أفعالهم نحوها.

ولما كانت المصادر النفسية والمسببة لضغوط العمل، كما ذكرت سابقا، متنوعة ومعقدة، حيث يمكن أن تشمل عدة أنواع، مثل: التكيف والعصاب والحرمان والاكتئاب والعبء الزائد في الحياة والوسواس والهستيرية والانحرافات بأنواعها، فإن الذي يهمنا في هذا المقام ليس التعرض لهذه الأنواع،لأن هذا ليس بالمكان الدي شرحها فيه، و لكننا بدلا من ذلك سوف نركز على اثنين من أهم العوامل أو المصادر التي نعتقد أن لها علاقة أقوى من غيرها

بضغوط العمل، هما: التكيف، و الإحباط. وسوف يتم شرحهما على النحو التالي:

1. **التكيف:** التكيف مفهوم مستمد من علم الأحياء، وعادة ما يشير إلى أن الكائن الحي يحاول **أن يوائم** بين نفسه والعالم الذي يعيش فيه محاوله منه من أجل البقاء، أما في علم النفس فإن التكيف يعني تلك العملية الديناميكية المستمرة التي يهدف الشخص إلى أن يغير سلوكه ليحدث علاقة أكثر توفقا بينه وبين البيئة أو المحيط الذي يعيش فيه. لقد كان موضوع أحداث الحياة ومدى تأثيرها على الأفراد مجال بحث من قبل كل من (هولمز و راهي)، حيث طلبا من مجموعة من الأشخاص أن يضعوا درجات تتراوح ما بين درجة واحدة إلى مائة درجة بصورة عشوائية بالنسبة لعدد مختلف من أحداث الحياة، وذلك وفقا لما يراه كل شخص فيما يتعلق بمقدار الوقت الذي يحتاج إليه الفرد لكي يتكيف مع كل حادثة، هذه، الدرجات تعني أنه كلما كانت لدرجة المعطاة لكل حادثة كبيرة، فإن ذلك يشير إلى أن وقع الحادثة أكثر تأثيرا وضغطا على الفرد، وبالتالي يصعب التكيف معها في وقت قصير. بناء على هذه الدراسة وضع كل من (هولمز و راهي) ما أسمياه بـ"مقياس تقدير لتوافق الاجتماعي " في هذا المقياس يطلب من الأفراد أن يحددوا الأحداث التي وقعت في حياتهم خلال ألاثني عشر شهرا الأخيرة، حيث يوجد وزن محدد لكل حادثة أو واقعة حدثت في حياتهم، وتتراوح الوزان ما بين 11 إلى 100 نقطة.

2. **الإحباط:** إن الإحباط يحدث عندما يواجه الفرد عقبات تقف في وجه إشباعه لحاجاته هذه العقبات التي تعطل الفرد وتمنعه من تحقيق هدفه، قد تنشأ من عدة مصادر، مثل:

- **الحالة الاقتصادية:** عدم كفاية الراتب أو الدخل بما يسمح بتوفير الأشياء الضرورية في الحياة، أو فقدان هذا الدخل سواء أكتان ذلك بسبب الفصل أو العجز عن العمل.

- **الحالة المرضية:** مثل العاهة أو القصور الجسمي التي تعوق الفرد أحيانا عن تحقيق بعض مطامحه، من ذلك مثلا الشخص الأعمى أو الكسيح أو الأبكم.

- **الظروف الاجتماعية:** وتتمثل في القواعد والقوانين والعادات والأنظمة التي تسنها المجتمعات واتجاهات التحيز أو التعصب عند الناس.

- **الظروف المهنية:** ظروف العمل ومتطلبات ولوازم العمل وعدم تطابق الوظيفة مع المؤهل أو المهارات أو الخلة.

- **العلاقة بين الأشخاص:** وذلك فيما إذا كانت هذه العلاقة قائمة على التنافس وعدم فهم الآخرين للشخص، أو عدم مشاركتهم له والتعاون معه.

هذه المصادر وغيرها تخلق لدى الشخص استجابة الإحباط وذلك لشعوره بأنها تعوقه عن تحقيق أهدافه. على أننا عندما نتحدث عن الإحباط في بيئة العمل، فإننا غالبا ما نتحدث عن الظروف والأنظمة التي تسود في المنظمات التي نعمل بها وبخاصة تلك المنظمات البيروقراطية. إن الكثير من الأفراد لديهم تجربة العمل في وظائف لا تمت لتخصصاتهم أو رغباتهم بأي صلة، مما يجعلهم يشعرون لا مستقبل لهم في هذه الوظائف.

كذلك فان المنظمات البيروقراطية غالبا ما توجد الإحباط مما يحدث الضغوط لدى الأفراد، وذلك بسبب تقييدها لحرية الأفراد ممن خلال دفعهم إلى الالتزام بالأنظمة والإجراءات و القواعد التي تحد من الإبداع والابتكار، لهذا نجد أن الكثير من العاملين في المنظمات البيروقراطية يشعرون بعدم الرضا في وظائفهم، بسبب غيابهم أو عزلهم عن اتخاذ القرارات والمشاركة في بناء مستقبل المنظمات التي يعملون بها.

إن للإحباط تأثيره على الفرد، لا لمجرد ما يؤدي إليه من شعور بالضيق وعدم الارتياح، ولكن بسبب الاستجابة التي يولدها هذا الإحباط لدى الفرد التي قد تتمثل في العدوانية واللامبالاة والجنوح إلى الخيال (أحلام اليقظة والتوتر النكوص والتمسك بنمط واحد في الحياة).

ثالثا - المصادر السلوكية:

تمثل المصادر السلوكية لضغوط العمل رافدا آخر من روافد الضغوط في بيئة العمل ومكملا لشخصية الفرد وخصائصه النفسية، هذه المصادر تركز بالدرجة الأولى على تصرفات الفرد، سواء أكان ذلك بوعي منه أو بغير وعي،حيث نجد بعض هذه التصرفات، قد تؤدي إلى تفاقم مشكلة الضغوط لدى الفرد وازدياد حجم خطورتها. ومع أن المصادر السلوكية لضغوط العمل كغيره من المصادر الأخرى متعددة ومتنوعة، فإننا سنركز على مصدرين من هذه المصادر، وهما: سوء إدارة الوقت، والصراع الشخصي غي بيئة العمل. ذلك أن "الوقت " والصراع بصفة عامة كثيرا ما يرتبطان بضغوط العمل باعتبارهما من أهم المصادر في هذا الجانب، حيث نجده يشير إلى قدرة الفرد على تنظيمه لمهامه، وطريقة تقديره لقيمة وقته وقدرته على التحكم في سلوك الآخرين الذين يضيعون وقته إلى جانب معالجته للصراعات التي تحدث في بيئة عملة. لهذا

فإننا في هذا الجزء من مصادر العمل المتعلقة بالفرد، سوف نتحدث عن سوء إدارة الوقت والصراع الشخصي كمصدرين من المصادر السلوكية لضغوط العمل.

- **سوء إدارة الوقت:** يعتبر سوء إدارة الوقت من أهم المظاهر السلوكية المؤدية إلى ضغوط العمل ومع أن هذا السبب كثيرا ما يرتبط بأعباء العمل، فإننا هنا نتحدث عنه باعتباره عامل يعود إلى الفرد ذاته في بيئة العمل،من حيث عدم قدرته على تنظيم وقته حتى في غياب أعباء العمل. فمع أن عبء العمل الذي تحدثنا عنه سابقا كسبب من أسباب ضغوط العمل،قد يتضمن عنصر الوقت - وذلك من حيث عدم قدرته الموظف سواء أكن رئيسا أو مرؤوسا على الوفاء بالتزاماته؛ نتيجة للمهام الموكلة إليه أو بسبب عدم وجود الوقت الكافي لانجاز هذه المهام - فإن سوء إدارة الوقت قد لا يرتبط بزيادة أو نقصان هذه المهام، وإنما يعود إلى الشخص ذاته نتيجة لعدم قدرته على تنظيم هذا الوقت اثنا العمل.

إن كثيرا منّا قد لا يدرك قيمة الوقت في العمل وان أدركها قلة منا،فإن البعض لا يدرك السرعة التي يمر بها الوقت بالنسبة لمعظم يوم العمل، إننا ننظر دائما إلى ساعتنا ونحن نتأوه قائلين "لا يمكن أن يكون هذا هو الوقت"، أما عندما ينتهي اليوم، فإننا نشتكي بأننا لا ندري في الواقع أين ذهب هذا الوقت أو كيف أمضيناه إن هذا الأمر الخاص بالتأوه والشكوى من الممكن أن يحدث بصرف النظر عما إذا كنا نقدر قيمة الوقت أم لا.

إن الوقت مفهوم شخصي، وبالتالي فإن طريقة قضاء المرء لوقته في العمل تعبر تعبيرا صادقا عن شخصية الفرد، كما أنه تصف أسلوبه في معالجة الأعمال الموكلة إليه. إننا يجب أن لا نفترض - ونحن نتحدث عن الوقت كسبب

من أسباب ضغوط العمل - انه من الواجب علينا أن نقضي وقتنا أثنا العمل دون أن نضيع حتى دقائق منه، وذلك ببساطة لأن الوقت المخصص للعمل. ذلك أننا ربما نعتقد إننا نعمل بطريقة مثمرة أو ذات نتيجة، في حين أننا في الحقيقة إذا ما رغبنا أن نقيم ممارساتنا العملية، نجد من الثابت تقريبا أنه كان بإمكاننا أن نقوم بعمل أشياء أكثر مما عملنا، وذلك في نفس مدة الوقت تقريبا.

إننا نميل إلى أن نكون نتاج أو صنيعة العادة، وبالتالي فإننا نصبح محصورين في نطاق أساليبنا الحالية لانجاز الأعمال ونحتاج إلى جهد كبير لإحداث أي تغير إلى جهد مماثل للحفاظ على العادات الجديدة في مجرد حدوث التغيير.

- **الصراع الشخصي:** يستغرق العمل جزاء كبيرا من حياتنا فنحن نقضي أكثر من سبع أو ثماني ساعات في العمل في اليوم لمدة خمسة أيام أو أكثر في الأسبوع، ولمدة تتراوح بين أربعين و خمسة وأربعين عاما، في العمل، أي ما يناهز المائة ألف ساعة في العمل خلال حياتنا. وبطبيعة الحال فإن جزءاً كبيراً من هذا الوقت نقضيه في العمل مع الآخرين، وبعض هؤلاء الذين نعمل معهم نشاطرهم اهتماماتنا وأنشطتنا وبالتالي نكون معهم صداقات حميمة وبعضهم نختلف معهم نظرا لوجود المصالح المتعارضة بيننا وبينهم.لذا يمكن القول بأن علاقات العمل في غاية الأهمية،فقد تكون مصدرا للرضا الوظيفي والدعم حينما تسير سيرا حسنا، أو قد تكون مصدرا للضيق الشديد وعدم الرضا عندما تنشب الصراعات أو الخلافات، أو قد تصوغها الضغوط الموجودة في بيئة لعمل. وأيّ كان الأمر بالنسبة لطبيعة هذه العلاقات، فإن الصراعات أو الخلافات تعد بالتأكيد من الأمور الشائعة في بيئة العمل، حيث تعتبر الخلافات

البسيطة في الرأي أو المناقشات الحادة بين الموظفين من مظاهر بيئة لعمل التي يستحيا تفاديها.

والحقيقة أن بعض هذه الخلافات في العمل من الممكن أن تكون مثمرة إذا ما وجهت توجيها سليما، حيث يمكن أن يترتب عليها توثيق العلاقات بين الأفراد وتعميق الثقة وزيادة تقدير الفرد لذاته وتعزيز القدرات الإبداعية ورفع مستوى الإنتاجية والرضا الوظيفي. وعلى العكس من ذلك فإن لو ثارت صراعات مدمرة بين الأفراد داخل بيئة العمل،لأصبح من الممكن أن يترتب عليها نتائج أو أثار سلبية سواء أكان ذلك بالنسبة للفرد أم للمنظمة.

إن هناك العديد من العوامل أو الأسباب التي تؤدي إلى حدوث الصراع في المنظمة، بعض هذه العوامل مرتبطة في المنظمة ذاتها، مثل: التنافس على المصادر سواء أكانت مالية أم بشرية، والغموض، وعدم العدالة في توزيع المكافآت. في حين أن البعض الآخر يرتبط بالعلاقات الشخصية ذاتها في بيئة العمل، حيث تتضمن هذه العلاقات صلتنا بالزملاء سواء أكانت مرؤوسين أم مشرفين، وطبيعة الجماعات التي نعمل معها ونماذج الاتصال التي تحكم علاقات العمل والاختلافات أو الفروق الشخصية سواء أكانت هذه الفروق تتعلق بالجنس أو السن، وأخيرا العوامل المتأصلة في تقويماتنا وتعاملاتنا مع الآخرين بما في ذلك التوقعات العامة و المعتقدات بخصوص الآخرين والتباس وسوء الفهم وسوء استخدام الضغوط.

1. الصراع مع المديرين والمشرفين: إن معظمنا في العمل مسؤول أمام شخص وهذه المسؤولية غالبا ما تكون واضحة المعالم،مثل: مسؤولية الموظف أمام مديرة، ومسؤولية المعلمة أمام مديرة المدرسة وهكذا فإن أي شخص في أي تنظيم إداري هو مقيد من حيث صلاحياته ومسؤولياته على الرغم من تباين

درجات التقيد بين المنظمات، حيث تعتمد تلبك الدرجات على مدى ممارسة الفرد أو المجموعة لسلطاتها الرقابية الكاملة على هذا المدير.

وعلى أي حال فإنه - وفي ظل مثل هذه القيود - تعتبر القوة التي يمارسها المدير تعد على الآخرين مصدراً من مصادر الصراع في العمل وبالتالي تعد مصدرا من مصادر الضغوط، على أن هذه القوة في داخل بيئة العمل تتأثر بعاملين رئيسيين، هما: إدراك هذا المدير لمسؤولياته، والقواعد التي تحكم علاقة المدير بمن يرأس.

ومجمل القول إن عدم وضوح الدور بالنسبة للمدير الذي يمكنه من قيامة بمسؤولياته على الوجه المطلوب وعدم التقيد بقواعد العلاقة بينه وبين المرؤوسين، أو العلم بهذه القواعد مع عدم القدرة على إظهار المهارات الملائمة الالتزام بها، أو تبنا الأسلوب القيادي غير الملائمة بالنسبة لمطالب الموقف، أو إساءة استخدام القوة بشكل متواصل دون مبرر - كل ذلك يعد من الأسباب الشائعة بالصراع في مجال العمل،فيما يتعلق بعلاقة المدير بمرؤوسين والتي قد تؤدي بدورها إلى إيجاد نوع من الضغوط على العاملين في بيئة العمل، أو تكون نتيجة للضغوط الموجودة في بيئة العمل.

2. **الصراع مع الزملاء:** إن التفسير المتعلق بالصراع مع الزملاء يكمن في أحد جوانبه في طبيعة العلاقة التي تربط الأفراد بعضهم في بعض، هذه العلاقة قد تكون ذات طبيعة تكاملية بين الأفراد أو ذات طبيعة تنافسية وغير متوازنة، على أن علاقات العمل من الممكن أنه تبقى منسجمة إذا ما قبل كلا الطرفين وجود التكامل والتوازن في هذه العلاقة، غير أن الصعوبات قد تنشأ عندما يرفض شخص ما أن يؤدي نصيبه في العمل أو يكون غير قادر على أداء العمل، أو أنه يفترض لنفسه مركزا أو مكانة وظيفته لا يعترف بها الطرف

الآخر أو لا يتقبلها. فقد يفترض بعض الأفراد أن لديهم أفضلية على زملائهم الآخرين أما بسبب فروق العمر أو الجنس أو العرق أو المؤهلات، على أن أهم مصادر الصراع بين الزملاء في العمل تكمن في محاولة البعض لعب ما يسمى "بدور القوي" على الزملاء الآخرين، هذا المفهوم _ أي لعب دور القوي _ تم تطويره من قبل عالم النفس (كلودستاينر)، وذلك لوصف الكيفية التي يحاول به الأفراد الذين تربطهم ببعض علاقات قوية أن يمارسوا التحكم بعضهم في بعض. ويمكن تطبيق هذا المفهوم على جميع علاقات العمل اليومية التي تتم بين الزملاء، ذلك أن الشخص الذي يلعب دور القوي يحاول أن يتحكم ويستغل ويؤثر في الناس الآخرين بما لا يتفق ورغباتهم، وبعبارة أخرى: إن القوة التي نتحدث عنها هنا ربما تشير إلى المدى الذي يمكن فيه التحكم في سلوك شخص ما من قبل شخص أخر.

وأيّ كان الأمر فإنه يفترض على الأقل من الناحية النظرية **إن** الزملاء الذي يحتلون مراكز متماثلة تكون القوة مشتركة بينهم بالتساوي، هذا الواقع يصدق حتى عندما تكون العلاقات من النوع التكاملي، وهي تلك العلاقة التي من خلالها يكمل الأفراد بعضهم بعضا، حيث يكون لدى الزملاء أدوار وخبرات متباينة لهذا فإنه ما حول أو رغب أحد الأطراف أن يوجد نوعا من عدم التوازن في هذه العلاقة وضد رغبة الطرف الآخر، كأن يفترض على سبيل المثال مكانة أعلى عندما تكون علاقة الطرفين قائمة على أساس تساوي المكانتين، عند إذ فإن كلا الطرفين من الممكن أن يدخل في خطط أو استراتنجات مختلفة للعب دور القوة.

هذا التصرف من الممكن أن يظل من جانب واحد، حيث يحاول الشخص الذي يعامل الآخرين بتعامل أن يؤكد قوته التي يتصور امتلاكها على

زميلة. في مثل هذه الحالات قد لا يقاوم الزميل الآخر ذلك السلوك، إما بسبب عدم فعالية دور القوة لأنه قد يثير السخرية من قبل الشخص الآخر، أو لأنه يشعر بأنه غير قادر عل الدفاع عن نفسه أو غير قادر على الرد و كبديل، فإن كلا الطرفين ربما يلجأن إلى القوة، حيث يستخدم كل طرف منهما أساليب عدوانية في محاولة منه لممارسة التحكم في الطرف الآخر. هذه الأساليب العدوانية تتباين فيما بينها لكنها في مجملها تتضمن تهديدات لفظية أو تهديدات نفسيه والمخادعة. وسواء أكان القيام بلعب دور القوة يتم من جانب واحد أو أنه يتضمن كلا الطرفين، فإن الطاقة المبذولة من كل من الطرفين إنما تضيع في محاولة لكسب الموقف بدلا من حل المشكلة مما يزيد من حدة الصراع بين الزملاء والأفراد، هذا الصراع قد يقود الأطراف المتصارعة أو أحدها إلى اللجوء إلى الإدارة أو الانسحاب من الموقف، وربما ترك المنظمة و البحث عن منظمة أخرى للعمل بها لاسيما إذا ما كان هذا الطرف عاجزا عن القيام بأي رد مناسب لمواجه هذا الصراع، أو عندما تكون الإدارة تشجع مثل هذه الصراعات التي تزيد من حدة الضغوط في العمل.

أنماط الإشراف وعلاقتها بضغوط العمل:

أشارت دراسات عديدة إلى أن نمط الإشراف يعتبر مصدراً رئيسياً للضغط النفسي في العمل.في هذه الحالة يشعر العاملون أن ما يطلب منهم يتناقض مع مهامهم الوظيفية, وترتبط بالأسلوب الذي يطلب فيه المسئول تنفيذ المهمة وليس المهمة نفسها.

أمثلة:

— تفويض الصلاحيات البسيطة أو الواسعة.

- إلقاء اللوم على الموظف حيال أي مشكلة نقع في المؤسسة.

- التعبير عن المشاعر مع الموظفين بشكل غير ملائم.

- عدم الثقة بالموظفين.

- نمط التواصل والاتصال الذي يعتمده الاتجاه العدائي بدلاً من التوكيد الإيجابي.

هناك صعوبات يواجهها المشرف المسئول والموظف في علاقات العمل مثل التعامل مع مريض أو زبون صعب.... أصعبها التعامل مع شخص غاضب.

اقتراحات للتعامل مع شخص غاضب أثناء العمل:

1) كن لطيفاً، واستخدام مهارات الإصغاء.
2) امنع نفسك أن تعتبر الموقف مهدداً لك، استخدم حديث الذات الإيجابي.
3) دع الشخص الغاضب ينفذ وقته.
4) واجه غضب من تتعامل معه بأسلوب حل المشكلات وليس بردود فعل غضب مماثلة.
5) استخدام إجراء (حبة الصدق Grain of Truth) بإيجاد لو القليل من الصدق في كلام الغاضب.
6) اظهر التعاطف، هذا سوف يخفف من غضب الآخر.
7) كن مؤكداً لذاتك حيث تأت لحظة لتقل له يكفي دون أن يكون أسلوباً عدائياً.

الفصل الرابع

الصحة النفسية والجسمية للعاملين

الفصل الرابع

الصحة النفسية والجسمية للعاملين

- مقدمة
- تأثير الاضطرابات النفسية على مجال العمل
- الحاجات النفسية الهامة للعاملين
- أدوات ووسائل تحقيق الصحة النفسية للعمال
- العوامل التي تؤدي إلى تقوية روح الجماعة
- الصحة العمالية والسلامة المهنية
- النتائج المترتبة على الحوادث وإصابات العمل
- أسباب تساعد على حدوث الحوادث
- الوقاية من إصابات العمل والسيطرة عليها

الفصل الرابع
الصحة النفسية والجسمية للعاملين

مقدمة:

عادة ما ترتبط عملية التحول من المجتمعات الزراعية التي تحظى بدرجة عالية من الاستقرار النسبي إلى مجتمعات صناعية تعج بالآثار النفسية والاجتماعية، بكثير من العوامل التي تؤثر بشكل سلبي على العاملين.

وقد بدأت المنظمات المنشأة حديثا على استقطاب أغلب عمالتها من بين الأفراد المقيمين بالريف أو البادية، قبل مجيء التصنيع. ولأهل الريف علاقات اجتماعية واتصالات شخصية، وقيم وعادات سلوكية ثابتة، وذلك بعكس مجتمعات المدن التي تتميز بضيق العلاقات الشخصية، وعزلة السكان عن بعضهم، واهتمام أغلب الأفراد بمصالحهم الخاصة، مما يؤدي إلى ارتفاع حد الاضطرابات النفسية والعقلية بينهم، وانتشار الجريمة، ونشوء الصراعات، وتفاقم الخلافات.

ومما يلاحظ أن عملية التحول من مجتمع زراعي ريفي أو بدوي رعوي طابعه الاستقرار والهدوء إلى مجتمع صناعي يتسم بالتغير الدائم والحركة المستمرة وتقلبات السوق، قد تكون له آثار اجتماعية ونفسية ضارة بالعمال. فالمجتمعات الريفية عادة ما تتسم بالعلاقات الشخصية والروابط الاجتماعية بين الأفراد، وذلك على عكس المجتمعات الصناعية التي تتسم بفتور العلاقات الشخصية والاجتماعية وقوة الشعور بالعزلة، مما يؤدي إلى زيادة ملحوظة في الإصابة بالاضطرابات النفسية، وحدوث التفكك الأسري، وتخلي الأفراد عن روابطهم العائلية والاستعاضة عنها بروابط وعلاقات جديدة مبنية على أسس

جديدة مثل علاقات العمل، والجماعات غير الرسمية. كما تزداد المشاكل الاجتماعية نتيجة للصراع بين القيم التقليدية والقيم المستحدثة.

ومن الملاحظ أيضا أن عملية التحول إلى الصناعة تكون مصحوبة بتوسع المدن وامتداد حدودها واكتظاظها بالسكان، وارتفاع نسبة الضوضاء والتلوث بها، وانعدام الجوار أو الشعور بالصحبة مع تدني مستوى العلاقات الشخصية بها، مما يؤدي بدوره إلى ارتفاع نسبة التغيب عن العمل، وسرعة التقلبات المزاجية، وانخفاض نسبة الإنتاج لدى العمال.

كما تساهم ظروف العمل السيئة واستغلال أرباب العمل للعمال إلى التأثير بشكل سلبي على النمو السوي للشخصية بسبب عدم شعور الفرد بأهميته أو قيمته ومعاناته من الإحباط.

ومن الأمور التي لا تخفى على أحد ولا تغيب عن الملاحظة العناية التي توجهها الدول النامية خاصة لعمليات تحسين الإنتاج وأساليب زيادته عن طريق استيراد أحدث الآلات، بينما نجدها تولي أمور العمال وصحتهم النفسية أقل قدر من الاهتمام. وهي بذلك تراهن على الهدف الاقتصادي، في الوقت الذي يبدو فيه واضحا أن تحقيق هذا الهدف لا يتم إلا عن طريق العناية بصحة العمال عامة وبصحتهم النفسية على وجه الخصوص. إذ لا شك أن استقرار العمال من الناحية النفسية وارتقاء أساليب تكيفه مع طبيعة العمل ومع العيش في مجتمع صناعي يعتبر العامل الحاسم الذي يفرق بين الإدارة الناجحة والإدارة الفاشلة. وأنه بدون تحقيق هذا الهدف، فسوف يستحيل إشباع حاجات العمال وتحقيق رضاهم النفسي من أجل زيادة معدلات إنتاجهم.

ومن أجل التعرف على تأثير المجتمعات الصناعية على حالة العمال النفسية، فقد أجريت دراسة على العمال بانجلترا، واتضح من نتائجها ومن نتائج عدد غير قليل من غيرها من الأبحاث ما يلي:

1- أن حوالي (10) بالمائة من العمال كانوا يعانون من اضطرابات عصابية.

2- أن (30) بالمائة من العمال كانوا مصابين باضطرابات نفسية خفيفة وغير معيقة.

3- أن العصاب والشعور بالقلق كانا في مقدمة العوامل الهامة التي ساهمت في حالات التغيب عن العمل. كما ساهمت تلك الاضطرابات في شعور العمال بعدم الكفاية، وبالتراخي في العمل، وفي انخفاض مستوى القدرة على التركيز، وفي قلة التعاون وصعوبة التكامل بين العمال، وفي حدوث إصابات العمل والإضرار بالإنتاج.

تأثير الاضطرابات النفسية على مجال العمل:

1- الاضطرابات النفسجسمية (السيكوسوماتية):

وهي مجموعة من الاضطرابات الوهمية ذات التأثير على وظائف الجسم، وتبدو على شكل أعراض مرضية عضوية تكون أسبابها الحقيقية ذات طابع نفسي. وتبدو هذه الأعراض في أشكال متعددة منها الشعور بالإعياء والإجهاد الشديدين رغم خلو الشخص من آثار الأمراض العضوية، واضطراب دقات القلب، وارتفاع ضغط الدم مع عدم وجود أسباب طبيعية لحدوث ذلك، والمعاناة من قرحتي المعدة والاثني عشر، وبعض حالات الإسهال أو الإمساك

المزمن، وبعض حالات الربو والصداع النفسي، وغيرها. وتقدم هذه الأعراض للمصاب بها خدمات هامة، لأنها تعتبر استغاثة بطريق غير مباشر لطلب المساعدة من قبل الشخص المضطرب. كما تستخدم هذه الاضطرابات بشكل لا شعوري للفت الانتباه ولاستدرار عطف الآخرين وشفقتهم على المصاب بطريقة مستترة ومقبولة اجتماعية.

ومن أهم الانفعالات التي تؤدي إلى ظهور الاضطرابات النفسجسمية القلق، والخوف، والغضب، والشعور الزائد بالنقص، والمبالغة في الشعور بعقدة الذنب، والشعور بعدم التقبل الاجتماعي. وتعتبر هذه الاضطرابات مسئولة إلى حد كبير عن حالات غياب العاملين عن العمل بالمشاركة مع العوامل النفسية الأخرى.

ويقرر كثير من الباحثين الغربيين أن الدراسات التي أجروها في مجتمعاتهم تشير إلى أن أكثر من نصف الذين يتغيبون عن العمل يعود غيابهم إلى معاناتهم من الاضطرابات النفسية. كما أن أكثر المعرضين للإصابة في حوادث العمل هم من المضطربين نفسياً، مما يزيد من مشاكل الأمن الصناعي في كثير من المؤسسات.

2- هستيريا خطوط الإنتاج:

وهي نوع من الاضطرابات التي تحدث بشكل مفاجئ، وتبدو على شكل اضطرابات صحية مثل زغللة الأعين، والشعور بالدوار والصداع والميل إلى القيء. كما يشكو المصاب عادة من ضعف العضلات وصعوبة التنفس بشكل عام. وقد حاول العلماء تحديد أسباب حدوث هذا الاضطراب، وهل يرجع مصدره إلى عوامل كيميائية أو إلى العدوى أو إلى أحد الغازات الصناعية في

بيئة العمل؟. غير أنه اتضح من الدراسات عدم وجود مصدر مادي يدعو للاضطراب، مما جعل العلماء يرجعون الحالة إلى الاضطرابات النفسجسمية.

وبالرغم من أن أعراض هذا الاضطراب تختلف من شخص إلى آخر، إلا أنها تتضمن في جميع الحالات الشعور بالصداع، والميل إلى القيء، وارتعاش الأطراف وزغللة الأعين، وضعف العضلات وصعوبة التنفس. كما لوحظ أن هذه الأعراض النساء غالباً، وبخاصة اللائي يتعرضن للعمل في أماكن تتسم بالضغوط النفسية والجسمية.

ويشير الباحثون إلى أن العوامل المادية التي أخضعوها للدراسة مثل ضجيج الآلات، وتلوث الهواء، وسوء الإضاءة، وتذبذب درجات الحرارة، وتصاعد أدخنة السيارات والرافعات، وروائح المواد الصناعية المذيبة والمواد اللاصقة لم تكن هي السبب الحقيقي في حدوث الاضطراب. وأن هذا الاضطراب، مثله مثل غيره من الاضطرابات النفسجسمية، يحدث في الغالب عندما يجد مجموعة من الناس أنفسهم في مواقف تتسم بالضغوط دون أن تكون لديهم القدرة على التعامل مع الموقف، مما يؤدي إلى الشعور بالتهديد بشكل خفي. كما يلعب الشعور بالضجر والسأم دوراً هاما في حدوث هذه الظاهرة التي تنشأ عن ممارسة الأعمال النمطية المتكررة، مثل قضاء العامل فترة طويلة من عمله في أداء عمل روتيني لا يتغير كلحام قطعة صغيرة معينة في لوحة تشغيل اليكترونية واحدة بعد أخرى بشكل سريع. وعندما تظهر بوادر السأم والملل بسبب النشاط النمطي، فعادة ما تكون مصحوبة بتوتر عضلي، وبعدم الشعور بالرضى عن العمل، والاكتئاب. وقد أكد تلك النتائج عالم النفس الصناعي روبرت كابلان، وعلماء النفس المعملي كوفر، وأبلي.

3- عصاب القلق:

وهو أحد الاضطرابات العصابية التي تساهم في حدوث كثير من الاضطرابات النفسية بصورة عامة. ورغم أن السلوك العام للشخص المضطرب قد يبدو طبيعياً من الناحية الظاهرية، إلا أنه قد يعاني، في نفس الوقت، من أعراض الاضطراب الفكري وعدم القدرة على التركيز، ومن التوتر النفسي والجسمي، مما يؤدي إلى سرعة الاندفاع والغضب، والى الشك والتردد، والى الشعور بالإرهاق النفسي والتعب الجسمي، والى فقدان الشهية واضطرابات النوم.

ومن مشاكل عصاب القلق ذات التأثير على مجال العمل أن العصابي يتسم عادة بالعجز عن العمل بكفاءة مهما كان مستوى ذكائه، كما أنه يتمركز حول ذاته مما يحول بينه وبين إقامة علاقات اجتماعية وإنسانية سوية. وسواء كان هذا الشخص رئيسا أو مرؤوساً، فسوف يشعر بالمسافة النفسية بينه وبين غيره وسيبدو بطيئاً ومترددا في قراراته، وقد يلجأ إلى استخدام الأساليب المعقدة التي لا ضرورة لها من أجل حماية نفسه من الأخطار التي بتوهمها. هذا، بالإضافة إلى افتقاده للمرونة وميله إلى استخدام الأنماط السلوكية الجامدة في تعاملاته.

غير أنه من واجبنا التنبيه إلى أنه ليس كل انفعال للقلق دليلا على المرض أو الاضطراب النفسي. فالأزمات النفسية العنيفة قد تسبب للشخص البالغ الكثير من مشاعر الانفعال والتوتر والقلق، ولكنها لا تؤدي بالضرورة إلى اضطراب الشخصية. الشخص الذي تضطرب شخصيته اضطراباً ملحوظاً عند مواجهته للأزمات، قد يكون من ذوي الاستعدادات الطبيعية للإصابة باضطراب الشخصية، وأن الأزمة لعبت دوراً مساعداً فقط في تحريك العوامل الكامنة أو الدفينة للظهور والطفو على السطح بشك واضح.

ومن تفحص علاقة التصنيع بالصحة النفسية يتضح لنا أن متطلبات العمل تستدعي المواظبة على المواعيد والمحافظة على الوقت، والسرعة في إنجاز العمل، والتفاعل بشكل آلي أو شبه آلي أحياناً مع مكونات البيئة الصناعية، مما يؤدي إلى حدوث ردود أفعال أحياناً لدى فئات معينة من العاملين المهيئين نفسياً للتأثر بسلبيات العمل وضغوطه.

ومن الملاحظ، بصورة عامة، أنه كلما حدث تقدم في المجال الصناعي واستقرت أساليب الإنتاج، اتجه المديرون إلى التجاوز عن بعض الأمور مثل الطاعة والانقياد من قبل العمال وتخطوها متطلعين إلى مطالب أخرى يعتبرونها في غاية الأهمية مثل مراعاة الكفاءة، وسرعة الانجاز، وإتقان العمل، والاهتمام بالكم والنوع معاً، وهي متطلبات ملحة تضع ضغوطاً نفسية جديدة على العاملين، مما يؤدي إلى زيادة مستوى التوتر النفسي. وتتطلب كل هذه الأمور والمشاكل مواجهتها والبحث عن حلول لها، وحيث يعمل العمال في ظروف مادية ونفسية واجتماعية مناسبة تؤدي إلى تحقيق كفاية الإنتاج وجودته من ناحية، وإلى التغلب على مشاكل تكيف العامل مع بيئة العمل من ناحية أخرى. وإذا ما تحقق ذلك، فسوف نصل في النهاية إلى تحقيق مطالب الصحة النفسية للعاملين وإشعارهم بالرضا والارتياح.

كما يجب توجيه الأنظار إلى ما نلاحظه على ظروف التصنيع في كثير من الدول النامية من توجيه الاهتمام نحو تحسين الإنتاج وزيادة معدلاته، وإدخال التحسينات اللازمة على الآلات ووسائل العمل بدرجة أكبر كثيراً من الاهتمام بالعمال وبيئتهم الصناعية وبمستوى صحتهم النفسية. فالهدف المباشر للتنمية في معظم هذه الدول هو هدف اقتصادي يتمثل في تحقيق أكبر عائد من الربح من المشروعات الصناعية المقامة، في أقصر مدة ممكنة. ومع أن وجهة النظر هذه

قد تكون مقبولة ظاهريا، إلا أن ما يجب التأكيد عليه هو أن العناية بالصحة النفسية للعاملين وتوفير الاستقرار النفسي لهم، ومساعدتهم على التكيف مع بيئة العمل يعتبر من أقصر الطرق لتحقيق الأهداف الاقتصادية، بدلا من السياسات الاستغلالية المتبعة. ويبدو الفرق بين الإدارة الصناعية الناجحة وغيرها من الإدارات الفاشلة في قدرة الأولى على التوفيق بين الأهداف الاقتصادية للمؤسسة والأهداف الشخصية للعاملين بها، في حين تفشل الثانية بسبب اهتمامها بالعوامل الاقتصادية دون سواها.

الحاجات النفسية الهامة للعاملين:

إن الحديث في هذا المجال طويل ولا ينتهي، لتشعب الموضوع، ولصعوبة حصر جميع العوامل ذات الأهمية. ولما كان الحكم على كثير من الأمور هو أمر نسبي، فقد اخترنا أهم العوامل التي تمثل الحاجات النفسية للعاملين، من وجهة نظرنا، وهي كما يلي:

1- التكيف النفسي مع ظروف العمل وطبيعته، وشعور العامل بتقبل زملائه له واحترامهم لشخصه.

2- الشعور بالأمن والطمأنينة والاستقرار في العمل دون أن يحس العامل بوجود مصادر تهدد استمرار يته في العمل، مما يبعد عنه شبح البطالة والفصل والإبعاد أو الإيقاف عن العمل.

3- العمل في ظروف مكانية مناسبة، ومراعاة قواعد الصحة العامة في مكان العمل. كما يجب معالجة مسائل الضوضاء وتلوث الهواء بالأتربة والغبار، وتوفير مساحة كافية للعامل في مكان عمله حتى لا يشعر بالضيق والملل.

4- الوقاية من التعرض لإصابات العمل وأمراض المهنة، وضرورة تطبيق نظم الفحص الطبي الدوري ووقاية العامل وعلاجه من تدهور صحته أثناء فترة استخدامه.

5- توفير السبل التي تكفل للعامل حياة اجتماعية مناسبة دون حاجة إلى الإرهاق في العمل، سواء من ناحية الأجور أو الخدمات الاجتماعية، مع تحديد ساعات العمل بشكل مناسب.

6- يجب أن يكون العامل ملما بشكل تام بدوره في عملية الإنتاج وفاهماً لواجباته ومسئولياته، مع مشاركته الرأي في القرارات التي تتعلق بتغيير طبيعة الواجبات أو نظام العمل.

7- أن تتسم الإدارة بالروح الإنسانية، مما يضفي على العمل روح الفريق ويحقق للعامل حاجاته النفسية ومنها الشعور بالطمأنينة والتقدير والثقة بالنفس وارتفاع الروح المعنوية. ولا يتحقق ذلك سوى من خلال أساليب القيادة الديمقراطية.

8- أن توفر بيئة العمل للعامل فرص النمو والترقي على المستوى الفني والعملي والمادي، مع التأمين على العامل وأسرته في حالات إصابات العمل والشيخوخة والوفاة.

9- أن تتاح للعامل الفرصة للتعبير عن شكواه وما يضايقه، وأن تكفل له سبل تحقيق العدالة والحصول على حقوقه.

10- الاهتمام بحياة العامل بعد ساعات الدوام، وتوفير الخدمات التي تساعده على مواجهة مشاكله الاجتماعية والصحية، مع العناية بتقديم الخدمات الترويحية في ساعات الفراغ.

أدوات ووسائل تحقيق الصحة النفسية للعمال:

يجب أن تتجه أنظار الإدارة الواعية إلى مجال الصحة النفسية للعمال، لما لها من أثر بالغ على مستوى الإنتاج والعلاقات الشخصية من جهة، وبين العمال والرؤساء من جهة ثانية. ولا يتحقق ذلك إلا عن طريق وضع خطة ممكنة التنفيذ تحقق للعمال حاجاتهم النفسية، وتساهم في تكوين علاقات وروابط بين جميع العاملين في المنطقة. ويمكن أن تشمل الخطة على ما يلي:

1- الاهتمام ببيئة العمل: فبيئة العمل المقبولة والمحفزة لجماعات العمل في المنظمات هي تلك التي يرأسها قائد جدير بالثقة والاحترام، والتي تختفي فيها المعوقات التي تعيق تطور الأفراد، والتي تقدر الشخص العامل وتهتم به، والتي تمنحه الفرص العديدة للرقي والتقدم، والتي تتميز بالعدل والمساواة في المعاملة، والتي يتم فيها إعداد الحوافز بشكل يتلاءم واحتياجات الفرد.

2- العمل على ضمان توفر حد أدنى من العوامل والأسس لتحقيق الشعور بالأمن والطمأنينة بين الإدارة والقوى المنتجة، وذلك بإزالة كل ما من شأنه أن يؤدي إلى القلق والتوتر، مع فتح قنوات متعددة للاتصال وتحسين مستواه.

3- إنشاء مراكز الخدمات المساعدة لمعالجة مشكلات العمال الطارئة داخل المؤسسة وخارجها.

4- القيام بأبحاث ودراسات للتعرف على العوامل التي تؤدي إلى سوء العلاقات بين العمال وزملاء العمل، وبين العمال والرؤساء والمشرفين عليهم، وعدم اللجوء إلى استخدام الوسائل السلبية لتغطية الخلافات، خاصة تلك التي تنشأ بين الإدارة والعمال.

5- العناية بأساليب الاختيار المهني والبعد عن العشوائية والمحسوبية، بحيث يتم اختيار الشخص المناسب للمكان المناسب من أجل أن يقابل العامل متطلبات المهنة أو العمل بشكل جيد. فحسن الاختيار يؤدي إلى استقرار العمالة وشعور العامل بالرضاء ويقلل من حدوث المشاكل الطارئة التي ترجع إلى عدم توافق العامل مع بيئة العمل.

6- الاهتمام بوسائل الأمن الصناعي، والسلامة المهنية، والصحة العامة، وبرامج التوعية لتعريف العمال بأخطار المهنة، وإبعاد العمال الذين لديهم استعداد للتسبب في حدوث العمل عن أماكن الآلات أو مصدر الخطر.

7- تدريب رجال القيادات الإدارية على تفهم العوامل الإنسانية في الإدارة وأساليب القيادة الديمقراطية وأثرها على مستوى الإنتاج وتكاليفه، وعلى مستوى حوادث العمل.

وتشير الآراء العلمية ونتائج التجارب العملية إلى أن كثير من المشاكل النفسية التي يعاني منها العمال تعود إلى نظام الإنتاج الواسع.

ومع أن البعض يعتقد بأن أساليب الإنتاج الواسع تجعل العامل مبدعاً، ومستقلا، وقادرا على التحدي، ومحققا لذاته، إلا أن أساليب خطوط الإنتاج في الواقع تتطلب التصميم المسبق، ووضع الأسس الهندسية قبل بدء العملية نفسها، ورسم جميع الخطوات قبل البدء في العمل، ووضع أصغر التفاصيل مهما كانت دقتها. كما أنه يشترط على العامل إتباع الخطوات وتنفيذها كما هي دون تغيير. فإذا ما وضعنا هذه المتطلبات الضرورية أمام أعيننا، فسيتضح لنا أنه ليس هناك ولو فرصة واحدة أمام العامل لكي يفكر أو يصنع قراراً بنفسه.

وصحيح أن عامل اليوم يدرك السحر الذي تحمله أساليب الإنتاج الواسع بين جنباتها، إلا انه يرى أيضا مساوئها. فهو يرى السحر في دخول المواد الخام عند بدء عملية الإنتاج وخروجها في شكل آخر مختلف تمام الاختلاف في نهاية العملية، إلا أنه يرى مساوئها أيضاً متمثلة في قيامه بأعمال معينة بنفس السرعة والرتابة والتكرار الممل، رغم يقينه بأن تلك الأعمال الرتيبة والمملة هي سر ذلك السحر. وقد حاولت بعض المؤسسات الصناعية كسر حلقة الملل والسأم التي يشعر بها العمال عن طريق وضع خط الإنتاج تحت إدارة جماعة العمال من العاملين عليه دون تدخل من الإدارة أو من الملاحظين والمشرفين التقليديين غير أنه بعد انقضاء ست سنوات على هذه التجربة اضطرت المنظمة إلى العودة إلى النظام التقليدي حيث تأتي التعليمات من قمة الهرم إلى أسفله.

ويشير روبرت شرانك إلى أن شركة جنرال موتورز استخدمت مؤخراً برنامجاً يركز على العلاقات مع العمال في أحد مصانعها، وذلك بعد أن انخفض مستوى الإنتاج وتدنت الروح المعنوية للعمال لدرجة أصبحت تهدد بإغلاق المصنع. وقد قامت الشركة بتعيين مدير جديد للمصنع، وبدأ الأخير في العمل جنباً إلى جنب مع النقابة العمالية لإنقاذ المصنع. وكان من الأشياء التي استحدثوها إقامة دورات تدريبية لمجموعات صغيرة من العمال، كما عملوا على تشجيع الاتصال بين عمال خطوط التجميع والمدراء الفرعيين.

وتشير التقارير إلى نجاح البرنامج بحيث تحسنت العلاقات بين الرؤساء والمرؤوسين، كما أصبح ممثلو النقابة أكثر اهتماماً بنوعية الإنتاج. وبدلاً من أن تقف مجموعة العمل ضد مجموعة الإدارة، أصبحت الروح السائدة هي "روح الفريق".

ويرجع سبب التغيير إلى أن الناس تزداد حوافزهم عندما يشعرون بالاهتمام بهم وبأنهم يشاركون ويتفاعلون وليسوا مجرد آلات مهمتها تنفيذ الأوامر.

فإذا ما أردنا، حقيقة، زيادة مستوى الإبداع في العمل، فإننا نحتاج إلى مجموعة من البدائل عوضاً عن النظام الهرمي التقليدي في تنظيم العمل. ويعود تمسكنا بالنظام التقليدي إلى تعودنا على التبعية طوال حياتنا وعدم تعرفنا على النظم البديلة الأخرى. فكل ما نتعلمه في المؤسسات الاجتماعية منذ طفولتنا إلى شبابنا مبني على أساس قبولنا بالنظام الهرمي، سواء كان ذلك في بيوتنا، أو مدارسنا، أو في أي مؤسسة اجتماعية أخرى مهما كان اسمها. وهذا ما يجعلنا مهيئين للتبعية عندما نلتحق بعمل ما بدلاً من الإصرار على المشاركة.

وتشير نتائج الدراسات العلمية إلى أن الجماعات التي تتمتع "بروح الجماعة" بشكل قوي، تؤدي عملها بشكل أفضل من الجماعات التي تضعف لديها روح الجماعة.

العوامل التي تؤدي إلى تقوية روح الجماعة، **ومنها:**

1- توفر الشعور بالاتحاد بين أفراد الجماعة.

2- شعور الأعضاء بالمسؤولية تجاه نتائج الجماعة.

3- التركيز على عوامل النجاح والتجارب الناجحة التي خاضتها الجماعة، وتجنب ظروف العمل التي تبرز الجوانب السيئة للفشل والتي تؤدي إلى ضعف الإنتاج.

4- فتح قنوات الاتصال بين أفراد المجموعة.

الصحة العمالية والسلامة المهنية:

إن حماية العامل من اضطرابات وإصابات العمل تعتبر من المهام الرئيسية الملقاة على عاتق الإدارة. فمن مسؤوليات الإدارة العمل على القضاء على الأخطار ومصادر الإصابات المهنية، وتوجيه أهداف الصحة المهنية نحو تهيئة أفضل الظروف لتوفير ما يلي:

1- تحقيق أعلى درجة من الصحة الجسمية والعقلية للعاملين.

2- مساعدة العاملين على التوافق الاجتماعي في جميع قطاعات العمل.

3- السيطرة على ظروف العمل الضارة بصحة العمال ووضع السبل لوقاية منها.

4- حماية العمال من الأخطار الناجمة عن الظروف الصحية السيئة.

5- إحاطة العمال بظروف عمل تتوافق وحالات العمال العضوية والنفسية.

وباختصار، فانه يمكن القول بأن أهداف الصحة المهنية هو إعادة تكييف العمل بشكل يتلاءم مع حالة الإنسان، والموائمة بين الإنسان وبين العمل الذي يقوم به. ومن هذا المنطلق، يمكن النظر إلى السلامة والصحة المهنية على أنهما جوانب لمشكلة واحدة، مما يؤدي إلى إيجاد أساليب متنوعة لمشكلة بيئة العمل. ولا يهتم هذا الاتجاه فقط بحياة العامل كفرد يتنفس ويسمع ويتحرك ويؤثر فيما حوله، وإنما يهتم به أيضاً كمخلوق له هدف فيما يعمله ويشعر بالرضا وتحقيق الذات فيما يقوم به من نشاط. ويمكن إجمال أهداف السلامة الصحية والوقاية المهنية في هدفين هما:

1- القضاء على الأمراض والحوادث المهنية أو الحد منها بقدر الإمكان.

2- تحسين بيئة العمل المادية وظروف الحياة للعمال.

ويمكن تحقيق هذين الهدفين عن طريق مجموعة من الوسائل من بينها:

1- إصدار القوانين واللوائح المنظمة لها في هذا المجال.

2- القيام بعمليات التفتيش والمتابعة على المستويين التقني والطبي.

3- إنشاء مراكز للسلامة والصحة المهنية لإعداد الأخصائيين وتقديم الاستشارات.

4- إقامة الدورات والندوات، وتدريب العاملين وأصحاب العمل على وسائل تفادي الحوادث وكيفية تقديم العناية والرعاية الصحية.

ويشير بعض الباحثين إلى حدوث ما يقرب من (50) مليون حادثة مهنية في مختلف المهن الصناعية والزراعية سنويا في العام، وأن إحصائيات سنة 1970 تشير إلى أنه نتج عن تلك الحوادث وحدها (100.000) حالة وفاة، كما نتج عنها أيضاً عدد من الإعاقات الدائمة يتراوح ما بين مليون ونصف ومليوني حالة. ولا يخفى علينا أن تلك الأرقام ربما ازدادت أو تضاعفت منذ ذلك الحين إلى وقتنا الحاضر.

ويضاف إلى عدد الحالات السابقة عدد آخر (غير معروف) من الذين أصيبوا بأمراض تعود إلى طبيعة المهنة، وان كان عددهم أقل من عدد مصابين الحوادث.

ومع أنه يمكن التغلب على كثير من الأسباب المؤدية إلى الإصابة بأمراض ذات علاقة بالمهن عن طريق السيطرة على البيئة وتحسين ظروف العمل، إلا أن ما يبعث على القلق، في الوقت الراهن، هو أن التقنيات الحديثة التي غزت كثيراً من المجالات الصناعية أصبحت تصيب العمال بالإجهاد والضغوط النفسية، في الوقت الذي يصعب فيه التعرف على طبيعة تلك الاضطرابات المهنية.

النتائج المترتبة على الحوادث وإصابات العمل:

1- الأضرار المادية.

2- اضطراب سير العمل.

3- الأضرار الشخصية والمعاناة من الآلام أو العجز والوفاة.

وعادةً ما ينتج عن الحوادث العمالية أضرار اقتصادية تعود على العامل والعمل على حدٍ سواء. وتتمثل الأضرار بالنسبة إلى العمل في ضياع ساعات الإنتاج، أمام بالنسبة إلى العامل فان الإصابة التي تنتج عنها إعاقة تؤثر على مهاراته المهنية وعلى مستوى دخله وعلى نظرته إلى الحياة. أما في حالات الوفاة فان فقدان العائل يؤدي إلى معاناة أسرته وأهله. فإذا ما علمنا بأن الأرقام السابق ذكرها والتي تشير إلى حدوث خمسين مليون حادثة عمل سنوياً مبنية على الحوادث التي يتم التبليغ عنها فقط، وهو ما لا يزيد عن (5) بالمائة من جملة الحوادث، فسوف يتبين لنا عظم أخطار حوادث العمل وما ينتج عنها من فواجع.

وتتنوع حوادث العمل تبعاً لطبيعة النشاط الاقتصادي، فنسبة الإصابة في مجال الصناعات الثقيلة كبناء السفن وصناعات الحديد والصلب مثلاً، أعلى منها

في الصناعات الخفيفة كصناعة النسيج، على سبيل المثال. كما أن السقوط من أماكن مرتفعة تزداد في مهنة البناء والتشييد عنها في مجالات أخرى. أما في الصناعات الميكانيكية، فان حوادث الآلات هي الغالبة.

وتشير الإحصائيات الصادرة عن إحدى الدول الصناعية إلى ما يلي:

1- أن ثلث عدد الحوادث يرجع إلى طريقة التعامل مع المواد.

2- أن حوادث الآلات والسقوط تعادل ثلث عدد الحوادث.

3- أن نسبة (20) بالمائة من الحوادث تتنوع ما بين حوادث نقل المواد، والاصطدام بأشياء في بيئة العمل.

4- أما النسبة الباقية فترجع إلى سقوط أشياء على العمال أثناء عملهم.

أسباب تساعد على حدوث الحوادث، **ومنها:**

1- أسباب بشرية: وتحدث بسبب الأخطاء أو قلة التدريب أو نقص الإرشادات، أو الإهمال.

2- أسباب راجعة إلى بيئة العمل، مثل:

● ازدحام مكان العمل.

● وجود أشياء تعيق سير العمل.

● تلف أدوات العمل أو فسادها أو عدم مناسبتها لطبيعة العمل.

● عدم توفر الحماية المناسبة للعاملين على الآلات.

● سوء بيئة العمل، مثل سوء التهوية، أو ارتفاع درجة الحرارة، أو شدة الضجيج.

وتؤدي العوامل الأخيرة إلى الشعور بالتعب والإرهاق، مما يقلل من مستوى التركيز والانتباه.

الوقاية من إصابات العمل والسيطرة عليها:

أن الإعاقة الناتجة عن إصابة العمل ما هي إلا مرحلة متأخرة في سلسلة الأحداث التي كان يمكن تجنبها والوقاية منها. ورغم أن أمراض المهنة ليست منتشرة بشكل واسع مثل كثير من الأمراض التي تسبب الإعاقات، إلا أنه لا يجب إهمالها، لما لها من تأثير على حياة العمال الإنتاجية. فهي، في حالة حدوثها، تحرم العامل من الاستمتاع بالنشاطات الاجتماعية، وتنقص من فترة الإنتاج والعمل المفترضة للعامل، كما أنها تؤدي إلى خسائر اقتصادية فادحة.

وتختلف حوادث العمل عن أخطار المهنة في أن الأولى تكون واضحة ولا يختلف عليها اثنان، كما أنها عادة ما تكون حادة وتؤدي إلى كثير من حالات الوفاة أو الإصابة بالإعاقة. وتعتبر الأضرار الناجمة عن خسائر أيام العمل وعن التعويضات التي تدفع للعامل في حالات الإصابة والعجز والتعاقد المبكر والوفاة عبئاً ثقيلاً على كاهل المنظمات في كثير من البلاد النامية.

وقد قدرت منظمة الصحة العالمية عدد الوفيات بسبب حوادث العمل سنة 1980 بنسبة تتراوح ما بين 1-3 لكل مائة ألف نسمة. علماً بأن هذه الحالات لا تشمل حوادث الوفاة بسبب حوادث العمل في المجالات التالية:

1- العاملون لحساب أنفسهم.

2- العاملون في مجال الزراعة.

3- العاملون في الصناعات الصغرى.

فإذا أردنا تقديراً حقيقياً أو قريباً من الحقيقة لمجموع حالات الوفاة الناجمة عن حوادث العمل، فيجب رفع النسبة إلى 5 لكل مائة ألف نسمة. مع العلم بأن معظم المصابين هم من صغار السن وممن هم في قمة حياتهم وعطائهم الإنتاجي، وهو ما يزيد من فداحة الخسارة.

ومما هو ملاحظ اختلاف الأمراض التي تصيب العاملين في الدول الصناعية عنهم في الدول النامية.

الوقاية من إصابات العمل وتبدأ عملية الوقاية في مكان العمل نفسه، وهي تتكون من عدة خطوات، كما يلي:

1- التعرف على مصادر الأخطار الصحية.

2- السيطرة على مصادر الأخطار أو تزويد العاملين بوسائل الوقاية إذا كانت عملية السيطرة الفنية غير مضمونة.

3- إبلاغ العمال بطبيعة الأخطار الصحية الموجودة.

4- تعليم العمال وتدريبهم على عادات العمل الصحية وكيفية حماية أنفسهم من الإصابة.

5- متابعة الفحص الدوري للعمال المعرضين للأخطار.

الفصل الخامس

التواصل النفسي في الإدارة

الفصل الخامس

التواصل النفسي في الإدارة

- مقدمة
- تعريف الاتصال
- المحددات الأساسية في مهارات الاتصال
- القواعد الأساسية للإصغاء
- أنواع الاتصال – لفظي – غير لفظي
- آداب التواصل
- معيقات الاتصال
- عيوب الاتصال مع الآخرين

الفصل الخامس
التواصل النفسي في الإدارة

مقدمة:

إن مصطلح التعبير والتواصل قد يكون متداول بين كثير من الناس ولكنه غير مفهوم أو غير مطبق، وذلك لارتباطه بالجانب التقني أو باختصاص دراسي فني، وقد يحتاج لدراسة متعمقة حتى يصبح سهلاً وقابلاً للتطبيق.

وقد كان السمع في كثير من آيات القرآن الكريم مقدماً على باقي الحواس في الذكر لتبيان عظم خطر هذه الحاسة، ولذا كان هو أول ما يسأل عنه العبد يوم القيامة يقول الله تعالى {**وَلاَ تَقْفُ مَا لَيْسَ لَكَ بِهِ عِلْمٌ إِنَّ السَّمْعَ وَالْبَصَرَ وَالْفُؤَادَ كُلُّ أُولـئِكَ كَانَ عَنْهُ مَسْؤُولاً**} والسمع: هو حس الأذن وما وقر فيها من شيء أي أننا نمارس هذه الحاسة أحياناً بدون وعي فإذا اجتمع مع الاستماع وعي يكون الإصغاء وهو سماع الأذن والقلب.

تعريف الاتصال:

هو عملية نقل المعلومات من شخص لآخر، وهي العملية التي تتضمن مرسل ومستقبل ورسالة ووسيلة.

وتعرّف الجمعية الأمريكية للتدريب الاتصالات بأنها عملية تبادل الأفكار والمعلومات من أجل إيجاد فهم مشترك وثقة بين العناصر الإنسانية في المنظمة، وفي ضوء ما سبق يمكن تعريف الاتصال بأنه عملية تبادل الأفكار والمعلومات من اجل إيجاد فهم مشترك وثقة بين العناصر الإنسانية في المنظمة.

وهناك تعريف آخر للاتصال هو عبارة عن تبادل المعلومات وتفسيرها بين جهتين ما، وله عناصر أربعة:

- القناة: أو وسيلة نقل الرسائل من مصدر لآخر.
- الإرسال: ويتم حينما تختار أفضل الرموز الممكن استخدامها لإظهار ما تفكر به، هذه الرموز إما أن تكون كلمات إيماءات، أو تعابير.
- الاستقبال: ويتضمن وعي وإدراك الرسالة ثم تفسيرها.
- التغذية الاسترجاعية: وهو فهم لاكتمال عملية الاتصال لأنه يبين للمرسل ما إذا كانت الرسالة قد تم إدراكها وتفسيرها أم لا.

ومن العنصر الرابع تكمن أهمية الاتصال ذو الطرفين لأنه لا يهم أن تتصل بـ بل المهم أن تتصل مع ذلك حتى تتحقق الفائدة من عملية الاتصال. إن الهدف من أي اتصال مع طرف آخر لا يخرج عن ثلاثة أمور هي: الإخبار، أو الإقناع، أو الإمتاع.

أما تعريف التواصل فيشير إلى حدوث المشاركة بين طرفين ويعني الوصال في إقامة علاقة مع إنسان آخر، وغالباً ما تكون العلاقة ذات طابع تشاركي.

المحددات الأساسية في مهارات الاتصال:

- مهارات الاستدلال والبداية: المقصود هنا تقنيات الترميز التي توظف لتبدأ عن طريقها التعبير عن نفسك، وتتطلب أن تستخدم مهارات أنا للتعبير عن مشاعرك.
- مهارات الاستماع: يعني حل الرموز الواردة من الشخص الآخر وقد يكون الاستماع: سلبي يركز على شيء آخر كالتلفاز، أو إيجابي يقدم تغذية راجعة إيجابية سلبية.

— مهارات الاستجابة: تتطلب استخدام جمل بسيطة كمعرفة لما تم سماعة.

لزيادة فعالية الاتصال لا بد من:

1. اختيار أسلوب الاتصال المناسب للموقف.

2. تحسين عملية الاتصال عن طريق بث الرسالة بلغة واضحة وبسيطة.

3. تقديم المعلومات في شكل يتفق ورغبات الفرد.

4. تمكين مستقبل الرسالة من التعبير عن وجهة نظره في المعلومات المرسلة إليه.

5. التكرار غير الممل لعملية الاتصال حتى يتم التأكد من فهم تلك العملية.

6. تحديد الهدف من الاتصال ومدى أهميته.

7. توسيع دائرة التفكير لديك بزيادة المعلومات عن الموضع المراد الاتصال من أجله.

8. الاستماع بدقة واستيعاب الرسالة التي ينقلها إليك الآخرون.

9. تصميم رسالتك بما يتناسب مع الآخرين بناء على ما يحملونه من خلفية ومعرفة.

10. طرح الأسئلة خاصة عندما تكون غير متأكد من المعنى ولا تخف من الظهور بمظهر الجاهل.

11. لا تخف من قول لا أعرف أو لا أعلم.

12. محاولة طرح أفكارك في المكان والوقت المناسب.

13. أن تكون واضحاً ومحدداً في ما تتحدث عنه وتجنب العموميات والغموض في الحديث.

14. عدم إشغال النفس بأمور أخرى خارجة عن موضوع الاتصال.

15. الحرص على إظهار وسائل الاتصال بالمظهر الجيد.

16. الإنصات إلى النقاط الهامة حول الذات.

17. والإنصات إلى السلوك غير اللفظي.

القواعد الأساسية للإصغاء:

تتم عملية الإصغاء الفعال بأربعة خطوات وهي باختصار:

— الاستماع للكلمات.

— معرفة معاني الكلمات التي سمعتها.

— معرفة الأفكار خلف الكلمات.

— معرفة الرسالة خلف الأفكار.

وحتى تتم هذه الخطوات بنجاح لا بد من توفر القواعد الأساسية التالية:

— التفرغ التام للفرد.

— تركيز الانتباه على كل ما يقوله الفرد من أفكار رئيسية.

— إعطاء الفرصة له لقول كل ما يريده كأن تقوله له: كلي آذان صاغية.. خذ راحتك في الحديث.

— الإصغاء لغرض الفهم لا لغرض المناقضة.

— الانتباه لكل كلمة تقال.

— الانتباه للتعبير غير اللفظي الصادر عنه كالإيماءات حركة الأيدي والعيون.. الخ

— تجنب التسرع في اتخاذ القرار أو أن تتخذ من الفرد أو الموضوع موقفاً مسبقاً وتوجهاً سلبياً.

- تجنب تصنيف الفرد وإطلاق الأحكام القطعية قبل الانتهاء.

- اضبط نفسك بتجاهل الأمور الملفتة للنظر والعابرة.

- تعود على كتابة واستيعاب النقاط الرئيسية والأدلة أو ملخص لمحتوى الرسالة ودون ملاحظاتك بجانبها.

- لا تحاول المقاطعة بتصحيح الكلمات أو إلقاء الأسئلة أو حتى الإجابة إلا إذا طلب منك ذلك.

- في حالة عدم فهم واستيعاب بعض الجمل والألفاظ أطلب من المتحدث توضيح لك.

- في حالة عدم فهم واستيعاب بعض الجمل والألفاظ اطلب من المتحدث توضيح لك.

- اضبط ردود فعلك تجاه الكلمات المثيرة.

- قلل الحركات الملفتة مثل: فرقعة الأصابع، اللعب بالقلم، فرك العيون، الدق بالأرجل، التثاؤب... الخ.

- تحلى بالصبر حتى ولو كانت طريقة المتحدث أو ألفاظه غير ممتعة.

أنواع الاتصال:

أولاً: لفظي (شفويا):

وتتمثل أسس نجاح الاتصال الشفوي في: المجاملات، التشجيع، الإنصات، الوضوح، والإعادة والأسئلة والإقناع والإيحاء.. حتى ينجح الاتصال اللفظي لا بد من استخدام النوع الآخر من الاتصال وهو الاتصال غير اللفظي.

ومن المهم في الاتصال اللفظي العمل على تغيير كلمات الفرد بحيث يزيد وعيه لذاته ومن أمثلة هذه الكلمات:

- استبدال كلمة هو بكلمة أنا.
- عدم استخدام أسئلة لماذا؟ واستبدالها بماذا وكيف؟
- استبدال النافيات مثل لكن بحرف و.
- استخدام لا أقدر بدلاً من لا أريد.
- استبدال يجب ب أنا اخترت.

ويتضمن الاتصال اللفظي إرسال كل من الأفكار والمشاعر، وله مستويات:

- لغة الطفولة: لغة جذابة ومرحة وغالباً ما تستخدم للتذكر والمحبين لديهم أصناف من لغة الطفولة مثل تصوير الرغبة الجسدية والسرور والمداعبة.
- لغة الشارع: لغة تعبيرية وانفعالية يمكن أن تكون سلاح وغالباً ما تستخدم في مجال اللعب وتستخدم عندما يكون الاتصال غير متساو وتمسى لغة القسوة.
- المحاضرة: من خلال أنماط الحديث المستخدمة وهي لغة تلقين في المدارس.
- لغة البحث أو المهنة: وتكون عند الاشتراك بين رفاق مهنيين وفيها دقة ي الاختيار المهني وتفهم كما لغة الشارع من قبل المختصين بها فقط.
- لحن الخطاب: تتم بطريقة بصرية، وسمعية ولمسية، ورقمية.

تتم عملية الإدراك عن طريق ورود المعلومات إلى الدماغ عن طريق الحواس الخمس: البصر، والسمع، واللمس، والشم، والذوق. ويمثل الإحساس المتولد عن كل حاسة نمطاً أو نظاماً خاصاً للإدراك ونلاحظ أن الفرد غالباً ما يستخدم في حديثه لحنا بشكل أكثر من الألحان الأخرى، ويمكن التعرف على

نمط الفرد من خلال نوع الكلمات والعبارات التي تصدر عنه، إن معرفة النمط الغالب على الشخص المقابل تساعد على التفاهم معه، سواء كان لك في عملية الإدارة أو خارجها، ويفضل أن يستخدم المدير مزيج متوازن من هذه الأنماط والألحان السمعية والبصرية واللمسية وعدم الاقتصار على نمط واحد.. وفيما يلي توضيح لهذه الألحان الأساسية، وكيف يمكن الاستدلال عليها:

النظام البصري Visual:

يتحدث بسرعة صوته عالي، أنفاسه قصيرة وسريعة، يفكر بالصور أكثر، دائم الحركة، يهتم بالصور والمناظر والألوان، قراراته على أساس ما يرى ويتخيل النمط الصوري تغلب عليه الكلمات والعبارات التالية:

صوت – سمع – نغمة – رنين – كلام – جرس – ينصت – نغم – يقرع الجرس – انتبه لكلامي – يرن في أذني – يخاطب الناس – كلام الناس.. النمط السمعي يكرر عبارات من مثل: سمعت أخبار – كلي آذان صاغية – أقوال الحقيقية – وعادة ما ينظر بعيداً عن المتحدث ويسمع ليفهم ويتذكر ما قيل.

النظام الحسي Kinesthetic:

صوته هادئ، يتنفس ببطء وعمق، يهتم بالأحاسيس، يأخذ قراراته على أساس شعوره.

النمط الحسي تغلب عليه الكلمات والعبارات التالية:

شعور – إحساس – لمسة – خشن – ناعم – صلب – لين – ضرب – بارد – حار – صبور – ألم – يخفق قلبه – يخدش الشعور – عديم الإحساس.. النمط الحسي يكرر عبارات من مثل: أشعر بما تقول – يحرك يديه – ولديه كلام بطيء وتنفس عميق – ويعبر بجسده.

النمط الرقمي:

اكتشف العلماء - كلامك مقنع - يفتقر إلى الدليل - ولديه تحدث مع النفس واهتمام بالأدلة.

كلمات وعبارات محايدة:

فكر - عقل - حكمة - منطق - فكرة - تجربة - عملية - فهم - ثقافة - حافز - دافع - تفكير - تفهم - أفكار - نشاط: عزيزي المدير اكتشف نظامك التمثيلي الأساسي، والي يساعدك في التركيز على الجوانب الأكثر استخداما في كلامك عند التواصل حتى تتمكن من الانتباه للغة التي بها الطلبة.

لتحديد ما هو نظامك التمثيلي الأساسي، اختر إجابة واحدة لكل سؤال:

السؤال	الإجابة	ص	س	ح
إذا واجهتك مشكلة	تفكر حتى تجد الحل المناسب تناقشها مع شخص آخر تفكر حتى تستشعر الحل			
في الحوار مع شخص آخر ما الذي يؤثر عليك؟	عدم وضوح الرؤية عنده منطق الشخص وحديثه			
أحب أن يفعل الآخرون	الابتسامة والنظرة المريحة اختيار الكلمات المناسبة مشاعر الود والاحترام			
ما أهم ما فعلته في لقاء الأمس	رأيت مشهداً أو صورة استمعت أو قلت كلاماً أحسست بمشاعر			

السؤال	الإجابة	ص	س	ح
عندما تكون في أحضان الطبيعة.. ما تفضل	مشاهدة المناظر الاستماع لأصوات استنشاق الروائح الزكية			
عند شرائك كتاب... ما الذي يؤثر فيك أكثر	تصميم الغلاف والصور عنوان الكتاب ومحتواه نوعية الورق وملمسه			

ملاحظة: ص: بصري، س: سمعي، ح: حسي، الإجابة الأولى هي الجانب البصري، والثانية هي السمعي، والثالثة هي الحسي، اجمع النتائج والمجموع الأكثر يدل على نظامك التمثيلي.

انتبه كمدير: تحدث بصوت معتدل - استمع ضعف ما تتكلم

ومن أمثلة عبارات الإنصات: حسناً جداً - أنا أتابع كلامك باهتمام - تفضل استمر فيما ترى أن تقوله لي - يبدو لي أنك متردد في الاسترسال في حديثك - يسعدني أن أسمع منك كل شيء - عفوا لم أتمكن من متابعة كلماتك المتلاحقة ليتك تعيدها علي مرة أخرى ولتكن بسرعة أقل من ذي قبل - معذرة لست متأكداً إذا كنت فهمت ما رويته لي الآن - هل لك أن تتمهل قليلاً في الحديث وتعيد علي ما رويته.

استخدام بعض الكلمات البسيطة والمقاطع المختصرة وكلك بعض الإيماءات والإشارات الخفيفة مصحوبة بتركيز أكبر من المدير لكونه يستمع لما يقوله الفرد والهدف من ذلك تشجيع الفرد على الاستمرار في الحديث بكل حرية دون مقاطعة كلامية تشتت التركيز لديه مما يجعله يغير مجرى الحديث مثلاً.

وفي أثناء عملية الإصغاء يبذل المدير اهتماماً بما يقوله الفرد مما يسهم في بناء الألفة والعلاقة الطيبة بينهما، ومن أهم الكلمات والمقاطع البسيطة التي تستخدم في هذه المهارة ما يلي:

نعم.. أيوه.. تمام.. طيب.. تمام تمام... طيب طيب.. ايوووه.. أيوووه.. نعم نعم ,, اااه.. اووه... إيه... اييه.. هاه.. هااااه.. ممكن استخدام بعض الكلمات العامية.. ولكن في نطاق محدود مثلاً.. كويس.. برافو... اوكي.. الخ والغرض من ذلك دعم الفرد وشده أزره.. وكما تستخدم بعض الإيماءات كإيماءة الرأس.. وزم الشفاه وإصدار بعض الهمهمة... مع أهمية أن تعبر عن جوانب إيجابية من المدير تجاه الفرد.

مثال:

الفرد: لقد شرحت لك معاناتي التي أعانيها.. يا أستاذ أحمد.. التي تتركز في عدم رضا والدي عني...

المدير:... يهز رأسه.

الفرد: وذلك بسبب علاقتي ببعض الأصدقاء الذين لا يتقبلهم ولا يحبهم....

المدير:... هاااه... نعم نعم....

الفرد: وكم مرة حاولت إقناعه بأنهم أناس طيبون ومتعاونون ولكنه لم يقتنع بكلامي إطلاقاً.

المدير: يزم شفتيه.. هوووم.

الفرد: لقد مكنتهم من التعرف على والدي والجلوس معه لكن لا فائدة من ذلك..

المدير: طيب.. طيب طيب... وما بعد..

الفرد: من المهم يا أستاذي الكريم أن يرضى والدي وألا أخسر أصدقائي فبيني وبينهم صداقة عمر.

نشاط: طبق التمرين التالي حول قدرتك على الحوار الفعال حتى تتعرف على مهاراتك في الحوار والمناقشة وحاول أن تعدل في الجوانب السلبية لديك فيما بعد.

ضع علامة (√) في إحدى الخانات الثلاثة حسب إجابتك على السؤال:

نادراً	أحياناً	دائماً	الصفـة
			1. هل تخرج كلماتك على نحو ما تود في محادثتك
			2. عندما يوجه إليك سؤال غير واضح هل تسأل صاحب السؤال أن يشرح ما يعنيه
			3. عندما تحاول شرح شيء ما هل يتجه مستمعك إلى تلقينك بكلمات تقولها
			4. هل تفترض فيمن تحدثه أن يعرف ما تحاول أن تقوله دون أن تشره له ما تعنيه
			5. هل تسأل غير عن شعوره إزاء النقطة التي ربما تكون أنت مصدر إبرازها
			6. هل تجد صعوبة في التحدث إلى الآخرين
			7. هل تجعل في محادثتك مع شخص أمور تهم كليكما
			8. هل تجد من الصعب أن تعبر عن آرائك إذا كانت تختلف عن آراء من حولك.
			9. هل تحاول في المحادثة أن تضع نفسك موضع من تحادثه

نادراً	أحياناً	دائماً	الصفـة
			10. في سياق المحادثة هل تحاول أن تتكلم أكثر من الشخص الآخر
			11. هل تدرك أثر نغمة صوتك على الآخرين
			12. هل تتحاشى قول شيء تعرف أن نتيجته إيذاء الآخرين أو زيادة الطين بله
			13. هل تجد صعوبة في تقبل النقد البناء من الغير
			14. عندما يؤذي أحدهم شعورك على تناقش معه الآمر
			15. هل تعتذر فيما بعد لمن عسى أن تكون قد آذيت شعوره
			16. هل يزعجك كثيراً أن يختلف أحد معك
			17. هل تجد من الصعب أن تفكر بوضوح عندما تكون غاضبا من أحد
			18. هل تتحاشى الخلاف مع الآخرين خشية غضبهم
			19. عندما تنشأ مشكلة بينك وبين شخص آخر هل تستطيع مناقشتها دون أن تغضب
			20. هل أنت راض عن طريقتك في تسوية خلافك مع الآخرين
			21. هل تظل عابساً متجهماً فترة طويلة إذا أثارك أحد
			22. هل تشعر بالحرج الشديد عندما يمدحك أحد
			23. هل بوسعك عموماً أن تثق بالآخرين
			24. هل تجد صعوبة في مجاملة ومدح الآخرين
			25. هل تحاول عامداً إخفاء أخطاء الآخرين
			26. هل تساعد الآخرين على فهمك بأن توضح ما تفكر وتشعر وتعتقد به

نادراً	أحياناً	دائماً	الصفــة
			27. هل من الصعب أن تأتمن الآخرين
			28. هل تحاول تغيير الموضوع عندما تتناول المناقشة مشاعرك
			29. في سياق المحادثة هل تدع محدثك ينهي كلامه قبل أن ترد على ما يقول
			30. هل تلاحظ أنك لا تكون منتبها أثناء محادثة الآخرين
			31. هل تحاول الاستماع للوصول إلى المعنى المقصود ي كلام شخص ما
			32. هل يبدو على الآخرين أنهم يصغون إليك عندما تتكلم
			33. في سياق المناقشة هل يصعب عيك أن ترى الأمور من وجهة نظر الآخر
			34. هل تدعي أنك تستمع إلى الآخرين بينما أنت منصرفاً عنهم في واقع الأمر
			35. في خلال المحادثة هل تستطيع إدراك الفرق بين ما يقوله محدثك وما يشعر به فعلاً
			36. هل تستطيع وأنت تتكلم أن تدرك رد فعل الآخرين إزاء ما تقوله
			37. هل تشعر أن الآخرين يتمنون لو كنت من طراز آخر من الناس
			38. هل يفهم الآخرون مشاعرك
			39. هل يلمح الآخرون إنك تبدو واثقاً من صواب رأيك
			40. هل تعترف بخطئك عندما تعلم أنك مخطئ في أمر ما

إذا كانت إجابة السؤال أحياناً فيكون له درجتان. وإذا كان دائماً أو نادراً فيكون حسب الجدول التالي:

الأسئلة: 4، 6، 8، 10، 12، 16، 17، 18، 21، 22، 24، 25، 27، 28، 30، 34، 37. في حالة الإجابة ب دائماً يحصل على درجة واحدة، وفي حالة الإجابة ب نادراً تحصل على ثلاث درجات.

الأسئلة: 1، 2، 5، 7، 9، 11، 12، 14، 15، 19، 20، 23، 26، 29، 31، 32، 35، 36، 38، 39، 40. في حالة الإجابة ب دائماً يحصل على ثلاث درجات، وفي حالة الإجابة ب نادراً تحصل على درجة واحدة.

لتفسير النتيجة اتبع الجدول التالي:

الفئات	التقييم
40 – 70	تحتاج لجهد أكبر وتدريب
71 – 90	محاور مقتدر تحتاج إلى تدريب أكثر ومراجعة
91 - 120	محاور ممتاز راجع ما لديك من نقص حتى تتمه

ثانياً: غير لفظي:

(من خلال: لغة العيون: لغة الجسد، الإيماءات، تعبيرات الوجه، ولغة المسافة)، وتتمثل أسس نجاح الاتصال غير الشفوي: الابتسامة، التواصل، الإنصات، اسرخاء، والاهتمام بمستقبل الرسالة.

مظاهر الاتصال غير اللفظي: إن لغة الجسد تشمل كل ما يمكن أن يعبر من خلاله عما يريد الفرد دون استخدام الكلمات.

ويمكن أن تنتقل رسائل متنوعة من الراحة والاسترخاء بشكل إيجابي إلى الإهمال وعدم التعاطف من خلال المظهر الجسمي. فلغة الجسد من مثل طريقة الجلوس وحركة اليدين والعينين وتعبيرات الوجه ولون البشرة والنفس.

تعبيرات الوجه ولغة العيون:

يعتبر الوجه أكثر أجزاء الجسم وضوحاً وتعبيراً عن العواطف والمشاعر وأكثرها في نقل المعاني، كما أنه أكثر الأجزاء صعوبة في فهم التعبيرات التي تصدر عنه، ويقول حد خبراء الاتصال أن الوجه قادر على أن يعرب عن 250000 تعبير مختلف. ويمكن القول أن هناك على الأقل ستة أنواع من العواطف التي يمكن التعبير عنها باستخدام الوجه وهي التعبير عن السعادة والغضب، والدهشة والحزن، والاشمئزاز، والخوف.

كثيرون من دون شك توصلوا إلى الاستنتاج بأن الأشخاص الذين لا ينظرون إلينا أثناء تحدثهم أو حديثنا غالباً ما يكونون يحاولون إخفاء شيء ما، ويشير مايكل أرغايل في كتابه علم نفس السلوك بين الأفراد إلى أن الأفراد ينظرون إلى بعضهم من 30-60 % من الوقت، ويؤكد أيضاً أنه عندما يتحدث شخصان وينظران إلى بعضهما أثناء ذلك لمدة أكثر من 60% من الوقت فعلى الأغلب يكونان مهتمان بالشخص أكثر من الاهتمام بما يقول.

وأكثر مناطق الوجه تعبيراً هي منطقة العينين، ويرى رالف والدو أميرسون أن عيون البشر تتحدث تماماً كألسنتهم لكن بميزة واحدة وهي أن لغة العيون لا تحتاج إلى قاموس بل هي مفهومة في جميع أنحاء العالم.

فالعينان من الأدوات الإستراتيجية في نقل الرسائل والمعاني غير اللفظية. وكثيراً ما نستمع العديد من الصفات الشخصية التي ترتبط بالعينين،

فيقال هذه عيون ماكرة، أو عيون ذكية، أو عيون مخادعة، وعيون حالمة، أو عيون شريرة، وكلها صفات للتعبير عن شخصية صاحبها، وأحياناً ما يقع المستقبل ضحية لسوء فهم الرسائل التي تنقلها العينين خاصة إذا كان صاحبها يعاني من قصور فسيولوجي بها. فقد لا يستطيع أحد الأفراد تركيز بصره عليك لضعف عضلات العين فتعتقد أنه غير مكترث بك أو لا يود الإصغاء إليك.

الأعين تدل على أشياء كثيرة فمثلاً:

- تلاقي الأعين يدل على الاهتمام أو الرغبة في تبادل الحديث.
- خفض الأعين بعيداً يدل على الانشغال والتحديق يدل على التمسك بالرأي.
- نقص الإبقاء على النظرة المباشرة يدل على الانسحاب أو الاحترام.
- النظرة المنخفضة تدل على الخجل.
- الدموع في العين تدل على الحزن والإحباط والسعادة.
- توسيع حدقات العين فتدل على الانزعاج والاهتمام الحاد.

أما الفم فيدل على:

الابتسامة تدل على معاني كثيرة منها:

- الابتسامة المستطيلة التي قد تصدر من الفرد ويلجأ لها عندما يتوجب عليه أن يكون مهذباً مع الآخرين، حيث تتراجع الشفتين عن الأسنان العلوية والسفلية لتشكل شكلاً مستطيلاً مع زوايا الشفتين، ولسبب ما نجد أنه لا يوجد أي عمق لهذه الابتسامة " كأن نستخدمها لنتظاهر الاستمتاع بنكتة أو تعليق عابر".

- الابتسامة العلوية أو ابتسامة كيف حالك حيث تنكشف الأسنان العلوية فقط والفم بالكاد مفتوح.

- الابتسامة البسيطة: وهي ابتسامة فارغة تماماً تحدث عندما يكون الشخص بمفرده ويشعر بالسعادة، ففي هذه الابتسامة تنحني الشفاه إلى الأعلى ولكنها تبقى متلازمة أي الأسنان لا تظهر.

- الابتسامة العريضة: التي تحدث في ظروف سعادة مثيرة ويكون فيها الفم مفتوحاً وتلتوي الشفاه إلى الخلف وتظهر الأسنان العلوية والسفلية وهي تشبه الابتسامة العلوية إلا أن الشفة السفلى تنزل عن الأسنان السفلى.

ومن تعبيرات الفم والشفاه المهمة أيضاً:

- ضم الشفاه فيدل على الغضب والضيق.

- قضم الشفة فيدل على القلق والحزن.

- فتح الفم فيدل على التثاؤب والتعب والدهشة.

- تلاقي العينين مع الابتسام تدل على السعادة والارتياح.

- عينان مشدودتان وتقطيب الحاجب وإطباق الفم يدل على الغضب والحزن.

- احمرار الوجه يدل على القلق وعدم الارتياح والخجل.

الإيماءات ووضع الجسم:

هناك العديد من الإيماءات المألوفة والتي لا نختلف على معانيها كهز الرأس بما يفيد الموافقة أو الرفض، ومع ذلك نقول أن الإيماءات هي من نتاج

ثقافة المجتمع. وكلنا يتذكر أن الأستاذ في المدرسة قد طلب منه أن يجلس بطريقة مهذبة أو يقف بطريقة معتدلة. ويشير وضع الجسم إلى درجة الاسترخاء التي يتخذها الفرد أثناء الجلوس أو الوقوف. ويكشف وضع الجسم عن علاقات السلطة وعن الحالة النفسية للفرد فعادة ما يجلس صاحب السلطة الأعلى بدرجة من الاسترخاء أعلى من تلك التي يجلس بها صاحب السلطة الأقل. كما أن الجلوس على حافة المقعد يشير إلى حالة من القلق أو عدم الراحة أو الاستعجال أو التأهب للانصراف.

الرأس يدل على عدة معان ومنها:

- هز الرأس لأعلى ولأسفل يدل على الإصغاء والانتباه والموافقة.

- هز الرأس يمنة ويسرة فيدل على عدم الموافقة.

- خفض الرأس لأسفل مع كون الفك السفلي قريباً من الصدر فيدل على الحزن والانشغال.

الكتفان فتدل:

- هز الكتفين يدل على الحيرة وعدم التأكد.

- الانثناء للأمام فتدل على الانفتاح على الاتصال والتوكيد والتشويق.

- التململ في الكتفين فتدل على نقص في استقبال الطرف.

حركات اليدين أو اللمس:

تستخدم اليدان في التعبير عن كثير من الرسائل غير اللفظية، فالحركات الإيضاحية كالإشارة إلى مكتب الأستاذ و إلى قاعة المحاضرات إلى أي مكان آخر يعتمد على استخدام اليدين. وهناك أيضاً العلامات أو الشعارات العامة التي

يمكن التعبير عنها باليد كالتعبير عن معنى النصر، أو التشجيع، أو الموافقة أو الرفض وتدل حركات اليدين عن الحالة النفسية للفرد مثل ارتعاش اليدين، أو طرق اليد بأصابع اليد الأخرى حيث تعبر هذه الحركات عن حالة القلق وتعتبر حركات اليدين واللمس من أشكال لغة الجسم التي تتعرض كثيراً سوء الفهم فتقديم الطعام إلى ضيفك بيدك اليسر يكون مقبولاً في أحد المجتمعات بينما يعتبر إساءة للضيف في مجتمعات أخرى.

أما الأذرع والأيدي فتدل:

— الذراعان مطبقان على الصدر على تجنب أو كراهية الانفتاح.

— تدل ارتعاد اليدين على القلق والغضب.

— يدل تشبيك اليدين أو ضمهم أو الضغط على الأشياء على القلق والغضب.

— تدل اليدان الجامدتان وبدون حراك على التوتر والغضب والإهمال.

وتعتبر المصافحة من أكثر حالات اللمس التي يتم من خلالها نقل العديد من المعاني فالمصافحة الحارة تنم عن المودة بينما تنم المصافحة الفاترة عن سوء العلاقات أو عدم الترحيب. والمصافحة العادية تتراوح بين ثلاث أو أربع هزات بينما إذا استمرت لفترة طويلة فقد تحمل معنى التهديد للطرف الآخر. كما أن المصافحة مع وضع اليد اليسر على يد أو كتف الطرف الآخر تنم عن الإخلاص، ولذلك يستخدم رجال السياسة ها النوع من المصافحة كوسيلة لتنمية العلاقات مع بعضهم البعض.

المصافحة وهناك ثلاثة أوضاع للمصافحة:

وضع السيطرة أو الاستبداد: هو يظهر بعدة أشكال كالقبضة الحديدية أو سحق المفاصل، وهو للأشخاص الذين يحبون تأكيد سلطتهم وقوتهم وتكون غالبا راحة اليد للأسفل، وهناك من يسحب يد الآخرين إليه بشده عند المصافحة ضاغطا عليها يريد سحقها وكأنه لا يشعر بالأمان إلا في حيزه الشخصي فقط و باستسلام الطرف الآخر له !! وبالطبع هذا شعور بغيض وغير محبب ويعكس رغبة الشخص في حب السيطرة والاستبداد.

وضع الطاعة أو الخضوع: وهي كاليدين الهاربتين كأنك تصافح الهواء فصاحبها يشعر براحه كونه أبقى نفسه على مسافة مريحة بالنسبة له عن الآخر، وهناك المصافحة بأطراف الأصابع أو وضعية السمكة الميتة أي اليد التي تشعر الآخرين بأنها كالسمكة الميتة من غير روح وتمتد لينه رطبه وباردة. وجميع

هذه الأوضاع تدل على إن صاحبها ضعيف الشخصية ومهزوز ويسمح للآخرين بالسيطرة عليه، علما إن الأشخاص الين يستخدمون أيديهم في مهنهم مثل الأطباء والفنانين خبراء التجميل والموسيقيين أو الأشخاص مرهفو الإحساس تكون مصافحتهم رخوة ولينة لحفاظهم على أيديهم وحمايتها.

وضع الانسجام أو المساواة: وهي الطبيعية والمطلوبة، كأن تمتد اليدان إحداهما نحو الأخرى بوضوح في وضع عامودي ويتقاطع الإبهامان ولكن باسترخاء تتلامس الراحتين كأنهما وحدة واحدة، وهي مصافحة الند للند بشكل متوازي ومتزن.

أما الأقدام:

بعض الأحيان يجلس الفرد بطريقة طبيعية، ولكن عندما نجده يضع قدميه مثلاً في وضع متقاطع فإن هذا يفسر بشكل عام على أنه علامة على الانسحاب أو عدم الاهتمام. وفيما يلي بعض المؤشرات المتعلقة بالأقدام ودلالاتها:

- استرخاء السيقان يدل على انفتاح العلاقة والاسترخاء.

- يدل وضع الساقين معاً بسرعة على القلق والاكتئاب.

- يدل النقر بالقدمين على القلق وعدم الصبر.

- تدل القدمان ثابتتان ومضبوطتان على القلق والانغلاق.

التعبيرات الصوتية:

إن صوت المتحدث يمد المستمع بكثير من المعلومات، فمن خلال الصوت يمكن معرفة المتحدث وجنسه وجنسيته وسنه، وحجم جسمه والمنطقة

التي ينتمي إليها. كما أن الصوت يكشف عن اهتمامات المتحدث واتجاهاته ومشاعره ومركزه الوظيفي ومزاجه الشخصي من هدوء أو انفعال أو مرح أو اكتئاب أو انبساط أو حياء وانطواء، كما يكشف عن الجماعة التي ينتمي إليها وعن مستواه الثقافي وتتناول دراسة الصوت البشري عدة مجالات مثل طبقة الصوت وقوته والإيقاع والتلعثم وسرعة الصوت والوقفات.

ويستخدم بعض هذه المجالات كمؤشرات لاجتذاب انتباه المستمع واهتمامه، أو لتأكيد بعض الفقرات في الحديث. ويوضح الصوت الحالة النفسية للمتحدث، فالشخص القلق يتعرض لوقفات عديدة أثناء الحديث فضلاً عن أن فترة التوقف تكون طويلة نسبياً، ويعتبر الصوت احد المتطلبات الرئيسية لإتقان مهارة التحدث, فوضوح الكلمات وسلامة نطق الألفاظ والوقفات المناسبة والسرعة المريحة من العوامل الضرورية في مهارة التحدث. وترتبط بالنواحي الفسيولوجية لجهاز النطق والحالة النفسية للمتحدث، إلا أنه يمكن تنميتها عن طريق الممارسة والتدريب. وهناك من التعبيرات الصوتية المألوفة التي نتعارف على معانيها على نطاق واسع كالضحك والتثاؤب والأنين والصراخ وصوت البكاء. وكذلك التعبيرات الصوتية المقبولة كضحك الطفل بينما هناك تعبيرات صوتية أخرى ترضها المجتمعات المتقدمة كصوت الطعام أو ارتشاف السوائل وغيرها. وعلى المدير أن يدرك أهمية هذه التعبيرات أثناء ممارسة الاتصال مع الفردين والذين غالباً ما ينتمون إلى ثقافات مختلفة لأنها كثيراً ما تترك ردود فعل سيئة تجاه من يستخدم الأصوات غير المقبولة أو غير المتعارف عليها.

شكل الجسم ومظهرة:

إن ما نمارسه من سلوك في حياتنا اليومية كغسيل اليدين والوجه وقص الشعر وتقليم الأظافر واستخدام فرشاة السنان واستخدام العطور وأدوات التجميل

وممارسة الرياضة البدنية، كلها تعبر عن اهتمامنا بأنفسنا وبشكل الجسم ومظهره وذلك ما نسعى إلى استخدام شكل ومظهر الجسم كوسيلة للتأثر في الآخرين مما يعتبر مكملاً لعملية الاتصال. ويدل الجسم كله على:

- التقابل بالوجه مع الشخص الآخر يدل على الانفتاح وعلى الاتصال والتبادل الشخصي.

- يدل الترهل في المقعد على درجة منخفضة من الانفتاح في العلاقة.

- يدل الجلوس في حافة المقعد على التوتر والقلق والانشغال.

- يدل تكرار تقليب الشعر والضغط على الأصابع على الإحساس بالملل والتشتت.

عندما يصبح التنفس أبطأ وأعمق يدل ذلك على الشعور بالارتياح بشكل أكبر وعلى الاسترخاء.

طلاقة الحديث:

تدل على التردد أما أخطاء اللغة والتلعثم تدل على الاعتمادية والتركيز الانفعالي والصمت يدل على الانشغال أو رغبة في الاستمرار في الكلام بعد توضيح نقطة.

المسافة ومناطق التفاعل:

تؤثر الأماكن والمساحات والمسافات والمناطق التي تحيط بنا في عملية الاتصال وفي علاقاتنا مع الآخرين فالمكان والمساحة التي يشغلها المكتب تمثل أحد رموز المكانة والسلطة في العمل، كما أنها تعبر عن القوى والتأثير، ونحن نضع حدوداً خاصة غير مرئية للمناطق التي تحيط بنا ولا نسمح للغرباء

باقتحامها بل كثيراً ما ندافع. وتختلف أبعاد هذه المناطق من ثقافة لأخرى، فهي لدى العرب قصيرة بينما تكون طويلة نسبياً لدى الأمريكيين والأوروبيين.

ويقسم خبراء الاتصال المناطق المحيطة بنا إلى أربع مناطق يختلف سلوكنا في كل منها تبعاً لنوع العلاقة التي تربطنا بالآخرين، ويطلق عليها مناطق التفاعل.

- **المنطقة الأولى:** ويطلق عليها منطقة المودة أو الحميمية، وتمتد إلى مسافة ذراع من الجسم ونمارس فيها عادة الاتصالات الحسية كاللمس والمعانقة والمصارعة. ونسمح فقط للأفراد الذين تربطنا بهم علاقات حميمية بدخول هذه المنطقة. أما إذا اقتحمها الغرباء فغالباً ما نشعر بعدم الارتياح ونحاول إبعاده عنها، وهذا عادة ما يحدث إذا تواجدنا في مصعد مزدحم.

- **المنطقة الثانية:** فهي المنطقة الشخصية وتبدأ من مسافة ذراع وتصل إلى أربعة أقدام بعيداً عن الجسم حتى في هذه المنطقة نشعر بعدم ارتياح تجاه الغرباء عند ارتيادها، ونسمح للأصدقاء فقط بدخولها.

- **المنطقة الثالثة:** المنطقة الاجتماعية وتتراوح مسافتها بين ثلاثة إلى ثمانية أقدام من الجسم، وهي المنطقة التي نمارس فيها غالبية أعمالنا العادية وعلاقاتنا الاجتماعية، وعادة ما يتم أماكن العمل والمكاتب في حدود هذه المنطقة ولذلك فهي منطقة الاتصالات الرسمية المباشرة، أما الاتصالات غير الرسمية فتتم في نطاق مسافة أقل نسبياً.

- **المنطقة الرابعة:** من ثمانية إلى عشرة أقدام بعيداً عن الجسم. وغالباً لا نمارس سيطرة كاملة على هذه المنطقة ولذلك من السهل علينا أن

نتجاهل ما يحدث فيها من تصرفات وفي هذه المنطقة تزداد أهمية الاتصالات الصوتية بينما تقل أهمية الاتصالات عن طريق تعبيرات الوجه وحركة العيون.

وبمعنى آخر فإن هناك أربعة أنواع من المسافات أثناء التواصل مع الآخرين:

- المسافة الحميمية وتكون عادة بين المتحابين والأزواج.
- المسافة الشخصية وتكون عادة بين الأصدقاء المقربين.
- المسافة الاجتماعية وتكون لمن لك علاقة عادية معه.
- المسافة العادية وتكون بين الناس العاديين الغرباء.

ومن الأفضل أن تكون المسافة بين المدير والفرد قليلة 5.1 - 2 متر فالمسافة القليلة تعطي فرصة أفضل للتفاعل ومتابعة الفرد بشكل جيد كما أن القرب الجسدي بين الطرفين يعد مؤشراً مهما على الانسجام بينهما.

اللمس:

مثل الربت على الرأس والشد برفق على الكتف ويوصل رسالة دون كلام، ولا يفضل في حالات مثل اختلاف الجنس، أو أن الطفل معرض للإساءة الجسدية من قبل الآخرين أو الإساءة الجنسية، وفي حالة زاد توتر الفرد وقلقة يفضل الابتعاد عن اللمس.

في مهارات التواصل نحن نعتمد على 7% فقط في تواصلنا على الكلام ونعتمد على 38% نغمة الصوت ونعتمد على 55% من تواصلنا على تغييرات الجسم والوجه.

دلالات ملابس المدير التربوي:

تعطي ملابس المدير انطباعات عنه ولذلك فالملابس المناسبة هي التي عليها عبارات مع جنس المدير والتي تكون نظيفة ومنسجمة وألوانها عادية، ولا يكتب عليها عبارات أو يرسم عليها صور، والتي يكون طولها مناسباً.

إن الملابس التي تتوفر فيها هذه الصفات تعطي انطباعات إيجابية عن شخصية المدير، والملابس التي لا يتوفر فيها هذه الصفات تعطي انطباعات سلبية عن شخصية المدير وتؤدي إلى عدم تركيز الفرد في موضوع الجلسة.

السلوك الحضوري:

تعريفه: هو القدرة على الانتباه والتركيز وإظهار الاحترام والاهتمام وبناء علاقة.

مهاراته:

– المسافة المناسبة كما ذكرنا سابقاً.

– الجلوس وجهاً لوجه.

– عمل اتصال عيني مع الآخرين.

– وضع جسمي مريح ومفتوح لتبادل الحديث.

وفيما يلي بعضاً من اللغة غير اللفظية التي قد يقوم بها الفرد وماذا يعني كلاً منها.

شكل (1)

يبين أنه لا يعلم أو غير متأكد

شكل (2)

يبين مسك الأنف الرفض وعدم الموافقة

شكل (3)

يبين مسك النظارة هنا على أخذ فرصة للتقييم

شكل (4)

يبين أن الفرد ما زال يقييم الموقف

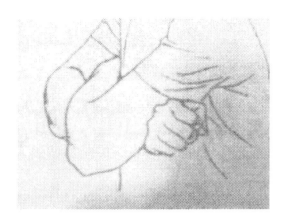

شكل (5)

تكتيف اليدين هنا يدل على الانغلاق

شكل (6)

يبين الجلوس هنا على اللامبالاة

شكل(7)

يبين أن المصافحة بحرارة وتقييم بنفس الوقت

شكل(8)

يبين التفوق والغرور والثقة الزائدة

شكل (9)

يبين إخفاء بعض الحديث

شكل (10)

يبين تشكيل هرم باليدين على الثقة بالنفس

شكل (11)

يبين الانبهار لدى الفتاة والدهشة

شكل (12)

يبين الغرور الزائد والتباهي بالنفس

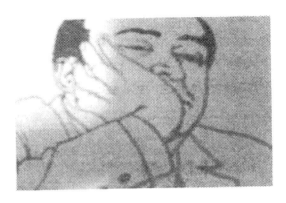

شكل (13)

يدل على الشعور بالخجل والإحراج

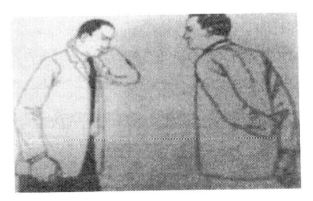

شكل (14)

يدل على الشعور بالملل والضجر

شكل (15)

يدل على الانشغال الذهني

شكل (16)

يدل على الشعور بالإحباط

حتى تصبح مديراً مستمعاً:

- الإصغاء التعاطفي هو أن تفهم ما يقوله وتفهم مشاعره ويتطلب التركيز.
- من يحسن الاستماع يحسن الحديث.
- من ينصت يفهم ومن الآخرين يتعلم.
- نصيحة رابعة: استمع للآخرين، هذا كل شيء.
- استمع فعندما يتحدث الآخرون دعهم يعبرون عن أفكارهم وآرائهم ومشاعرهم خاصة مشاعرهم لا تكتف بمجرد منحهم الفرصة كي يتحدثوا، بل استمع لما يقولون. وكن منتبهاً لهم وحاول أن تفهم ما يقولونه.
- استمع ليس لزاما عليك أن توافقهم في آرائهم. في الحقيقة إن اتفاقك أو عدم اتفاقك في الرأي مع الآخرين يجب أن يطرح جانباً وأن يبقى بعيداً عن النقطة الأساسية التي تتناولها.
- استمع دون التربص لفرصة كي تتحدث، أو تنقض على الشخص الآخر، أو تصحح أخطاؤه.
- استمع في صمت حقيقي.
- استمع. إنك لست في حاجة لإقناع الآخرين، فقط حاول أن تستوعب ما يقولونه.
- إن لم تستطع يمكنك حينئذ أن تسال المتحدث - هل يمكنك أن تشرح لي هذا ؟ - أو - ماذا تعني بالضبط ؟ -.
- لا تطرح رأيك بينما يتحدث الآخرون. فقط دع لهم الفرصة كي يتحدثوا.

- إن المستمع الجيد يستطيع سماع الأفكار غير الشفهية، لذلك حينما ينتهي الشخص الآخر من الحديث، أذكر له تلك الفترة الداخلية التي راودتك أثناء حديثك.

- استمع. فلا شيء يعادل أن تكون مستمعاً لما بين كلمات الآخرين.

كيف يعرف المدير نفسه إن كان مصغياً بشكل جيد لما يقوله الفرد؟

- ينسجم مع ما يقوله مع لغة جسده، ويقصد بلغة الجسد هنا كل ما يعبر به عن نفسه وما يريد دون استخدام الكلمات، مثل حركات اليدين وطريقة الجلوس والنظرات وغيرها.

- يختار الوقت المناسب والمكان المناسب لقول ما يريده، فمثلاً لا يختار وقت حديث الطالب لمقاطعته والتحدث في موضوع آخر.

- يستخدم كلمات واضحة المعاني ومفهومة للمسترشد بنبرة صوت واضحة.

- يتفهم وجهة نظر الفرد وموقفه من المشكلة التي يجري الحديث حولها (بمعنى يضع نفسه مكان الفرد).

- يصغي لما يقوله الفرد ولا يسمع فقط. (ويقصد بذلك الإصغاء أنه يفكر بالكلمات التي يقولها الفرد ويحللها ويحاول أن يفهمها لا أن يسمعها فقط).

- يسيطر على انفعالاته أثناء الحديث حتى لو كانت إجابات الفرد مخالفة لوجهة نظره التي يحملها، فلا يبدأ بالدفاع أو الهجوم عند حدوث ذلك.

- لا يقاطع الفرد إلا إذا استدعى ذلك أي عند الضرورة القصوى فقط.

- لا يستهزئ بما يقوله الفرد سواء بالتعبير عن ذلك بالكلمات أو بلغة الجسد.

آداب التواصل:

- التزام القول الحسن وتجنب التفسير بمنهج التحديث والإفحام، يقول تعالى: "**وقولوا للناس حسناً**" [سورة البقرة: الآية 83]. فعلى المدير أن يبتعد عن السخرية والتجريح والتحقير والاستفزاز للآخرين بكل أشكاله.
- الابتعاد عن رفع الصوت أكثر من الحاجة لأن في ذلك إيذاء للفرد والنفس، فليس صاحب الصوت القوي إلا ذو حجة ضعيفة، ولكن لا يمنع ذلك من التغيير في نبرة الكلام والتي تساعد في إيصال الفكرة.
- الالتزام بوقت محدد في الكلام، وعدم استئثار المتحدث بالحديث والإطالة، بل ترك للمجال للآخر بالحديث والتعبير عن وجهة نظره، والاختصار في التعبير عن الفكرة لدى المدير حتى يستوعبها الفرد بسرعة.
- تجنب المقاطعة إلا في حالات كان يتحدث الفرد وينتقل من موضوع لآخر ويحتاج المدير إلى أن يجمع الموضوع ويوضحه.
- وقد قال الحسن بن علي لابنه-رضي الـلـه عنهم أجمعين-: (يا بني إذا جالست العلماء فكن على أن تسمع أحرص منك على أن تقول، وتعلم حسن الاستماع كما تتعلم حسن الكلام، ولا تقطع على أحد حديثاً- وإن طال- حتى يمسك. وإلا انقلب التواصل إلى حوار طرشان لا يفيد الفرد ولا يساعد المدير على فهم ما يريده الفرد.
- تقدير الفرد أثناء الحديث واحترامه مهما كان سلوكه سيئاً، ومخاطبته بالعبارات اللائقة والألقاب المستحقة والأساليب المهذبة.

- السرية التامة لكل ما يقوله الفرد فلا يعلم به أحد من أقارب المدير وأصدقائه أو زملائه، ولا يطلع المدير إلا ما يهم حياة الفرد والجانب الإداري في المؤسسة.

معيقات الاتصال:

هناك مجموعة من العوامل التي تعمل كمعوقات للاتصال، وتؤدي هذه المعوقات إلى التشويش على عملية الاتصال. ويتم هذا التشويش في أي خطوة من خطوات الاتصال، أي أن أي عنصر من عناصر الاتصال السابق الإشارة إليها يمكن أن تتضمن أو تتعرض لمجموعة من المعوقات التي تخفض من فعالية الاتصال، ولهذا فإننا سنقوم بتقسيم معوقات الاتصال إلى معوقات في المرسل ومعوقات في الرسالة ومعوقات في وسيلة الاتصال ومعوقات في المستقبل ومعوقات في بيئة الاتصال.

معوقات في المرسل (المدير):

يقع المدير في أخطاء عند اعتزامه الاتصال بالآخرين، وهذه الأخطاء تنحصر في عدم التبصير في العوامل الفردية أو النفسية التي تعتمل بداخله، والتي يمكنها أن تؤثر في شكل وحجم الأفكار والمعلومات التي يود أن ينقلها إلى المرسل إليه (الفرد).

ومن هذه العوامل:

- يخطئ المرسل عندما يعتقد أن دوافعه لا تؤثر على حجم وطبيعة المعلومات.

- يخطئ المرسل عندما يعتقد أن سلوكه في كامل التعقل والموضوعية.

- يخطئ المرسل عندما يعتقد أنه يفهم ويدرك المعلومات التي لديه كما يفهمها الآخرون.

- يخطئ المرسل عندما يعتقد أن حالته الانفعالية لا تؤثر في شكل المعلومات التي لديه.

- يخطئ المرسل عندما يعتقد أن قيمه ومعتقداته لا تؤثر في شكل المعلومات التي لديه.

- يخطئ المرسل عندما يعتقد أن ميوله واتجاهاته النفسية لا تؤثر في شكل المعلومات التي لديه.

- يخطئ المرسل عندما يعتقد أنه لا يقوم بعمليات الحكم والتقدير والإضافة والحذف والتغيير للمعلومات التي لديه.

- يخطئ المرسل عندما يعتقد أن المرسل إليه ينظر إلى المعلومات بنفس الشكل الذي ينظر هو إليها.

- يخطئ المرسل عندما يتحيز لطبيعة الأمور والأحداث فهي إما حسنة أو سيئة، بيضاء أو سوداء.

معوقات في الرسالة:

تتعرض المعلومات أثناء وضعها في الرسالة ببعض المؤثرات التي تغير من أو تسيء إلى طبيعة وشكل وحجم ومعنى المعلومات والأفكار إن الخطأ في الرسالة يحدث عند القيام بالصياغة أو ترميز المعلومات وتحويلها إلى كلمات وأرقام وأشكال وحركات وجمل وغيرها.

- يخطئ المرسل عندما لا يدرك أو لا يفهم معنى المعلومات التي لديه.

- يخطئ المرسل عندما لا يأتي بتعبيرات وجه تيسر من تعزز المعاني التي لديه.

- يخطئ المرسل عندما لا يأتي بحركات جسمية تعزز المعاني التي لديه.

- يخطئ المرسل عندما لا يتكلم بلغة ومصطلحات يفهمها المرسل إليه.

معوقات في وسيلة الاتصال:

إن عدم مناسبة وسيلة الاتصال لمحتوى الرسالة ولطبيعة الشخص المرسل إليه تتسبب في كثير من الأحيان في فشل الاتصال. عليه يجب أن يقوم المرسل بانتقاء وسيلة الاتصال الشفوية أو المكتوبة المناسبة، وذلك حتى يزيد من فعالية الاتصال.

- يخطئ المرسل عندما يختار وسيلة الاتصال التي لا تتناسب مع الموضوع محل الاتصال.

- يخطئ المرسل عندما يختار وسيلة الاتصال التي لا تتناسب مع الوقت المتاح للاتصال.

- يخطئ المرسل عندما يختار وسيلة الاتصال التي لا تتناسب مع الأفراد القائمين بالاتصال.

- يخطئ المرسل عندما لا يتعرف على الإجراءات الرسمية في استخدام وسيلة الاتصال.

- يخطئ المرسل عندما يوازي بين استخدام الوسائل المكتوبة بالوسائل الشفوية للاتصال.

معوقات في المستقبل:

يقع المستقبل أو المرسل إليه في أخطاء عند استقباله للمعلومات التي يرسلها المرسل. وتتشابه الأخطاء التي يقع فيها المرسل والتي سبق الإشارة إليها.

معوقات في بيئة الاتصال:

يقع أطراف الاتصال في أخطاء عديدة عندما يتغافلون تأثير البيئة المحيطة بهم، والمحيطة بعملية الاتصال وعدم الأخذ بعناصر البيئة وتأثيرها

على الاتصال يجعل هذا الاتصال أما غير كامل أو مشوشاً. وسنعرض فيما يلي عناصر بيئة الاتصال والأخطاء الخاصة بها:

- أحد أطراف الاتصال أو كلاهما على غير علم أو لا يفهم أهداف الآخرين المشتركة بينهما.

- أحد أطراف الاتصال تتعارض أهدافه مع أهداف الآخرين في الاتصال.

- أحد أطراف الاتصال أو كلاهما لا يفهم وظيفته أو وظيفة الآخر على خير وجه، فيكون الاتصال معيباً.

- أحد أطراف الاتصال أو كلاهما لا يفهم الفوائد التي ستعود عليه من جراء الاتصال.

- أحد أطراف الاتصال أو كلاهما لا يفهم العواقب السيئة التي ستصيبه أو تصيب الآخرين من جراء سوء الاتصال.

- عدم توفر معلومات مرتدة عن مدى التقدم في الاتصال.

نحن نتعلم أن نتصل بالآخرين من خلال أربعة طرق: الحديث، الكتابة، القراءة، والاستماع. ويعد الاستماع أهم وسيلة اتصالية حيث تساعدنا على أن نفهم الناس الي حولنا، ولذلك نحتاج عند الاستماع أن نستمع وليس أن نجهز الحلول والعبارات والردود على الكلام.

ويؤدي عدم الاستماع بالشكل الصحيح لحدوث الكثير من سوء الفهم مع الآخرين وإلى تضييع الأوقات والجهود والعلاقات التي نتمنى ازدهارها، فالاستماع ليس مهارة فحسب وإنما هو وصفة أخلاقية يجب أن نتعلمها حتى تساعدنا في الحصول على احترام الذات والآخرين.

عيوب الاتصال مع الآخرين:

ومن العيوب الأساسية أثناء الاتصال مع الآخرين:

- الحياد: اللامبالاة وهنا نتصرف مع الفرد تصرف اللامبالي بحجة أنك محايد فالأمر يتعلق به وهذا يجعل علاقتك معه غير فعالة ولا يهتم بك.

- اليقين: دائماً كمدير تكون متأكد أنك صح والحقيقة دائماً عندك والمعلومات لديك وهذا سيجعل الفرد دفاعي.

- التحذير والتهديد: إذا لم تسكت سأقول لأبيك، الأفضل لك أن.. وإلا.. قد تؤدي إلى الخوف والخضوع وتسبب الغضب والكره والتمرد.

- تقديم الحلول السريعة: لماذا لا تفعل كذا وكذا، تؤدي للاعتمادية وتمنع التفكير والبحث.

- إصدار الأحكام: تفكيرك غير منطقي، أنت كسول، أنظر إلى نفسك.. وهو يتضمن الاتهام بالغباء وسوء الحكم على الأمور وتؤدي بالطالب لوقف الحديث خوفاً من الاتهامات وقد تؤدي به أيضاً لتقبل حكم المدير عليه بأنه شخص سيء أو قد تدفعه للأخذ بالثأر.

- التحقيق: مثل استخدام لماذا؟ وكيف ومن والتي غالباً ما تثير الخوف والانتقاد، وقد تبعد الفرد عن مشكلته الحقيقية أثناء محاولته الإجابة عليها.

- التهكم والانسحاب: دعنا من هذا ولنتكلم بموضوع آخر، لم يبقى إلا أنت لتتحدث؟ لم يبقى إلا أن تصبح أنت المدير.. السكوت أو العزوف عن الكلام.. وقد ينطوي على الاتجاه نحو تجنب مواجهة المشكلة، قد يوصل الرسالة بأن مشكلتك غير مهمة وليست جديرة

بالنقاش وتؤدي بالطالب إلى الانغلاق خاصة عندما تصادفه صعوبة ما.

- الشفقة: وبدلاً منها تعاطف فالشفقة مثل يا حرام؟ أما التعاطف فتظهر القدرة والمساعدة ليساعد نفسه.

- إعطاء الأوامر: (يجب عليك، يلزم) تؤدي للخوف والمقاومة وتساهم في المقاومة وتساهم بخلق سلوك التمرد والعصيان لدى الفرد.

- الخداع: وهنا تقوم العلاقة على الخداع والزيف من أجل تحقيق بعض الأشياء فاخطط ما سأقوله لك أو أكون كذاب وخداع بك.

- الوعظ: واجب عليك أن... إن المسؤولية تقع على عاتقك... تثير مشاعر الذنب وتؤدي إلى مزيد من الدفاع عن النفس وتوحي إلى الفرد بعدم ثقته بنفسه واعتماده على المدير.

- النصح: وتقديم الحلول لو كنت مكانك لفعلت كذا... لماذا لا تفعل كذا وكذا.. اقترح عليك أن تفعل كذا.. أفضل طريقة أن تفعل. قد تعني أن الطالب غير قادر على حل مشكلاته، تمنع الطالب من التفكير والبحث عن حلول بديلة ممكنة وتجربتها وتؤدي لمزيد من الاعتمادية أو المقاومة والرفض.

- النقد واللوم بشكل مستمر: وعلى كل سلوك مهما كان صغيراً بحجة التغيير والتبديل.

- عدم التكلم على الإطلاق: ولفترة طويلة رغم حاجة الفرد لأن يستمع لشيء.

- المدح الزائد والنفاق: كم أنت رائع.. تنطوي على توقعات عالية جداً، ينظر إليها كمحاولة للتأثير على الفرد باتجاه معين، وقد تتسبب بقلق لدى الفرد الذي لا يرى عمله منسجماً مع مديح المدير.

- التساؤل فقط وبشكل متكرر.
- إطلاق الألقاب: أنت فصيح.. وهي تؤدي لشعور الطالب بأنه غير محبوب وغير مهم، وقد تؤثر سلبياً على مفهوم الفرد لذاته، وتثير المشادة الكلامية.
- الإقناع باستخدام المنطق والمجادلة: أترى كيف أنك مخطئ.. أولاً عليك أن تعلم أن.. أوافق معك إلا أن الحقيقية غير ذلك.. وهي تثير مزيداً من الدافعية والحجج والمعارضة وتؤدي بالطالب لإغلاق أذنيه والتوقف عن الاستماع للمدير وقد تؤدي إلى شعور الفرد بالدونية وعدم الكفاءة.
- الحديث عن مشاكلك: وهمومك كمدير وليس بهدف كشف الذات وإنما لكي تفرغ من انفعالاتك ولتجد من يستمع لك.
- التثاؤب من قبل المشرد: عندما يتحدث الفرد.
- سرعة التشتت لمثيرات خارجية كالأصوات والداخلية كالأفكار.
- عدم السرية.
- الوضع الجسمي غير المفتوح.
- البحث عن خلفية الفرد الثقافية: من أجل الاستطلاع، والعمل على جمع معلومات لا علاقة لها بمشكلة الفرد كأن يسأل عن أعمار أخوة الفرد وكيف يتصرفون ي المنزل أو كيف يقضون أوقات فراغهم؟
- التوكيد الكثير مثل: أنا متأكد أنا متأكد.
- عدم التفريق بين الإحساس والشعور والاعتقاد: فالإحساس ينبع من الناحية الجسدية كالإحساس بالألم والمغص والصداع والدوار والإرهاق والتعب.. أما الشعور فينبع من الناحية الانفعالية كالشعور

بالضيق والخوف والحيرة والتردد، بينما يكون الاعتقاد مرتكزاً على الأفكار والاتجاهات.

- عدم الانتباه للسلوكيات غير اللفظية.

- استخدام سؤال لماذا وبشكل مبالغ فيه.

- مقاطعة الفرد ولمرات عدة.

- عدم وجود تخطيط كاف لعملية الاتصال.

- التلاعب بالمعاني والألفاظ.

- عدم القدرة على فهم ظروف الطرف الآخر أثناء الاتصال بمعنى عدم القدرة للوصول للتقمص العاطفي للفرد.

كما أن هناك أنواع مختلفة من المستمعين وهم:

- المستمع الزائف: هو حقيقية سرحان فلا ينتبه المستمع هنا إطلاقاً.

- المستمع الأناني: يستمع ولكن من أجل أن يستغل فترة أنه يستمع له من أجل أن يتحدث والهدف أن يعبر عن ذاته.

- المستمع الانتقائي: يستجيب لأجزاء من الذي يتكلم به وغالباً الأجزاء التي تهمه إذا يهمه الفلوس أو النساء أو هواية.

- المستمع المتربص: وهو يسمع بشكل جيد ليجمع معلومات ويفترض أن كلامك هجوم ويهاجمك.

- المستمع غير الحساس: هو يستمع لما تقوله ولكن يستمع مباشرة ولا يدرك الأشياء التي بين الكلام مثل المشاعر ويأخذ المعنى الحرفي.

- المستمع الفعال الحقيقي: افهم الأشياء كما يريدها الآخر ودماغنا ليس مقصور على الحواس وإنما مصمم لتسير الأمور.

تجنب التالي في الحديث: التكرار - المقاطعة - المراهنة - الغيبة والنميمة- الثرثرة - نقل الأخبار بدون التأكد منها المصطلحات الأجنبية للتباهي.

نشاط:

فيما يلي تمرين حول امتلاكك لمهارة الإنصات، طبق التمرين التالي للتعرف على قدراتك ي الاتصال الفعال.

ضع علامة (صح) أمام الإجابة الأكثر اتفاقاً مع سلوكك، وذلك ضمن جدول أسماء أعمدته هي:

الصفـة	نادراً 1	أحياناً 2	غالباً 3	دائماً 4
1. أتوقف عن الكلام أثناء استماعي للآخرين، وأعطيهم الفرصة ليعبروا عن أنفسهم.				
2. لا أتسرع في طرح رأيي ووجهة نظري قبل استماعي بشكل جيد.				
3. أوضح للمتحدث أنني قد استقبلت وتفهمت مشاعره بجانب فهمي لكلماته.				
4. لا أقول بتجهيز الرد في نفسي وأنا استمع إلى الآخرين وأنشغل بجمع الأفكار والحلول.				
5. أتجه بجسدي لمن يتحدث معي، وأقبل عليه بوجهي.				
6. لا أقوم بمقاطعة من لمن يتحدث معي ولو طال حديثة.				
7. الخص كلام المتحدث وأطمئنه إلى أنني أفهم المراد من حديثه.				
8. أوجه بعض الأسئلة الاستيضاحية حتى أبدو راغباً في الاستماع إلى الأفكار من يتحدث معي ومتفهماً لوجهة نظره.				
9. أؤمن بأن كل شخص لديه ما يقوله، لذا أستمع وأتفهم بوعي للآخرين.				

الصفــة	نادراً 1	أحياناً 2	غالباً 3	دائماً 4
10. لا أفسر كلام المتحدث من وجهة نظري أنا، ولكني أتقمص شخصيته، وأنظر إلى الأمور من وجهة نظره.				
11. أقاوم انصراف انتباهي إلى أي شيء آخر أثناء الحديث.				
12. احكم على حديث من أمامي بناء على مزاياه ومضمونه، وليس على أساس طريقة توصيله.				
13. لا أتعصب للأفكار أو الآراء وأنظر إليها على أنها وجهات نظر قابلة للخطأ والصواب.				
14. أنصت جيداً لما يقوله الطرف الآخر بغض النظر عما إذا كنت متفهماً معه أم لا.				
15. أنصت بكل جوارحي وأطبق قول القائل كلي آذان صاغية وأجعل شكل وتعبيرات وجهي توحي بأني مستمع جيداً.				

لتفسير النتيجة:

- من 15 – 30 درجة: لا تتحدث كثيراً وتذكر أن لديك أذنين ولساناً واحداً حتى تستمع أكثر مما تتحدث.
- 31-40 درجة: أنت تحاول الإنصات للآخرين ولكن هناك بعض المشكلات التي تعترضك سواء مفاهيمك عن نفسك أو عن الآخرين خطط للتعامل معها حتى تصبح فعالاً في التعامل مع الآخرين.
- 41 – 50 درجة: أنت تحترم الآخرين وترى أن لحديثهم قيمة كبيرة لذلك فأنت تجتهد في الإنصات لهم وبالطبع سيكون لهذا الإنصات دليلك للتميز.. فقط اجتهد أكثر.
- 51-60 درجة: أنت إنسان متميز جداً في إنصاتك للآخرين.. ثقي أنهم سيحبون الحديث والتواصل معك والاقتراب منك.

الفصل السادس

الاختيار والتعيين

الفصل السادس

الاختيار والتعيين

- مقدمة
- أهداف الاختيار
- مفهوم الاختيار وتعريفه
- المبادئ المعتمدة في الاختيار
- ضوابط الاختيار والتعيين
- خطوات الاختيار المهني
- بعض الأخطاء في عملية الاختيار
- قياس الأفراد والوظائف
- تحليل العمل
- تطوير الموائمة المهنية وتحسينها
- انتقاء الأفراد في الممارسة العملية

الفصل السادس
الاختيار والتعيين

مقدمة:

إذا حدث وشاهدت صديقاً أو قريباً لك يكاد يطير من الفرح قبل أن يقول لك أنه قد" حصل الآن على ترقية أو أنه أحد عشرة أشخاص تم اختيارهم ليحصلوا على زيادة في الراتب هذا العام أو أنه قد حصل على المكافأة السنوية للأداء المتميز"، فإنك تكون قد شاهدت نتائج عملية الانتقاء والاختيار، وقد لا تعتمد جميع المنظمات على الاختصاصيين النفسيين المهنيين في القيام بعمليات التوظيف لكنها تصدر كثيراً من القرارات ذات الطابع العملي، وعادةً ما يتم تكليف الاختصاصي النفسي المهني بإعدادها، واتخاذها بنفسه أو يوصي باتخاذها.

وتؤثر العوامل البشرية في العمل الإداري تأثيراً بالغاً، فوضع الرجل المناسب في المكان المناسب يتطلب الاهتمام بالاختيار الذي يتمثل في (جذب العناصر المؤهلة والمناسبة من القوى البشرية وإجراء الاختبارات اللازمة لهم). (والاختيار هو العملية التي تقوم بها الإدارة لتقسيم المرشحين للعمل إلى فئتين أحدهما تضم أولئك الذين يقبل انتقاؤهم وتعيينهم والأخرى تضم المرفوضين). فعملية الاختيار المهني هو انتقاء بعض العناصر البشرية الأكثر قدرة على أداء الأعمال التي يقومون بها، وتفحص وتقييم قدراتهم ومؤهلاتهم والتنبؤ بنجاحهم في هذه الأعمال. والإعلام يبحث عن قدراتهم متميزة لتوظيفها سواء على مستوى العلاقات الإنسانية أو على مستوى الكفاءة.

أهداف الاختيار:

يهدف الاختيار إلى:

1. التأكيد على اختيار القدرات والمهارات.

2. تحقيق قدر من الاستقرار الوظيفي.

3. الشعور بالرضا عن العمل لدى القوى العاملة.

مفهوم الاختيار وتعريفه:

يفهم الاختيار (على أنه عملية تقييم لقدرة الأفراد، واحتمالات انتقائهم باستخدام مجموعة من الوسائل المعتمدة في عملية الاختيار).

إن الاهتمام بعملية الاختيار يرجع إلى التقليل من التكلفة المادية والمعنوية ودوران العمل المرتفع والتخفيف من القيود القانونية والاجتماعية والاقتصادية والتي قد تشكل عائقاً لتحسين الإنتاج وزيادته.

ويعرف يودر (Yoder) الاختيار (بأنه العملية التي تقوم بها الإدارة لتقسيم المرشحين للعمل إلى فئتين إحداهما تضم أولئك الذين يقبل انتقاؤهم وتعيينهم والأخرى تضم المرفوضين).

ويشير مصطلح انتقاء واختيار الأفراد Personal Selection إلى تلك العملية- المخططة والمنظمة- التي تقوم بها المؤسسات والشركات من أجل توظيف أفراد جدد في وظائف معينة. وتؤدي- في غالب الأحيان- وسائل وأساليب الاختيار المناسبة والصحيحة (الصادقة)- كما هو مؤمل ومتوقع- إلى قرار توظيف مناسب، إذا ما تم تطبيق هذه الأساليب بدقة على الأفراد المتقدمين بطلبات عمل، وإذا ما تم تفسير نتائج التطبيق بشيء من الحذر، وإذا حدث وأن

قام بكل ذلك اختصاصي يتميز بالخبرة والكفاءة. ومن ناحية مثالية، يجب أن تكون تلك القرارات خالية من أشكال التحيز المختلفة، كما تحمي المؤسسة من قرارات توظيف قد توصف بالتمييز العنصري أو الطائفي. ولا تتم عملية تقييم أو اختبار الأفراد لغرض توظيف الأفراد فقط، بل إنها توفر أو تعطي مدير قسم الموارد البشرية معلومات موضوعية، يستطيع استخدامها لأغراض الترقية، والتدريب، والرواتب، والتوجيه المهني.... إلخ. يضاف إلى ما سبق ذكره من مسلمات، تعتمد عليها عمليات اختيار وانتقاء الأفراد، المسلمة الثالثة التالية: الفروق الفردية هي المصدر الأساسي للتباين في السلوك.

المبادئ المعتمدة في الاختيار:

من المعروف أن هناك فروقاً فردية بين الأفراد ومن هذا المنطلق يمكن رسم سياسة الاختيار وفق المبادئ التالية:

1. المهارات والقدرات:

وهي مقدرة الفرد على الربط بين القدرات العقلية والبدنية وتوظيف ذلك في أداءه لعمله.

2. الخبرات السابقة:

وهي تكسب الفرد ثقة بنفسه وتمنحه ثقة زملائه به ضمن مسؤولية العمل والتي تتمثل في رصيده من المعلومات والمعارف التي أكتسبها خلال مسيرة حياته العملية.

3. الكشف:

ويعني الكشف عن استعدادات وقابليات الأفراد للتعلم والتدريب للأعمال وطريقة أدائها.

4. العمر:

تتطلب بعض الأعمال الخبرة، ويعني هذا طلب أعمار متقدمة، وبعض الأعمال لا تتطلب الخبرة وهنا يفضل الشباب للاستفادة من أفكارهم وإبداعاتهم المندفعة أو لغرض تأهيلهم لأعمالها مستقبلاً.

5. الشخصية:

هي مزيج من الخصائص والمميزات الجسمية والبناء النفسي المعقد ومن خلال الاختبارات الشخصية يمكن تحديد معالم الشخصية المطلوبة لنوع العمل.

6. الجنس:

تتطلب بعض الأعمال إمكانيات جسمية معينة، فالرجال يمكن الاعتماد عليهم في أعمال خارج أوقات العمل (مسائية أو تتطلب السفر والغياب عن البيت لبعض الأوقات) وبعض الأعمال لا تحتاج لذلك فيمكن أن تشغل من قبل النساء كالأعمال التربوية والصيدلانية...الخ.

7. تحمل المسؤولية:

وتعني أن يكون الفرد مسؤولاً عن عمل مرؤوسيه أو عن قراراتهم أو تعاملهم مع الأدوات والأجهزة.

8. التحصيل العلمي:

طبيعة العمل قد تتطلب معارف ومؤهلات كمهنة الإعلام أو مهارات تقنية يمكن أن يتعلمها عن طريق الدورات التدريبية.

ضوابط الاختيار والتعيين:

تهتم الإدارات المسؤولة بتكوين القوى العاملة، وبعبارة أخرى لا يكفي بالمتقدمين حصولهم على مؤهل عال بل يجب أن يصاحب هذا المؤهل كفاءة من حيث السلوك مع العملاء. وأن الاختيار السليم لعمال مؤهلين يجعل من السهل قيام هؤلاء العمال بأعمالهم على أحسن وجه كما ويقلل من التكاليف نتيجة انخفاض معدل دوران العمل وارتفاع إنتاجية العمال.

وقد يرجع سوء الاختيار عدم المبالاة في إتباع أسس سليمة وعملية في الاختيار، إذ يجب أن يتم الاختيار بعيداً عن العلاقات الشخصية بل على أسس تحليل الأعمال وتوصيفها، والقيام بعد ذلك باختبارات غير متحيزة.

ويمكن أن نضع بعض الضوابط للاختيار منها:

1. تحديد نوع وعدد الأفراد المطلوبين ويتضمن ذلك:

أ. القيام بتحليل الوظيفة الشاغرة، وإعداد توصيف مكتوب لكل عمل. ويشمل تحديد القدرات والمهارات التي تتطلبها الوظيفة عن طريق دراسة كاملة وتحليل دقيق للعمل نفسه وللواجبات التي ينطوي عليها، والصعوبات التي تواجه القائم به، ويستخدم التحليل لغرض الوصول إلى الصفات والخصائص التي يجب توفرها في العاملين، كما تستخدم أيضاً للتدريب وفي تحديد مستويات المكافآت وأيضاً في تقديم الأداء.

ويعتبر تحديد المؤهلات المطلوبة من أصعب العمليات في الاختيار، إذ من الصعب حصر وتحديد الخصائص الشخصية التي تجعل العامل ناجحاً كما لا يمكن ترجمة الخصائص إلى كميات يمكن بواسطتها أن نقرر إلى أي مدى تستطيع بعض الخصائص أن تعوض نقص البعض الآخر. وفي بعض الأوقات

191

نلجأ إلى تحليل صفات الأفراد العاملين في عمل ما للتعرف على الخصائص التي تجعل من بعضهم ناجحين والبعض الآخر فاشلين. ومن الدراسات والأبحاث في تحليل العمل الإداري مثلاً يمكن القول أن الخصائص المطلوبة بعضها عام وبعضها خاص بالخبرة، والبعض يتعلق بدرجة التعليم والإدراك والقدرات والمهارات، كالإقناع وكسب العملاء وقوة واتزان الشخصية ونضجها والشجاعة والدبلوماسية السلوكية والرغبة في الحصول على هذا العمل دون غيره مما يعني أن المتقدم لشغل الوظيفة سيسعى لأداء واجباته مندفعاً لتحقيق الأهداف المرجوة.

ب. عامل التنبؤ واختيار المعيار. وهما عاملان متلازمان:

1- عامل التنبؤ: رغم توفر الخبرة في اختيار بعض العوامل التي يمكن بواسطتها التنبؤ (الاختبارات الشخصية، اختبارات الذكاء، القدرات، المعلومات البيوغرافية) إلا أن الجانب الفعلي يتضح ويتحقق من خلال الملاحظة والتجربة الواقعية، وهو متغير أساسي في عملية تقويم الأداء,

2- اختيار معيار للنجاح الوظيفي: ويعني اختيار مؤشر دقيق لقياس جودة العمل وتميز نوعيته ونجاحه، وهو متغير أساسي في عملية الأداء.

ج. الأداء: ويتم بطريقتين:

1- الطريقة الأولى ملاحظة الأداء الوظيفي الفعلي للعاملين ثم مقارنته بعامل التنبؤ لغرض تقويم المقياس والتأكد منه.

2- الطريقة الثانية قياس الفرق بين الصدق التنبؤي والصدق التلازمي. ويقصد به إعلام طالبي العمل بعامل التنبؤ لتوظيفهم (أى ممارسة العمل) ويتم بعد ذلك جمع المعلومات المعيارية.

د. قياس عامل التنبؤ:

ويتم ذلك بالتحليل الإحصائي بحساب معامل الارتباط. فإذا كانت النتائج الإحصائية ذات علاقة دالة بين درجات عامل المعيار ودرجات عامل التنبؤ،

عندها نعتبر عامل التنبؤ صادقاً، وإذا كان عامل التنبؤ ينقصه الصدق فهذا يعني عدم وجود تطابق بين الدرجات المعيارية وعامل التنبؤ.

هـ. الصدق الإحصائي لعامل التنبؤ: ويعني أنه في حالة تحقيق صدق إحصائي لعامل التنبؤ (إضافة إلى نسب الاختيار والتكلفة، والمعدل الأساسي) عندها يمكن تحسين القوة العاملة نوعية وتدريباً.

و, التقويم: من الضروري إعادة تحليل الوظيفة وتحليل صفات العاملين أي تقويم برامج الاختيار المهني كلما تغيرت الوظيفة أو العاملين بها وذلك لتغير صدق أمل التنبؤ مع مرور الزمن.

خطوات الاختيار المهني:

إن عملية اختيار القوى العاملة لا تخضع لخطوات محددة وثابتة فلكل وظيفة إجراءات قد تختلف عن الأخرى، ونحن نذكر بعض الخطوات كنموذج ومنها:

1- الاستقبال:

هو أول اتصال مباشر ورسمي بين طالب العمل ووجهة العمل، وهي خطوة مهمة ويتوجب على المؤسسة استقبالهم بشكل ودي في مكان لائق ونظيف وحسن الإضاءة والتهوية وإعطائهم فكرة عن نشاط المؤسسة.

2- المقابلات الأولية التمهيدية:

أي استقبال طالبي العمل، وهي خطوة هامة جداً، وتعني إجراء مقابلات شخصية لطالبي العمل في مكان لائق ومناسب من حيث النظافة، والإضاءة والأثاث والتهوية والنشرات والمجلات...) واستقبالهم بشكل حسن. والغرض من إجراء المقابلة هو التعرف على شخصية وهيئة المتقدم ومؤهلاته العلمية وخبراته السابقة ومعرفة سبب رغبته في الوظيفة. ومن خلال هذه المقابلة يمكن بشكل أولي اختيار مجموعة واستبعاد مجموعة لا تتوفر فيها الصفات المطلوبة للوظيفة.

3- استمارة طلب الاستخدام:

وهي عبارة عن استمارة فيها عدد من الأسئلة. ومكان الإجابة فارغ يملؤه طالب الاستخدام. وهذه الاستمارة مصممة بطريقة علمية منتظمة ومطبوعة ومهيأة لهذا الغرض وفيها معلومات عن طالب الاستخدام، اسمه، عمره، جنسه، جنسيته، حالته الاجتماعية، مؤهلاته العلمية، خبراته وغيرها من المعلومات عن طالب الاستخدام بما يساعد الإدارة على اتخاذ قرار مناسب (رفض أو قبول) كما أن ملء الاستمارة من قبل طالب الاستخدام تعطي الإدارة فكرة عن قدرته على الكتابة بأسلوب جيد وصياغة لفظية مناسبة، وترتيب الأفكار بشكل مفهوم.

4- الاختبارات النفسية:

يلاحظ اهتمام الإدارات بعملية الاختبارات، خاصة (إذا تمت الاختيارات بشكل دقيق فإنها تضمن تحقق قدر عال من الموضوعية وعدم التمييز، وتوفر معلومات كمية عن مدى ما يمتلكه الأفراد المتقدمون للتعيين من مؤهلات

وقدرات، وهذا يسهل على الإدارة اتخاذ قرار دقيق لتحديد مدى ملائمة الأفراد للوظائف الشاغرة من عدمه). وتستخدم الاختبارات النفسية في مجالات عديدة منها (في عمليات نقل الأفراد من وظيفة إلى أخرى أو في مجال الترقية، أو في مجال اختيار بعض الأفراد لبرنامج تدريبي معين، فمن خلال الاختبار تتضح مدى إمكانية ترشيح الفرد للبرنامج التدريبي وذلك من خلال تحديد مدى توافر استعدادات معينة لدى الفرد تمكنه من الاستفادة من البرنامج التدريبي المعلن). ومن هذه الاختبارات اختبارات القدرات واختبارات الذكاء والشخصية والميول والاختبارات التوافقية.

وللاختبارات النفسية السليمة والدقيقة مزايا كما أن لها عيوب نوردها في الجدول التالي:

مزايا الاختبارات النفسية	عيوب الاختبارات النفسية
1. تقيس قدرات، وتحديد الاستعدادات والرغبة في العمل، وتحديد مدى ما يناسبه من العمل.	لا تقيس قدرات الأفراد بشكل دقيق بسبب تعرض الأفراد للقلق والعصبية بما لا يظهر قدراتهم بشكل جيد.
2. لا تستخدم إلا بعد التأكد من صدقها وثباتها والتحقق من أجزائها وتفاصيلها وهي شاملة، متنوعة ودقيقة	لا تستطيع التنبؤ بالسلوك المستقبلي للفرد لإهمالها بعض عوامل الاستعداد، القدرة، الكفاءة، الدوافع والسمات الشخصية
3. تطبق في ظروف موحدة وهي مقننة وهي أقل عرضة للتحيز	تؤدي إلى تردد بعض الأفراد الكفوئين والصالحين للعمل عن التقدم للعمل لرغبتهم ي عدم الخضوع لها.
4. يعبر عن نتائجها بشكل كمي	

5- المقابلة الختامية:

وفيها تسعى الإدارة إلى استكمال المعلومات والوصول إلى حكم نهائي يتعلق باتجاهات وقدرات واستعدادات وميول، ونضوج شخصية طالب الاستخدام وقدرته على الانسجام والتعاون مع زملاء العمل، واتخاذ القرار بوضع المتقدم في العمل المناسب.

6- مناقشة الخبرة السابقة للمتقدم:

يمكن أن نتعرف على الوظيفة السابقة لطالب الاستخدام من خلال سلوكه في العمل السابق، وأسباب تركه العمل، والتأكد من صحة البيانات التي وردت في طلب الاستخدام. فإذا كانت سلوكياته في الوظيفة السابقة جيدة فإنه يقبل التوظيف بشكل مبدئي.

7- الاختيار المبدئي:

وهو وضع طالب الاستخدام الذي وقع الاختيار عليه تحت الاختبار لفترة محددة من الزمن. فهو لا يزاول عمله تحت إشراف ومراقبة رئيس قسمه.

8- الاختيار النهائي:

يتم الاختيار النهائي بعد الاطمئنان إلى كفاءة وقدرة وجدارة العامل بعد اجتيازه مرحلة الاختبار المبدئي وذلك من خلال تقارير رؤسائه والتي تشير إلى كونه عاملاً كفؤاً وله قدرة تناسب عمله وأنه صالح ومناسب وجدير بالعمل ويتم بعد ذلك اختياره بشكل رسمي ونهائي ويصبح عضواً في المؤسسة.

9- الفحص الطبي:

وذلك للتأكد من اللياقة البدنية لنوع العمل الذي استلمه وتهتم الإدارات بالفحص الطبي للأسباب التالية:

1- الوقاية: الوقاية من الأمراض المعدية المختلفة للعاملين مع المستخدم الجديد.

2- الغياب: تقليل نسبة الغياب نتيجة للإجهاد والتعب.

3- التعويضات: منع المستخدم من المطالبة بالتعويضات بسبب وجود حالات مرضية سابقة.

4- تقليل النفقات: وذلك عن طريق اختيار الأكفاء والقادرين على العمل من الناحية البدنية والنفسية.

5- اكتشاف نقاط الضعف: التي تؤثر في صحة العامل وتقلل من قدرته على العمل.

6- التعيين: وهي آخر مرحلة بعد التأكد من السلامة وصلاحية العامل المرشح للوظيفة، يتخذ قرار بتوظيفه بصفة رسمية ويسجل اسمه في سجلات المرتبات والأجور.

بعض الأخطاء في عملية الاختيار

وضحنا أهمية الاختيار وخطواتها، غير أن هناك بعض الأخطاء التي تقع فيها لجنة الاختيار ومنها:

1- عدم التمتع بالسرية

يتوجب على لجنة الاختيار توحيد ما يدور خلال المقابلات لجميع المتقدمين والالتزام بسرية ما يدور فيها، وما يقال لمرشح يمكن إسماعه إلى أي مرشح آخر.

2- التحيز الشخصي

قد تتحيز لجنة الاختيار لبعض صفات المرشح، مثلاً لو أظهر المرشح ميلاً للكتابة، وتدبير أمور المقابلات بشكل ممتاز، وحصل على درجة عالية فإن ذلك قد يجعل اللجنة تتأثر نفسياً، وتتساهل في صفات المرشح الأخرى.

3- عدم اتخاذ قرار قبل نهاية الاختيار

على لجنة الاختيار عدم اتخاذ أو إصدار رأي أو قرار وإيصاله أو سماعه لأحد المترشحين. إذ قد يكون بين من تبقى من المترشحين من هو الأفضل، وهذا يؤدي إلى خيبة أمل من سمع رأي اللجنة قبل الانتهاء من المقابلة.

4- اتجاهات المرشح

عدم القدرة على التركيز الحاد والجاد على اتجاهات المترشح قبل المقابلة والتركيز على سلوك وقدرات المترشح وخبراته السابقة التي تسحب من مكان عمله السابق أو ممن كان عليه أن يعمل معهم.

5- عدم المقارنة

قد تثير لجنة الاختيار مشاعر سلبية لدى المترشح في حالة مقارنته مع بعض المترشحين، وينعكس ذلك سلباً في نزاهة اللجنة ويمكن لعملية الاختيار أن تكون ناجحة في حالة اعتمادها عدداً من الإجراءات والأساليب والمعايير التي تساعدها على عملية الاختيار فهناك عدد من الأساليب الإحصائية كتحليل الانحدار، وتحلل الانحدار المتعدد والتحقيق المتبادل للصدق وغيرها من الأساليب.

قياس الأفراد والوظائف:

يمارس علم نفس الفروق الفردية تأثيراً هائلاً على علم نفس انتقاء واختيار الأفراد, ويمكننا القول دون تردد بأنه ما كان لمعظم واجبات أقسام شؤون الأفراد أن تتم في أيامنا هذه دون الكمية الهائلة من البحوث النفسية في مجال الذكاء والقدرات الإنسانية, ودون الجهود الكبيرة المبذولة لشرح ومعرفة أسباب الفروق الفردية بين الناس في مجال العمل بما في ذلك سمات الشخصية والاتجاهات, مثل الرضى المهني, والالتزام والإخلاص للمؤسسة (.وبالمثل, ما كان بإمكان الاختصاصي النفسي المهني أن يقوم بدوره الحالي في المنظمات دون أساليب تحليل العمل المتطورة والمتوفرة حالياً.

تحليل العمل:

تمثل الوظائف وحدات متكاملة, وهي تتكون من عدد من الواجبات أو النشاطات والتي يمكن القيام بها بنجاح إذا تخلى من يقوم بها بأفضل قدرات جسمية حركية. وتم تطوير عدد من الأساليب والأدوات لتساعد الاختصاصي النفسي المهني على قياس ما تتطلبه الوظيفة من قدرات جسمية وعقلية, وتزودنا الدراسة المنظمة للوظائف بمعلومات حول متطلبات الوظيفة والتي يمكن بعد ذلك تحليها وترجمتها إلى ما يمكن تسميته بخصائص الوظيفة, ويمكننا أن نعثر على خصائص الوظيفة في إعلانات الوظائف, وبالذات في ذلك الجزء من الإعلان الذي يلخص السمات الإنسانية اللازمة للقيام بواجبات الوظيفة بنجاح من قبيل"... لا بد من أن يتمتع المتقدم للوظيفة بمهارات ممتازة للاتصال اللفظي والكتابي وأن يكون قادراً على العمل في ظروف ضاغطة ومثيرة للقلق..." وتسمى الاختبارات التي تم تطويرها لقياس السمات المتصلة بالوظيفة أساليب أو أدوات الانتقاء, ومن الأمثلة على الأدوات والأساليب المستخدمة في انتقاء

العاملين المقابلات واختبارات القدرات واختبارات الشخصية. ويمكن تصنيف أدوات تحليل العمل إلى فئتين كبيرتين, ولكل منهما بعض الإيجابيات:

● أساليب التحليل المهتمة بالواجبات: ويهتم من يقوم بتحليل العمل بوساطة هذا الأسلوب بنتائج واجبات الوظيفة, وليس بسلوك القائم بالعمل, فمثلاً في تحليل وظيفة "خدمات العملاء" يهتم من يقوم بالتحليل بإبراز واجبات الوظيفة من قبيل معالجة شكاوى العملاء, وتحليل طبيعة الشكاوى, وكتابة التقارير.... إلخ.

● أساليب التحليل المهتمة بالفرد: ويطلق أحياناً على هذا الأسلوب مصطلح التحليل الوظيفي Functional Analysis. ويهتم من يقوم بتحليل وظيفة ما باستخدام هذا الأسلوب بتسجيل تصرفات ونشاطات (سلوك) القائم بالوظيفة, وبدلاً من تسجيل الواجبات يقوم الاختصاصي بوصف ما يظهره الموظف أو العامل من تصرفات تفصيلية ولا يتم الاهتمام بالسلوك بكليته فقط. فقد تتضمن قائمة التصرفات التي يتم رصدها على صفحة التحليل نشاطات من قبيل "اتصال شفوي أو لفظي بالعملاء, يقرأ ويكتب للعملاء, يتحدث مع العملاء الغاضبين ويهدئ من انفعالهم... إلخ".

وللتحليل الوظيفي فائدة أخرى تتمثل في سهولة الانتقال من تحليل العمل إلى مرحلة تحديد الخصائص التي يجب أن تتوافر لدى من تقدم بطلب التحاق بتلك الوظيفة. من ناحية أخرى, نلاحظ أن عدداً كبيراً من الواجبات يمكن أن تؤدى بأساليب أو طرائق مختلفة بوساطة عدد كبير من الناس الذين يملكون خصائص متباينة. أما ميزة أسلوب تحليل الواجبات فتكمن في أننا نستطيع الحصول على عينة من الواجبات وبالتالي نطلب من المتقدمين للالتحاق بالعمل أداء تلك الواجبات أثناء عملية الانتقاء والاختيار. وبطبيعة الحال, فإن الوظائف

المحددة تحديداً جيداً مثل "ساعي البريد" يمكن تحديد واجباتها بدقة عالية في حين أن وظائف أخرى مثل "خدمات المسافرين أو خدمات العملاء أو المراكز الإشرافية أو القيادية" نميل إلى تحليلها على أساس من الخصائص الضرورية للنجاح في القيام بها. ويمكن للقارئ أن يجد مزيداً من الشرح والتقييم لأساليب تحليل الوظائف عند براين (Prien).

وفي نهاية المطاف، سيعطينا أي أسلوب لتحليل الوظائف مواصفات للوظيفة تتضمن معلومات تفصيلية من قبيل: عنوان الوظيفة، وموقع أو مكان الوظيفة، والأشخاص الذين سيتعامل معهم من يقوم بأداء واجبات الوظيفة وبأي طريقة أو أسلوب سيتعامل معهم، واحتمالات الترقية والتدريب.... إلخ. أما خصائص الفرد Person Specification فتركز على الخصائص التي يجب توافرها لدى من سيقوم بالعمل، وبمستوى معايير الأداء. وتعتمد خصائص الفرد المطلوبة على طبيعة العمل، فقد تتضمن: مؤهلات أكاديمية ومهنية، وسمات شخصية، وميولاً وخصائص جسمية... إلخ. وفي حالات نادرة في المملكة المتحدة؛ يفرض القانون على أصحاب العمل أن تتوافر صفات معينة لدى من سيقوم بالعمل مثل أن يكون حاملاً لجنسية معينة أو أن يكون رجلاً أو له خلقية عرقية أو ثقافية معينة.

الفروق الفردية- سمات الشخصية:

ربما كان لنظرية الشخصية Trait approach أعظم الأثر على عملية القياس، وبالتالي على عمليات الانتقاء، والاختيار التي يمارسها الاختصاصي النفسي المهني. تعزو هذه النظرية الفروق السلوكية بين الناس إلى عوامل في داخل الأفراد أنفسهم Personality trait، وتقوم هذه السمات بوظيفة استمرارية السلوك، ونمطيته في مختلف المواقف المتباينة التي يمر بها الفرد. وتقول هذه

النظرية، إذا كانت العوامل الخارجية لا تؤثر كثيراً على سلوكنا، فإن معظم ما نفعل يأتي من داخلنا وليس من المفيد تغيير البيئة الخارجية للفرد بهدف تغيير طريقة تصرفه. كما أن نظرية التفاعل بين الفرد والموقف تهتم كثيراً بموضوع السمات نظراً لأن معرفتنا بسمات شخص معين، تساعدنا على التنبؤ بسلوكه عندما يوضع في موقف معينة. وتعتمد عملية قياس الأفراد، وانتقائهم واختيارهم لوظائف معينة على الاعتقاد الشائع بأن نظرية سمات الشخصية ما زالت حية ورائجة بين أوساط المشتغلين بعلم النفس النظري والتطبيقي. ونجد أن من أكثر أدوات الانتقاء والاختيار شيوعاً وشهرة استبانة كاتل للشخصية واستبانة الشخصية المهنية

ويفسر لنا الافتراض الشائع بضرورة إرجاع الفروق بين الناس في مجال القدرات والشخصية إلى عوامل داخلية، جزئياً على الأقل، أسباب اتجاه محاولات تحسين مستويات الأداء (الإنتاجية) نحو الفرد في المؤسسات، رغم الاهتمام أحياناً بمعالجة عوامل أخرى. فقد تركز مدارس أخرى في مجال علم النفس المهني على إعادة تصميم الوظيفة أو إحداث تغييرات على بيئة العمل، لتأخذ في الاعتبار الفرد واهتماماته، وسوف نفحص بشيء من التفصيل هذه النشاطات فيما بعد. وعلى الرغم من استخدام الاختصاصيين في مجال علم النفس المهني لأساليب وأدوات القياس النفسي التي تم بتطوير عدد من اختبارات القدرات والشخصية، واستبانات الميول) لاستخدامها في مجال العمل وتتميز هذه الأدوات بالصدق والثبات. وعلى الرغم من كل ما سبق، فإن هناك مناقشات جادة- وأحياناً معادية- حول مدى صدق Vality مقاييس الشخصية، وما يمكن إن نجنيه من مفهوم سمات الشخصية ذاته، انظر.

تطوير المواءمة المهنية وتحسينها:

يميل الاختصاصيون النفسيون المهنيون إلى فهم كثير من مشكلات العمل على أنها نتيجة لعدم وجود انسجام أو مواءمة بين الفرد والعمل. وتتضمن الحلول التي يقترحونها لتحسين مستوى المواءمة المهنية اختيار العاملين بوساطة أسلوب منظم يعتمد على قياس سمات الشخصية وتحليل العمل. فإذا ما توفرت لدينا مواصفات دقيقة للوظيفة، ومقاييس مناسبة للانتقاء والاختيار فإن المسئول عن عملية التعيين سيتم من اختيار أفضل شخص للوظيفة.

أما النتيجة المتوقعة لتطبيق هذا الأسلوب فهي تحسين الأداء وزيادة الإنتاجية. وفي أيامنا هذه ينظر الاختصاصيون النفسيون المهنيون وأكثر من أي وقت مضى إلى أسلوب الانتقاء المنظم على أنه عامل ضروري جداً للاستخدام الفعال للموارد البشرية، وهذا بدوره عامل مهم وحاسم بشأن بقاء المنظمات، ونموها، وسلامتها. وتمخضت الجهود الحثيثة والكبيرة الهادفة إلى تطوير أدوات انتقاء أفضل وأكثر دقة عن مدرستين أو أسلوبين رئيسين للقياس والاختيار هما أسلوب العلامات (أو الإشارات) Sign وأسلوب العينات Samples.

أسلوب العلامات:

إذا تقدمت بطلب للعمل في وظيفة مؤقتة لدى مقهى في الحي الذي تسكنه، وحدث أن طلب منك مدير المقهى الإجابة عن أسئلة اختبار "للقدرة العددية" وأسئلة اختبار آخر "للشخصية" فإنه بذلك يكون قد استخدم أسلوب "العلامات" في عملية الانتقاء والاختيار. أما الاختبارات التي استخدمها مدير المقهى، فلا بد من أن تتمتع بمستويات مقبولة من الصدق والثبات، وهي تعني أن ما ستحصل عليه من درجات على كل منها سيعطيه انطباعاً عن مدى امتلاكك للقدرة العددية وبعض سمات الشخصية الضرورية للنجاح في العمل.

ويعتقد أصحاب هذه المدرسة أن اختبار الشخصية مثلاً، ما هو إلا مجموعة علامات أو إشارات تخبرنا عما إذا كنت تمتلك الصفات التي يتجلى بها من يعملون في المقاهي بنجاح أم لا. وتتم عملية تحديد تلك الصفات عادة من خلال بحوث سابقة لعملية إعداد الاختبارات.

أسلوب العينات:

وقد يتبنى مدير المقهى- في المثال السابق- أسلوباً آخر هو دعوتك برفق إلى مزاولة العمل لمدة ساعة- مثلاً- وذلك ليراقبك أثناء أداء العمل الفعلي. ويعتقد دعاة هذه الطريقة بضرورة أن تمثل أدوات وأساليب الانتقاء- بطريقة مباشرة- مهارات العمل الناجحة. فمثلاً، قد يطلب من المتقدمين لوظائف السكرتارية القيام بطباعة صفحة مكتوبة لملاحظة سرعة المتقدم في الكتابة، وعدد ما يرتكبه من أخطاء إملائية. فإذا كان أداء المتقدم، جيداً أو ممتازاً فمن المتوقع أن يكون أداؤه للعمل جيداً أو ممتازاً؛ وعلى أقل تقدير في إطار ذلك الجزء من العمل. ويجدر بنا أن نلاحظ هنا أن أسلوب تحليل العمل المركز على الواجبات، يناسب تماماً هذا الأسلوب؛ فهو قادر على توفير عينات سلوكية مناسبة لتقدير أو الحكم على مهارات المتقدمين بطلبات التحاق بالوظيفة. ويمكننا القول أن أسلوب العينات Samples Approach في انتقاء العاملين أقل عرضة للخطأ نظراً لعدم حاجتنا إلى ترجمة الواجبات (العينات) إلى خصائص إنسانية لقياسها للتنبؤ بمستوى الأداء. وهكذا بدلاً من تقديم "استبانة للشخصية" للمتقدمين إلى العمل في وظائف معينة، فإننا نطلب منهم تنفيذ أهم واجباتها فعلياً، ويكون تركيزنا هنا منصباً على مستوى جوده العمل أو مستوى إتقان الواجبات، وليس على كيفية أو أسلوب تنفيذ الواجبات، كما يتميز هذا الأسلوب بسهولة الدفاع عنه، إذ تتمتع الواجبات بالصدق الظاهري Face Vality فالمتقدم يستطيع أن

يدرك مباشرة العلاقة بين الواجبات والوظيفة التي يرغب في الالتحاق بها، ولا ينطبق هذا القول على اختبارات الشخصية.

أما حجة مريدي أسلوب العلامات Signs Approach في انتقاء العاملين فهي بشأن القدرة على تعميم الصدق Validity Generalization، فهم يقولون إذا استطاع اختبار "سمات الشخصية أو القدرات العامة" التنبؤ بالأداء في مهنة معينة بمقدار معين من الدقة، فإن ذلك الاختبار يمكن أن يستخدم للتنبؤ بالأداء على وظائف أخرى مشابهة أو مماثلة. ونستنتج مما سبق أن قدرتنا على تعميم الصدق من وظيفة إلى وظائف أخرى مماثلة، يعني أن حاجتنا إلى تطوير اختبار لكل وظيفة على حدة أصبحت أقل بكثير.

وبغض النظر عن الأسلوب الذي نتبناه في عملية الانتقاء، فمن الواضح أن الأساليب التي تتمتع بالصدق يمكن أن نتنبأ بمستوى أو مدى نجاح المتقدمين بطلبات التحاق إذا تم اختيارهم فعلاً، وبالتالي تحقق هذه الأساليب مكاسب كبيرة على الصعيدين الإنساني والمالي. أرادت منظمة كبيرة جداً توظيف 600 فرد بوظيفة مبرمج حاسوب وأنفقت مبلغ 10 دولارات على كل متقدم. وكانت أن حققت تلك المنظمة مكاسب مالية بلغت خلال سنة واحدة أكثر من 97 مليون دولار.

متى يمكن للمنظمات أن تستفيد أكثر ما يمكن من أدوات الانتقاء؟

تساهم عوامل عديدة مهمة- وليس فقط الصدق التنبؤي Predictive Validity- في تحديد مقدار المنفعة المرجوة من عملية الانتقاء. ويصف لنا روبرتسون وكوبر عاملين آخرين يساهمان في تحديد ما إذا كان من الأفضل للمؤسسة تطبيق مبادئ عملية الانتقاء، وهما:

• نسبة الانتقاء The Selection Ratio: تخيل أنك تقدمت بطلب للالتحاق بمهنة معينة لدى مؤسسة كبيرة فوجدت عشرين شخصاً آخرين تقدموا بطلبات مماثلة. نلاحظ في هذا المثال أن نسبة الاختيار هي 1 إلى 20 أو %. ولنفترض أنك لم تكن محظوظاً في هذا اليوم، فقررت أن تذهب في رحلة حول العالم لمدة سنتين. ولدى عودتك صادفت مفاجأة سارة هي انخفاض معدل البطالة إلى حوالي 1%، وعند تقديمك طلباً للحصول على عمل وجدت هذه المرة أنك المتقدم الوحيد (هنا نسبة الاختيار تكون 1 إلى 1). في أي من هاتين الحالتين يمكن أن تستفيد المؤسسة من تطبيق أدوات الانتقاء الصادقة لاختيار العاملين؟ من الواضح أنه في ظروف انخفاض معدلات البطالة من الممكن أن تكون هناك وظائف أكثر من عدد المتقدمين لها، وبالتالي، فإن النسبة في هذه الحالة تكون أكثر من 1 وفي مثل هذه الظروف، يكون من غير الملائم استخدام أدوات الانتقاء، وبخاصة إذا لم يكن هناك مجال للاختيار أمام المؤسسة إلا أن تختار من يتقدم للعمل لديها، أما إذا كانت معدلات البطالة عالية جداً، ومعدل عدد المتنافسين على وظيفة واحدة كان عالياً جداً (شخص 100 مثلاً) في مثل هذه الظروف يمكن أن تستفيد المنظمة كثيراً من اللجوء إلى وسائل القياس والانتقاء التي تتمتع بالصدق العالي.

• معدل النجاح الأدنى The base rate of success: يشير هذا المبدأ إلى نسبة العاملين الذي يؤدون واجباتهم بنجاح، علي الرغم من أن توظيفهم تم دون استخدام أدوات الانتقاء الصادقة. فإذا وجدنا أن نسبة 80% من العاملين لدى شركة معينة يؤدون أعمالهم حسب معايير الجودة التي وضعتها المؤسسة فلن تتحقق منفعة كبيرة جراء استخدام أدوات الانتقاء حتى وإن كانت تلك الأدوات عالية الصدق.

إذن يمكننا القول إن فوائد استخدام أدوات الانتقاء لا تتحدد فقط بمدى صدق هذه الأدوات؛ بل قد يتحقق أعظم قدر من المنفعة عندما يكون مستوى صدق أدوات الانتقاء مقبولاً، وعندما تكون كل من معدل النجاح الأدنى ونسبة الانتقاء منخفضة جداً. (انظر الجدول التالي).

الفائدة النسبية تعتمد على معدل النجاح الأدنى ونسبة الانتقاء

فائدة منخفضة	فائدة متوسطة	فائدة عالية	
عالية	متوسطة	منخفضة	نسبة الانتقاء
عالية	متوسطة	منخفضة	معدل النجاح

انتقاء الأفراد في الممارسة العملية:

إذا أرادت شركة معينة أن تبلور خطة Scheme جيدة لانتقاء الأفراد: فعليها أن تمر في المراحل الرئيسية التالية:

1- إجراء تحليل عمل:

ويهدف تحليل العمل إلى معرفة ما تتضمنه الوظيفة. ويشرح لنا سمث وروبرتسون ست خطوات لتحليل العمل وهذه يمكن اختصارها إلى ثلاث مراحل رئيسية فقط هي:

● الأولى- جمع كل المعلومات المتوافرة من قبيل وصف العمل (الوظيفة) وكتيبات التدريب.

● الثانية- إجراء مقابلات مع كل شخص يعرف شيئاً عن أهداف الوظيفة ومسؤولياتها مثل المشرفين، والمهندسين ومن يقوم بوظائف أخرى تتصل بالوظيفة التي نحن بصددها أو ترتبط بها، إجراء

مقابلات/ استبانات مع من يقومون بالوظيفة، ومراقبة العاملين أثناء أدائهم للعمل.

- الثالثة- تحليل وتصنيف جميع البيانات التي تم الحصول عليها ووصف جميع جوانب الوظيفة.

2- إعداد أدوات التنبؤ:

يمكننا تحليل العمل التفصيلي- الذي أشرنا إليه في الخطوة السابقة- من الحصول على عينات أو علامات لاستخدامها لاحقاً في عملية إتقان العاملين، وهذه العلامات أو العينات تستخدم للتنبؤ بمدى كفاءة الفرد أو بمدى فائدته للمنظمة. وإذا حدث اختبارات وكانت الوظيفة تتطلب قدرات عددية وأخرى لفظية فمن حسن طالع المؤسسة وجود اختبارات عديدة جاهزة- تتمتع بثبات وبصدق مناسبين- لقياس هذه القدرات. ومن ناحية أخرى، إذا كانت الاختبارات المتوافرة غير ملائمة، فلا بد من تطوير اختبارات جديدة، وقد تأخذ أدوات التنبؤ شكل الانتقاء والقياس التي تستعين بها المؤسسات الكبرى عدداً متنوعاً من أدوات التنبؤ.

3- صدق أدوات التنبؤ- (الصدق المعياري):

يتلخص هدف هذه المرحلة في معرفة ما إذا كانت درجات الناس على أداة التنبؤ ترتبط بدرجات أدائهم بعد انتقائهم واختيارهم للقيام بالوظيفة التي يقدموا لها. وهناك طريقتان لحساب معامل الارتباط، وهما مثالان للصدق المعياري:

- الصدق التنبؤي: وهو استخراج معامل ارتباط درجات المتقدمين أثناء مرحلة الانتقاء، بدرجات أدائهم الفعلي، وتتطلب هذه العملية أن لا

يطلع من يقوم بتقدير الأداء الفعلي- للمشرفين مثلاً- على درجات مرحلة الانتقاء، كي لا يتأثروا بها تجنباً لما يمكن أن نسميه بـ"تلويث المعيار" Criterion contamination.

● الصدق التلازمي Concurrent Validity: وهو استخراج معامل ارتباط درجات أداء العاملين الحاليين مع درجاتهم التي يحصلون عليها عند تطبيق أدوات التنبؤ عليهم.

ويهمنا أن نشير هنا إلى ضرورة استخدام أدوات تنبؤ سبق وأن تحققنا من صدقها. وبغض النظر عن أسلوب استخراج معامل الارتباط فلا بد أن لا يقل المعامل عن 0.4 أو 0.5 وباستطاعتنا كذلك أم نحدد درجة معينة على المعيار (أداة التنبؤ) نعتبرها حداً فاصلاً بين من يمكن اختيارهم للعمل وبين من لا يصلحون للعمل، آخذين في الاعتبار احتمالات تطوير الأداء وتحسينه بوصفه نتيجة للتدريب.

الفصل السابع

الحافز وتقييم الأداء

الفصل السابع

الحافز وتقييم الأداء

- مقدمة
- العوامل المحفزة على العمل
- الأمان النفسي
- أهمية الوظيفة
- قياس الحافز
- مشكلات الاحتفاظ بخدمات الموظفين
- عملية اختيار الوظيفة
- تقييم الأداء
- تخطيط عملية التقييم
- إجراء مقابلات التقييم
- التقييم الشامل متعدد المصادر
- خطوات إجراء مقابلة التقييم الشخصية
- إدارة المكافآت
- تقييم الوظائف
- العلاقة بين تقييم الوظائف والكفاءات
- قائمة بخطوات تقييم الوظائف
- استخدام أساليب الحافز والتقييم

الفصل السابع
الحافز وتقييم الأداء

مقدمة:

بمجرد الانتهاء من عملية توظيف الأفراد واختيار أفضل العناصر من الأشخاص المرشحين للعمل، ينصب اهتمام المؤسسة على كيفية الحصول على أفضل أداء ممكن من موظفيها الجدد. ويتمركز هذا الأمر حول مسألة الحافز أو إدراك العوامل النفسية التي تجعل الأشخاص يعملون بكفاءة وفعالية اكبر. وفي هذا الصدد، أشار عدد من الدراسات إلى أن الموظفين الذين يمتلكون الحافز القوي ويشعرون بالرضا تجاه عملهم يخدمون مؤسساتهم لفترة أطول ويكونون أكثر إنتاجيه.

وتشير هذه الدراسات أيضا إلى أن الشركات التي توفر العوامل المحفزة وتعمل بكل جد على جعل موظفيها يشعرون بقيمتهم تستطيع انم تضاعف حجم أرباحها بشكل كبير.

ويتناول هذا الفصل العوامل التي تدفع الموظفين إلى زيادة معدل أدائهم، هذه بالإضافة إلى الأساليب اللازمة لتقييم المصادر المختلفة للحافز. كذلك، يستعرض هذا الفصل الأسباب التي تدفع الأشخاص إلى التخلي عن وظائفهم، وذلك مع مناقشة المشكلات المتعلقة بالاحتفاظ بخدمات الموظفين من خريجي الجامعة.

وكشأن معظم المشكلات الأخرى في مجال علم نفس إدارة الأعمال، فأن التدخلات البناءة التي تقوم بها الشركة تتطلب تقييما موضوعيا للأداء.

لذا يتناول هذا الفصل بشيء من التفصيل المتطلبات اللازمة لأجراء مقابلات تقييم فعاله، هذا الجانب دور طرق التقييم الشامل متعدد المصادر.

وأخيرا يلقي الفصل الضوء على الموضوع المهم المتمثل في تقييم الوظائف وإدارة عملية منح المكافآت، وذلك بالإشارة إلى ربط المكافآت بأطر الكفاءة في أداء العمل على وجه الخصوص.

العوامل المحفزة على العمل (باجتهاد):

إذا بحثنا عن الدوافع وراء حرص الأشخاص على العمل من منظور سطحي، سنجد أن هناك دوافع واضحة بديهيه لا تحتاج إلى أي إثباتات.

أولا، يعتبر العمل وسيلة مناسبة لكسب الرزق والحفاظ على مستوى معين من المعيشة. غير أن ذلك ليس هو السبب الوحيد الذي يدفع الأشخاص إلى العمل كما هو واضح من الطريقة التي نتحدث بها عنه. فوظيفة الشخص تعتبر مؤشرا على مركزه الاجتماعي، كما أنها تمنحه شعورا قويا بهويته وذاته. ويتضح ذلك من حقيقة أن السؤال الأول الذي نطرحه غالبا على أي شخص غريب نقابله هو:" ما وظيفتك؟". كما أننا جميعا نعمل جاهدين طيلة حياتنا من اجل الالتحاق بوظيفة مرموقة نشعر أنها تعكس قيمتنا ومكانتنا الحقيقية. ويشير ما سبق ذكره إلى أهمية الدور الذي يلعبه العمل في منحنا شعورا بالانجاز وبأن لنا هدفا" في الحياة، هذا فضلا عن إتاحة الفرصة لنا لإتقان مجموعة من الأنشطة التي يعتبرها المجتمع ذات قيمة. علاوة على هذا، فإن العمل ينظم يومنا ويؤدي وظيفة اجتماعية مهمة للغاية. ولا ينبغي التقليل من أهمية النقطة الأخيرة؛ حيث أنها تلعب دورا حيويا في كل من تشكيل سلوك الفريق وتطور علاقات العمل الأخرى. كذلك، فإن العمل يعتبر السبب الرئيسي وراء العلاقات

التي تشكل خارج إطار العمل، حيث يذكر أن 50% من الأزواج يتعرفون على بعضهم من خلال العمل.

على الرغم من أن هذه العوامل تمثل قدرا كبيرا من الأهمية بالنسبة للأفراد، فإن السؤال الخاص بالعوامل المحفزة الفعلية وراء اجتهاد الأشخاص في العمل يظل قائما. وهو سؤال صعب الإجابة عنه، حيث إن إجابته لا تدور فقط في إطار كسب المال أو تعزيز الشعور بالمشاركة.

وما يزيد الأمور تعقيدا هو أن العوامل المحفزة الرئيسية وراء الاجتهاد في العمل قد تختلف حسب نوع الوظيفة وطبيعة الشخص. وفي هذا الصدد، هناك مجموعتان تندرج تحتهما سمات الوظيفة التي يقال إنها تعزز من شعور الفرد بروح المشاركة، ومن ثم، تحفزه على الأداء الجيد لمهام عمله. وتكّون هذه السمات، التي تم تحديدها لأول مرة من خلال دراسة تم إجراؤها على العاملين في قطاع المبيعات بالولايات المتحدة الأمريكية، مجموعتين من الدوافع أو العوامل المحفزة، هما: "الأمان النفسي" و "أهمية الوظيفة":

الأمان النفسي:

- الدعم: يتم منح العاملين سلطة اتخاذ القرارات، هذا ويتم دعم هذه القرارات من قبل رؤسائهم المباشرين.
- وضوح الدور: يعرف العاملون بالضبط ما هو المتوقع منهم. كذلك، توضح لهم الطريقة التي يتم من خلالها تقييم أدائهم ومستوى جودة العمل المطلوب منهم.
- التقدير والثناء: يحصل العاملون أو الموظفون الذين يعملون في فرق عمل على التقدير والثناء المناسب نظير إسهاماتهم.

أهمية الوظيفة:

- التعبير عن الذات: يتم تشجيع العاملين على تطوير أسلوبهم الخاص في أداء العمل والشعور بأنهم قادرون على التعبير عن شخصيتهم.

- المساهمة: يجب ألا يشعر العاملون بأنهم مجرد " ترس صغير في آلة كبيرة "، وإنما ينبغي أن يكونوا قادرين على إدراك مدى الفارق الذي تحدثه مجهوداتهم.

- التحدي: يجب أن يعتبر العاملون عملهم مصدرا لتوليد الدوافع الإيجابية. كذلك، يجب أن تنمي المهام الفردية قدرات العاملين. في مجال المبيعات، هناك سمتان أساسيتان على وجه التحديد تجعلان الأفراد يعملون بإجهاد كبير. السمة الأولى هي التعبير عن الذات وتعزيز الشعور بأن الأفكار الجديدة مرحب بها دائما. أما السمة الثانية، فتتمثل في إدراك أن المؤسسة تعرف وتقدر أهمية الدور الذي تلعبه المبيعات. وتوجد العديد من السمات الأخرى المهمة، ولكنها لا تولد الحافز القوي نفسه لدى العاملين في قطاع المبيعات. كذلك، فإن وضع هدف محدد يتم تحقيقه لا يعد حافزا أساسيا وراء اجتهاد هؤلاء العاملين في عملهم. وتعتبر النقطة الأخيرة نتيجة مثيرة للدهشة عند التفكير في الطريقة التي تعمل بها معظم مؤسسات المبيعات.

يمكن إيجاز ما سبق بتوضيح أن أهمية الوظيفة والأمان النفسي يتحدان معا لتوليد الشعور بروح المشاركة في العمل. وهذا بدوره سيحفز الأشخاص على تخصيص المزيد من الوقت والجهد والعمل، الأمر الذي سيؤدي في النهاية إلى تحسين جودة الأداء. ويلاحظ أن الشعور بروح المشاركة في العمل يشبه إلى حد كبير حب العمل. فالأشخاص الذين يكون لديهم إحساس قوي بروح

المشاركة في العمل يهتمون بوظيفتهم لدرجة تجعلهم يستبعدون أي شيء آخر من دائرة اهتماماتهم. وهكذا، يصبح العمل هو هدف حياتهم، كما أنهم يكونون غالبا على استعداد للعمل لأي عدد من الساعات للانتهاء من العمل المطلوب منهم، وذلك لأنهم يستمتعون فعلا بما يفعلونه. وسواء أكان الارتباط بالعمل بهذه الدرجة أمرا سليما أم لا، فإن هذا ليس موضع النقاش هنا. فالهدف الأساسي الذي تسعى إليه أية مؤسسة هو زيادة إحساس الموظفين بروح المشاركة. ويتضح مما سبق ذكره أيضا أن الشعور بالمشاركة في العمل هو نتاج للسمات المشار إليها سابقا. فضلا عن انه لا يمكن توليد مثل هذا الشعور من خلال جعل الأشخاص يعملون بجهد أكبر أو لفترات أطول.

وهذه نتيجة أخرى مهمة؛ حيث أن معظم أصحاب العمل يعتقدون انه يمكن فقط تحسين الأداء من خلال الموظفين على بذل مجهود بدني أو ذهني اكبر.من الواضح أن الموضوع أكثر تعقيدا من ذلك، وان المقاييس البسيطة لتقييم الإنتاجية، مثل طول فترة العمل، لا تعبر فعلا عن جودة الأداء. ويثير هذا الأمر الجدال حول العديد من القضايا، مثل الجدال حول الحد الأقصى عدد ساعات اعمل وعقود ساعات العمل السنوية وساعات العمل التي تتسم بالمرونة وغير ذلك.

بالنسبة للمهتمين بالاختلافات بين المجموعات المهنية، اظهر بحث تم إجراؤه مؤخرا أن الحافز الأساسي وراء اجتهاد العاملين بمجال الموارد البشرية في العمل يكمن في أهمية الوظيفة. فهم يحتاجون إلى الشعور بأنهم جزء لا يتجزأ من المؤسسة وأنهم يساهمون بشكل أساسي في نجاحها واستمرارها. وفي مثل هذه الظروف، يكون هؤلاء العاملون على استعداد لبذل الوقت والجهد ؛ الأمر الذي يعزز لديهم الشعور بأنهم يعملون في مناخ يدعم مجهود اتهم

ويشجعهم على التعبير عن الذات. وعلى النقيض من ذلك، نجد العاملين في مجال المبيعات يحتاجون أولا إلى الشعور بقدرتهم على التعبير عن أنفسهم قبل أن يبذلوا المزيد من الجهد في عملهم. وهكذا، فإن توفير فرص اكبر للتعبير عن الذات لن يزيد على الأرجح من شعور العاملين في مجال الموارد البشرية بروح المشاركة في العمل. ولهذا الاستنتاج آثار مهمة فيه أن هناك اختلافات مشابهة بين المجموعات المهنية الأخرى، وهي اختلافات دقيقة للغاية، مثل تلك الاختلافات التي ينبغي تحديدها إذا أردنا أن نقيس العوامل المؤثرة على دوافع احد الأشخاص للعمل.

قياس الحافز:

يعد استخدام الاستبيانات السلوكية إحدى أكثر الطرق شيوعا لقياس تأثيرات مصادر الحافز المختلفة على الفرد. تجدر الإشارة هنا إلى أن هذه الاستبيانات تشبه إلى حد كبير في بنيتها استبيانات الشخصية، ولكنها تركز على الأبعاد الخاصة بالعوامل المحفزة على العمل. على سبيل المثال، يقيس استبيان تحليل الحافز الصادر عن إحدى الهيئات البريطانية المختصة أربعة أبعاد أساسية للحافز، ألا وهي "الطاقة والنشاط" و "التعاون" و "العوامل الداخلية" و "العوامل الخارجية". ويتم تناول هذه الأبعاد بالتفصيل في نهاية هذا الفصل. وبصفة عامة، يتعلق البعد الخاص بالطاقة والنشاط بعوامل مثل الحاجة إلى الشعور بالانجاز والمنافسة. أما البعد الخاص بالتعاون، فيتعلق بجوانب مثل التقدير وتنمية الذات. بينما تتعلق العوامل الداخلية بالحاجات الفردية، مثل المرونة في العمل والاستقلالية، هذا في حين أن العوامل الخارجية تتعلق بالدوافع الخارجية التقليدية، مثل المكافآت والمكانة الاجتماعيه.

يعرض استبيان تحليل الحافز على المجيبين 144 موقفا وظيفيا مختلفا، ثم يطلب منهم تقدير تأثير كل موقف من هذه المواقف على حافزهم للعمل. ويقيس هذا الاستبيان 18 جانبا مختلفا للحافز من أجل تقديم تحليل شامل لدوافع الفرد. عمليا، يتم عرض هذا التحليل على شكل رسم بياني مرفقا معه عدد من الجداول والنصوص التوضيحية. ويقدم الجدول التالي مقتطفا من تقدير خاص بمرشحة تدعى "جولي روس".

العوامل المحفزة	العوامل المثبطة
العمل تحت ضغط وبإيقاع سريع	العمل بإيقاع بطيء وعدم وجود مواعيد محددة لتنفيذ المهام
الأهداف الصعبة والتغلب على التحديات	الأهداف المعتدلة ومهام العمل السهلة
المنافسة	وجود فرصة محددة لمقارنة أدائها بأداء الآخرين
النفوذ والسلطة والقوة	غياب المسئولية وعدم المشاركة في اتخاذ القرار
مقابلة الناس والعمل الجماعي ومساعدة الآخرين	العلاقات المحدودة مع الآخرين أو عدم وجود علاقات على الإطلاق
ظروف العمل الآمنة والمريحة	ظروف العمل غير الآمنة أو غير المريحة
العمل المتنوع والممتع أو العمل الإبداعي	العمل الروتيني أو غير الممتع

كشأن كل المقاييس تحليل الذات الأخرى، تعتمد صحة النتائج التي يتم التوصل إليها على مدى إدراك الفرد لطبيعة شخصيته وأمانته في استكمال بيانات الاستبيان. أما إذا تم ملء بيانات الاستبيان بشكل واقعي وسليم، فأنه من الممكن أن تقدم نتائجه خلفيه مفيدة لعمليه تنمية مهارات العاملين والإرشاد المهني وأنشطة إدارة الأداء. كذلك، يتيح استخدام الاستبيانات لأصحاب العمل مراقبة التغيرات التي تطرأ على مفهوم الموظف عن طبيعة العمل، وتحليل هذه التغيرات في ضوء التحديات والفرص الجديدة. وهو أمر غاية في الأهمية في مواقف مثل تنمية مهارات الخريجين؛ حيث أن ذلك يساعد في كل من زيادة المجهود الذي يبذله الفرد والاحتفاظ بإمكانياته.

يعد هذا الاستبيان نموذجا واحدا فقط على الاستبيانات الخاصة بتحليل الحافز وراء الاجتهاد في العمل. تجدر الإشارة هنا إلى أن هناك العديد من الهيئات البريطانية المختصة التي تنشر استبيانات مشابهه، مثل استبيان A_ Motive واستبيان Motivation and culture fit Questionnaireواستبيان Motivation fit system.

غير أن الحصول على مثل هذه الاستبيانات يكون محصورا فقط على الأشخاص الذين تلقوا قدرا كافيا من التدريب. وفي المملكة المتحدة، يقصد بالقدر الكافي من التدريب إنهاء المستوى الثاني من وراء الدورة التدريبية التى تقدمها الجمعية البريطانية لعلم النفس.

مشكلات الاحتفاظ بخدمات العاملين من خريجي الجامعة:

تواجه العديد من المؤسسات مشكلة خطيرة فيما يخص الاحتفاظ بخدمات المديرين الرئيسين لديهما. وهو الأمر الذي يمثل أهمية خاصة عندما يتعلق الأمر بالموظفين أصحاب الشهادات الجامعية والتخصصات المهنية. ولا ترجع

هذه الأهمية الخاصة إلى ارتفاع تكلفة اختيارهم وتوظيفهم فحسب، وإنما أيضا لكونهم يمثلون موردا استراتيجيا لدى المؤسسة وجزءا كبيرا من رأسمالها الفكري. تجدر الإشارة هنا إلى أن رأس المال الفكري يشكل أهميه كبيره للشركات التي تعمل في مجال التكنولوجيا أو لأية مؤسسه تواجه منافسة شرسة، وذلك لأن خسارة رأس المال الفكري يعني تسرب المعلومات شديدة الحساسية إلى المنافسين وتمثل هذه المشكلة خطرا حقيقيا عندما يتعلق الأمر بالموظفين حديثي التخرج، وذلك لأنهم يميلون إلى تغيير وظائفهم كل عامين تقريبا في بدية حياتهم المهنية.

تشمل الأسباب التي يختار في ضوئها أصحاب الشهادات الجامعية الوظائف، في أغلب الأحيان، المركز المرموق الذي تحتله المؤسسة (خاصة إذا كان لها تجاري معروف) وموقعها المميز، هذا بالإضافة إلى فرص التدريب وتطوير المهارات التي تتيحها في المستقبل. ومن المؤسف أن عددا قليلا للغاية فقط من المؤسسات يقدم للموظفين فرصا للتطور والترقي تتناسب مع ما تتمتع به من شهره وصيت. وهكذا، فأن الكثير من خريجي الجامعة يصابون بالإحباط سريعا عندما يدركون حقيقة طبيعة الفرص التي تتيحها المؤسسة التي يعملون بها. غير أن صاحب العمل الذي يتمتع بمعرفه واسعة وقدر كبير من الدراية يستطيع عن العمل وان يضع مجموعه من الحلول المناسبة للتغلب على تلك المشكلة. في المملكة المتحدة، أشار عدد كبير من الأبحاث إلى أن الأسباب الرئيسية وراء انخفاض معنويات العاملين هي كالتالي:

- غياب روح التحدي والشعور بأنه لا يتم الاستفادة من القدرات والإمكانيات لدى الموظفين.
- عدم قيام رؤساء العمل بإبداء الاهتمام الكافي بالموظفين وإعطائهم القليل من النصح والإرشاد.

- التقييم السيئ للأداء والإدارة السيئة لنظام التقدم الوظيفي.

- تناقص فرص التدريب بمجرد استكمال برامج التدريب المبدئية.

- السياسات التنظيمية والمشاجرات التي تحدث في المكتب.

باختصار شديد، غالبا ما يترك الموظفون حديثو التخرج لينموا مهاراتهم ويديروا مستقبلهم المهني بمفردهم دون أي مساعدة، وذلك في ظل ضغوط العمل وغياب التوجيه. وفي المقابل، يتعامل أصحاب العمل غالبا مع ذلك الأمر بتقديم المزيد من المكافآت للعاملين المستاءين المتوقع لهم النجاح والتفوق -غير أن هذه الإستراتيجية التي تنفذ مرة واحده فقط نادرا ما تحقق النجاح المرجو. فقد أشارت النتائج التي توصل إليها عدد من الدراسات إلى أن 10% فقط من الموظفين يعتبرون أن المكافآت هي السبب الرئيسي الذي يدفعهم إلى ترك العمل. هذا في حين أن الكثير من العوامل التي تمت الإشارة إليها آنفا في هذا الفصل، مثل غياب فرص استغلال المهارات وتنميتها، كانت من أكثر الأسباب شيوعا لترك العمل. ومن وجهة النظر المؤسسية، فأن العلاوات التي تدفع لموظفين بعينهم كإغراء للبقاء في العمل تتسبب في إفساد نظم منح المكافآت وامتعاض الموظفين الآخرين.

يذكر أن هناك منهج آخر أفضل يمكن استخدامه في هذا الصدد. وطبقا لهذا المنهج، تقوم المؤسسة بتحديد الموظفين الذين ترغب في الإبقاء عليهم في العمل، ثم بعد ذلك تحاول المؤسسة البحث عن العوامل التي تدفعهم إلى ترك العمل (أو البقاء فيه). وأخيرا، تقوم المؤسسة بتطوير استراتيجيه فعالة للاحتفاظ بخدماتهم. يتطلب تنفيذ الخطوة الأولى التي يتضمنها هذا المنهج إجراء عملية تحليل للمخاطر. وتركز عملية تحليل المخاطر التي تتم على مرحلتين على تحديد مجموعات الموظفين التي نسبة عالية من المخاطر بالنسبة للمؤسسة وتقييم

الآثار المترتبة على فقدان موظفين بعينهم. فعلى سبيل المثال، يندرج الموظفون حديثو التخرج الذين يمتلكون مؤهلات عالية ويتمتعون بمهارات مطلوبة في سوق العمل في مجموعات الموظفين عالية المخاطر، خاصة لأنهم غالبا لا يشعرون بروابط ألفة أو روابط شخصية قويه بمكان العمل، كما أنهم يمتلكون الطاقة التي تدفعهم إلى البحث عن فرص عمل أخرى أفضل. غير أن هذه المشكلة لا تقتصر فقط على الموظفين حديثي التخرج؛ حيث انه ينبغي أن يصنف أي موظف يمتلك مهارات مطلوبة بشده في سوق العمل ضمن مجموعات الموظفين عالية المخاطر. علاوة على ذلك، إذا كان فقدان المؤسسة لأي من هؤلاء الموظفين من شأنه أن يتسبب في حدوث مشكلات متعلقة بسير عمل المؤسسة الأساسي، فان العواقب المترتبة على ذلك يمكن أن تكون وخيمة.

بمجرد أن يتم تحديد مجموعات الموظفين التي تمثل نسبة مرتفعه من المخاطر بالنسبة للمؤسسة، تبدأ الخطوة التالية المتمثلة في البحث عن الأسباب التي تدفع الأشخاص إلى ترك العمل. يمكن أن يكون السبب وراء ترك العمل مزيجا من العوامل التي تمت الإشارة إليها سابقا في هذا الفصل. غير أن المهم هنا هو تحديد الأسباب الأكثر شيوعا. يمكن القيام بذلك من خلال إجراء دراسات منتظمة حول أسباب الرضا عن العمل مع إجراء مناقشات جماعات التركيز. يمكن أيضا، بدلا من ذلك، إجراء المقابلات الشخصية التي التخطيط لها بحرص شديد مع الموظفين الذين قرروا ترك العمل في المؤسسة. ومن الممكن أن يكون هذا النوع من المقابلات الشخصية فعالا للغاية؛ حيث أن هذه المقابلات تتضمن طرح الأسئلة على الموظفين الذين قرروا بالفعل ترك العمل - والذين لا يوجد لديهم ما يخسرونه - حول الأسباب التي دفعتهم إلى اتخاذ هذا القرار. ففي مثل

هذه المواقف، يمكن أن يقدم الموظفون معلومات صادقه ذات قيمه يصعب الحصول عليها بأي شكل آخر.

أخيرا، ينبغي الاستفادة من المعلومات التي يتم الحصول عليها وتطوير استراتيجيه فعاله للحفاظ على العاملين في ضوء تلك المعلومات. تجدر الإشارة هنا إلى أنه من غير المحتمل أن يتطلب هذا الأمر معالجة جانب واحد فقط من عملية التوظيف، ولكنه سيقتضي إدارة مجموعة من العوامل المترابطة والمتداخلة. كذلك، فأن تحليل المخاطر الذي يتم إجراؤه بنجاح من شأنه أن يتيح للمؤسسة تكثيف جهودها نحو مجموعات الموظفين التي تمثل أهمية بالغة بالنسبة لها فيما يتعلق بأهدافها طويلة الأجل. وعمليًا، تتضمن أهم إجراءات التدخل بها المؤسسة في هذا الصدد ما يلي:

عملية اختيار المرشحين للوظيفة التي تتسم بالتركيز:

يتيح التحليل الجيد لعناصر وجوانب الوظيفة والقائم على أساليب الاختيار الموضوعية مقارنة المؤهلات والمواصفات التي يتمتع بها المرشحون لشغل وظيفة ما بتلك التي تتطلبها الوظيفة. وينبغي أن تعكس معلومات التوظيف صورة واقعية عن وضع المؤسسة وألا تقدم توقعات لا يمكن الإيفاء بها. على سبيل المثال، ينبغي ألا تشير إعلانات الوظائف إلى إمكانية تحقيق تقدم سريع داخل المؤسسة ما لم تكن هناك فرصه حقيقة للترقي.

التدريب المخطط له بعناية شديدة:

يجب إعداد برامج التدريب بشكل ملائم قبل أن يتم التعيين الموظفين. كذلك، يجب أن يتم إعداد هذه البرامج بما يتفق مع الاختبارات الفردية، وذلك مع الأخذ في الاعتبار التحليل النفسي لشخصية الموظف. فعلى سبيل المثال، يحتاج

الأشخاص الاجتماعيون إلى أن يكونوا في نشاط مستمر، وهم يستجيبون بشكل أفضل مع أساليب التعلم التي تعتمد على الأنشطة. هذا في حين أن الأشخاص المنطوين يفضلون استيعاب المعلومات بسرعتهم الخاصة من خلال كتيبات الإرشاد و غير ذلك من المصادر المدونة.

● الإدارة المتجاوبة:

يحتاج المديرون إلى تعديل أسلوبهم في إدارة شؤون العمل بما يتيح لهم تعزيز روح الفريق بين العاملين و تنمية مهارات الأفراد. كذلك، يجب أن يتم تدريبهم على مهارات الإرشاد وتدريب الآخرين. كما ينبغي عليهم العمل في ضوء مجموعة محددة من القواعد والإرشادات. يجب أيضا أن يشارك المديرون بشكل فعال في تدريب العاملين و أن يتأكدوا من وجود أهداف محددة للدورات التدريبية ومن تحقيق تلك الأهداف. هذا، وينبغي أن يقدم المديرون الإرشاد حول طبيعة المهن والوظائف المختلفة المتاحة في نهاية كل دورة تدريبية رسمية.

● إثراء محتوى الوظيفة:

يجب أن تشتمل الوظيفة على كل من عناصر العمل الفردي والعمل الجماعي. تجدر الإشارة هنا إلى أنه ينبغي تشجيع وتعزيز العمل الجماعي بوجه خاص. ويرجع السبب في ذلك أن معظم الشركات تعتمد في أنشطتها على العمل المنسق الذي تقوم به مجموعه من الأفراد. من ناحية أخرى، وجد أن السماح لأفراد فريق العمل بتوزيع المهام المطلوبة منهم فيما بينهم كيفما يتراءى لهم يؤدي إلى استغلال الموارد البشرية بفعالية أكبر.

● **الاستقلالية في تنفيذ مهام العمل:**

يجب السماح للعاملين، كلما كان ذلك ممكنا، بقدر من المرونة فيما يتعلق باختيار المكان الذي يريدون العمل فيه وتحديد عدد ساعات العمل. فجودة الإنتاج لا تتوقف فقط على العمل لفترات أطول أو العمل خلال فترات معينه من اليوم، و إنما تتوقف على العمل بكفاءة عالية في ضوء المعايير التي تحددها الشركة.

● **نظم منح المكافآت العادلة:**

ينبغي أن يتم دفع المكافآت على أساس جودة العمل الذي ينجزه الموظف أو فريق العمل. وليس على أساس المخاطر التي يمثلها موظفون بعينهم بالنسبة للمؤسسة في حالة تركهم للعمل. فالعلاوات التي تدفع للموظفين كنوع من الإغراء للبقاء في العمل ما هي إلا حل مؤقت للمشكلة، كما سبق وأشرنا من قبل، و لا تعني بالضرورة أن الموظفين سيستمرون في العمل لدى المؤسسة.

قائمة بخطوات الاحتفاظ بالموظفين:

● تحديد مجموعات الموظفين الرئيسية داخل المؤسسة.

● إجراء عملية تحليل منظمه للمخاطر.

● جمع معلومات قابله للقياس باستخدام الاستبيانات والدراسات والمقابلات الشخصية التي تجرى مع الموظفين الذين قرروا ترك العمل.

● تحديد أسباب رضا / عدم رضا الموظفين عن العمل.

● العمل على تعديل عمليات اختيار المرشحين وتقييم الموظفين، إذا كان ذلك ملائما.

- تطوير إستراتيجية لتوليد الدوافع القوية للعمل وتحسين الأساليب المتبعة في الاحتفاظ بخدمات الموظفين.

- تدريب المديرين على تنفيذ الإستراتيجية الجديدة ومراقبتها.

- استخدام مجموعة من المناهج القائمة على التدريب وأنماط العمل وأهمية الوظيفة.

- تجنب التلاعب في جدول الأجور أو استخدام العلاوات التي تدفع لموظفين كإغراء للبقاء في العمل.

- مراجعة التغييرات ومراقبة تأثيرها على كل من دوافع الموظفين للعمل ونسبة الموظفين المحتفظ بخدماتهم.

تقييم الأداء:

يرتبط كل من حافز الموظفين للعمل ونسبة الموظفين المحتفظ بخدماتهم ارتباطا وثيقا بعملية تقييم الأداء. وتتضمن عملية تقييم الأداء مراجعة أهداف العمليات التي تحققت، مثل الانجازات السابقة، وتحديد الأهداف الخاصة بالأداء المستقبلي. كما أنها ترتبط بصورة مباشرة بالأهداف الشخصية، مثل التدريب وتنمية المهارات. وتؤثر كل هذه الموضوعات بشكل مباشر على دوافع الفرد للعمل، كما أنها من الممكن أن تؤدي إلى زيادة أو انخفاض مستوى الأداء. وعندما يتم التعامل مع هذه التقييمات بشكل سيئ - يذكر أن العديد من المؤسسات تدرك أنها لا تجري هذه التقييمات بصورة فعالة - فأن الموظفين يتعاملون معها على أنها مجرد مناسبات يتم فيها نقد أدائهم في العمل. هذا في حين أنه عندما يتم إجراء هذه التقييمات بصورة صحيحة، فإنها من الممكن أن تزود من يقوم بإجراء التقييم ومن يتم تقييمه، على حد سواء، بخبرات ايجابية مهمة. كما أنها من الممكن أن تصبح أداة فعالة في توليد الدوافع القوية للعمل لدى الموظفين.

تخطيط عملية التقييم:

يمكن أن يركز أي تقييم على عدد من النقاط المختلفة، إلا أنه ينبغي أن يتم التعامل مع التقييم، وذلك بغض النظر عن الهدف من إجرائه، على أنه جزء من عملية المراجعة السنوية المستمرة التي تتم بين الموظف ومديره والتي تعطي لكلا الطرفين الفرصة لمناقشة الأمور المتعلقة بالأداء. إن المبدأ الأساسي الذي يقوم عليه التقييم بسيط للغاية. ويتمثل هذا المبدأ في التأكد من أن الموظفين يعرفون بالضبط المقتضيات التي تتطلبها وظائفهم ودرجة الإجادة المنتظرة منهم وهل كان أداؤهم عند المستوى المطلوب أم لا.

تأخذ المناقشة عادة" شكل المقابلة الشخصية، وهي تحتاج إلى التخطيط المسبق وإتباع تسلسل منطقي محدد، شأنها في ذلك شأن أية مقابلة شخصية عادية. ومن المهم، بصفة خاصة، التعامل مع هذه المناقشات على أنها جزء أساسي من عملية تنمية مهارات الموظف. كما أنه من المهم أيضا إتاحة الوقت الكافي للتبادل الكامل للآراء. من ناحية أخرى، ينبغي أن تعكس البيئة المادية المحيطة الأهمية التي تمثلها عملية التقييم ؛ فيجب أن تكون البيئة هادئة وبعيدة عن أية مناطق عمل مزدحمة. ويجب أن ينصب التركيز الأساسي في هذه المناقشات على ما تم تحقيقه من انجازات وتقدم، حتى يتم الوصول في النهاية إلى خطة عمل للسنة القادمة. ومن المهم للغاية التركيز على التقدم الايجابي الذي حققه الموظف ؛ حيث إن التقييم الدي يأخذ شكل التحليل الذي يجرى للحدث بعد وقوعه أو الذي يميل إلى استخدام مبدأ " العقاب" أكثر من " الثواب " سيضعف من قوة حافز الموظف للعمل وسيولد عنده حالة من عدم الرضا تجاه التقييم ومن يقوم به.

يجب أن يستعد كل من المدير التنفيذي والموظف بعناية شديدة قبل إجراء هذه المقابلة. فيجب أن يتأكد المدير من توفر أحدث البيانات المتعلقة بوصف الوظيفة لديه و أن يراجع المعلومات الخاصة بأداء الموظف، ومن الأفضل أن تأخذ هذه المعلومات شكل ملاحظات يتم تدوينها على مدار العام. من المهم أيضا التفكير في نوعية الأهداف المطلوب توضيحها وكيفية توزيع المناقشة بين الحديث عن احتياجات المؤسسة واحتياجات الموظف. كذلك، ينبغي على المديرين تحليل أسباب نجاح الموظف أو فشله، هذا بالإضافة إلى تحديد الجوانب التي يجب منحه الثناء والتقدير عليها وكيفية التعامل مع مستويات الأداء المنخفضة بشكل بنّاء. علاوة" على ذلك، يجب إتاحة الوقت الكافي للتمعن في أهداف الفرد الشخصية وتلك الخاصة بالعمل في المؤسسة بالنسبة للفترة القادمة. وبالمثل، يجب أن يقوم الموظفون الذين يتم تقييمهم بإعداد ملاحظات توضح كيفية تنفيذهم لأهدافهم على مستوى العمل وكذلك على المستوى الشخصي. كما يجب أن يكونوا مستعدين لتقييم أدائهم بأنفسهم في المقابلة. كذلك، يجب أن يكونوا على استعداد لمناقشة أي موضوعات ملحة تتصل بطبيعة عملهم أو تطلعاتهم على المدى البعيد. وتسمح بعض المؤسسات للموظفين بالاستعداد بشكل رسمي للتقييم وملء بيانات استبيانات التقييم الذاتي الشاملة التي تشكل الأساس الذي ستجرى في ضوئه المناقشة.

إجراء مقابلات التقييم:

تتشابه المهارات اللازمة لإجراء مقابلات التقييم مع تلك المستخدمة في عملية اختيار المرشحين للعمل، وهو ما يعني أنه ينبغي على المدير أن يطرح الأسئلة المفتوحة وأن يتيح لمن يتم تقييمه بالقدر الأكبر من الحديث أثناء المقابلة. وتوفر هذه البنية مساحة أكبر للمناقشة، كما أنها تسمح للموظفين بالإفصاح عن

أي موضوعات تهمهم وتجعلهم يشعرون بأنه يتم الإنصات إليهم بشكل عادل. وسيتأكد المدير المتمتع بالخبرة الكافية من أنه يتم حث الموظف على تقييم أدائه الشخصي ومن أنه يتم تحليل الأمور المهمة بشكل مشترك. ومن المهم للغاية أن تتم إدارة المناقشة بحيث تكون الحقائق هي أساس المناقشة وليست الآراء، و أن يتم التركيز على أداء الموظف وليس شخصيته. ويمكن تحقيق ذلك الأمر من خلال الإشارة إلى وقائع حقيقية وليس إلى مواقف افتراضية. على سبيل المثال، يمكن توجيه الأشخاص الذين يتم تقييمهم بطرح عليهم مجموعة من الأسئلة التي ترتبط بموقف معين من خلال أسلوب التركيز على الأحداث المهمة (المشار إليه في الفصل الأول)، وذلك كما يلي:

- كيف قمت بالتخطيط للمشروع "س"؟

- من قام بالعمل معك في هذا المشروع؟

- ما مدى النجاح الذي أحرزتموه عند العمل معا؟

- ما الدور الذي قمت به؟

- ما النتيجة المتحققة ؟

- لماذا حققت \ لم تحقق النجاح؟

- ما الذي اكتشفته عن نفسك؟

- ما الشيء الذي تريد تغييره في المستقبل؟

بالطبع، إذا كان المدير التنفيذي هو من يقوم بإجراء التقييم، فأن إجابات بعض هذه الأسئلة ستكون معروفة بالنسبة له. غير أن المهم هنا هو معرفة وجهة نظر الموظف في الأحداث المحيطة. وبالنسبة للمواقف التي لم تسر فيها

الأمور على النحو المخطط له، فأنه لا ينبغي على المدير أن ينتقد الموظف أو يلقى باللوم عليه. فينبغي توجيه هذا النوع من التقييم الناقد، إذا كان مستحقا"، في الوقت نفسه لوقوع الحدث. وتقودنا النقطة الأخيرة إلى قاعدة مفيدة للغاية تنطبق على جميع التقييمات ألا وهي عدم توجيه النقد غير المتوقع للموظفين. فمقابلات التقييم ليست هي الوقت المناسب للمفاجآت، وإنما هي فرصة مناسبة يتم فيها مراجعة مدى التقدم الذي تم إحرازه ومناقشة سبل تحسين مستوى الأداء في المستقبل، وذلك بشكل منطقي وعقلاني. هذا وتتمثل أفضل الطرق لتحقيق ذلك في الالتزام بالحقائق واستخدام أساليب الثناء الملائمة، هذا بالإضافة إلى وضع أهداف صادقة وحقيقية يمكن قياسها. علاوة على ذلك، يجب أن يحصل الموظف الذي يتم تقييمه على فرصة للتحدث عن الموضوعات التي يرى أنه ينبغي على المدير أن يعيد النظر فيها. وبالتالي، يمكن للمدير أن يستفيد من تلك المقابلة كوسيلة لتقييم أدائه هو الآخر. تشمل الأسئلة التي تتناول هذا الموضوع الذي غالبا ما يتم إغفاله ما يلي:

- كيف يمكنني أن أساعدك في تحقيق أهدافك بصورة أكثر سهولة؟

- هل أسلوبي في الإدارة يزيد من صعوبة أداء مهام وظيفتك؟

يتطلب إجراء التقييم الشامل تخصيص المزيد من الوقت والجهد. كذلك، يجب أن يكون المدير على دراية بأهمية عملية التقييم وألا يتعامل معها على أنها مهمة روتينية يجب الانتهاء منها في أسرع وقت ممكن. من ناحية أخرى، ينبغي أن يتعامل الموظف الذي يتم تقييمه مع هذه المناقشة على أنها فرصة لمراجعة مدى التقدم الذي أحرزه ومنطلق للمزيد من التدريب والتطوير. وفي بعض الأحيان، تعتبر هذه المناقشة هي الفرصة المناسبة للحديث عن زيادة الأجور أو العلاوات، وذلك على الرغم من أن هذا الأمر يعتمد على كل من الطريقة التي

تدير بها المؤسسة نظام منح المكافآت والعلاقة بين الأجر ومستوى الأداء. وأخيرا، يتحتم على كل من يقوم بإجراء عملية التقييم التأكد من تلقيه التدريب المناسب. فمثلما لا يوجد ما يمكن أن نطلق عليه الموهبة الفطرية في اختيار المرشحين لشغل وظيفة ما، لا يوجد أيضا ما يمكن أن نطلق عليه الموهبة الفطرية في إجراء مقابلات التقييم. فتتطلب كل من عملية اختيار المرشحين وعملية التقييم الاستخدام الفعال والمنضبط لمجموعة من المهارات الخاصة حتى يحققان النتائج المرجوة منهما التي تدعم احتياجات المؤسسة.

التقييم الشامل متعدد المصادر:

يعتبر التقييم الشامل متعدد المصادر أسلوبا جديدا نسبيا يتيح جمع المعلومات المتعلقة بالتقييم من عدة مصادر مختلفة. ولا تشمل هذه المصادر الذي يتم تقييمه فحسب، وإنما تشمل أيضا تقاريره المباشرة والمديرين التنفيذيين، بل والعملاء أو الزبائن في بعض الأحيان. ويعطي هذا النوع من التقييم صورة أكثر شمولا حول مهارات وإمكانيات الموظف، كما انه يقم وسيلة فعالة يمكن من خلالها تحديد مهارات الموظف التي تحتاج إلى تطوير وتحسين أدائه. وقد اثبت هذا الأسلوب أيضا أهميته في تغيير الثقافة السائدة في المؤسسات وفي تعزيز السلوكيات الجديدة والكفاءات الجوهرية.

يتم عادة إجراء التقييم الشامل متعدد المصادر من خلال استخدام مجموعة من الاستبيانات التي يتم ملؤها بالورقة والقلم، وذلك على الرغم من أن بعض الهيئات الاستشارية بدأت مؤخرا في طرح خيار جمع المعلومات من خلال شبكة الانترنت. ويغض النظر عن الأسلوب المتبع في جمع المعلومات، فإنه يتم تنظيم المعلومات التي يتم الحصول عليها من المجيبين عن الاستبيانات، ثم بعد ذلك يتم إعداد تقرير تقييمي في ضوءها، ويعد تقرير

Skillscope، الصادر عن إحدى المراكز الأمريكية المتخصصة في الإدارة والقيادة، مثالا نموذجيا على تقارير التقييم الشامل متعدد المصادر. وهو عبارة أداة تقييم متعددة المقاييس تعتمد على استبيان يتضمن (98) بندا. ويطرح هذا الاستبيان أسئلة حول (15) مجموعة من المهارات التي تمثل أهمية خاصة في بيئة العمل وتشتمل هذه الاستبيانات على (10) استمارات. هذا ويحصل المجيب على استمارة واحدة، بينما يحصل القائمون على عملية التقييم على التسع استمارات الباقية. وعمليّا، يتم عادة ملء بيانات (6) استبيانات على الأقل؛ حيث إن ذلك يساعد في ضمان السرية بين كل من المجيب والقائم على عملية التقييم. ويعطي التقرير الناتج صورة تفصيلية عن نقاط القوة لدى المجيب عن الاستبيان والمهارات التي يحتاج إلى تنميتها. كما أنه يقدم معلومات حيوية حول أهمية هذه النقاط والمهارات بالنسبة لدوره الوظيفي. علاوة على ذلك، من الممكن جمع النتائج من أكثر من مجيب واحد - كما في حالة فريق أو مجموعة العمل - وإعداد تقرير متكامل من معلومات التقييم.

مجموعات المهارات الخمسة عشر في تقرير Skill cope

1. جمع المعلومات والاستفادة منها.
2. توصيل المعلومات والأفكار.
3. الايجابية واتخاذ القرارات.
4. المخاطر والإبداع.
5. الطاقة والحافز والطموح.
6. العلاقات.
7. التأثير والقيادة والسلطة.

8. تقبل العمل تحت قيادة الآخرين والمرونة.

9. الكفاءة الإدارية/ التنظيمية.

10. إدارة الخلافات والمفاوضات.

11. إدارة الوقت.

12. اختيار العناصر الجيدة وتنمية مهارات الأفراد.

13. معرفة متطلبات الوظيفة وطبيعة أنشطة الشركة.

14. القدرة على تحمل ضغوط ومشكلات العمل والأمانة.

15. إدارة الذات وفهم الشخصية وتطوير الذات.

هذا ويشير العديد من الهيئات البريطانية المختصة استبيانات مشابهة، مثل استبيان " Inventory of Management Competencies " و استبيان "Perspectives on Management Competencies" وكذلك الاستبيان "Personal Competency Framework " و"Benchmarks ". وتقدم هذه الاستبيانات تقارير متخصصة يمكن استخدامها في جميع أشكال التقييم وعمليات تنمية المهارات. ويرتبط بعض هذه التقارير بإرشادات التخطيط لعملية تنمية مهارات العاملين أو كتب التدريبات للأفراد، وهو الأمر الذي يسمح بتحليل أوسع نطاقا لنتائج الاستبيان وتحديد الأهداف المتعلقة بالمهارات المراد تنميتها.

على الرغم مما سبق ذكره، فإنه ينبغي عليك اختيار الاستبيانات المنشورة التي سيتم استخدامها في عملية التقييم بحرص شديد. فيجب التأكد من أن أداة التقييم الشامل متعدد المصادر ملائما للغرض الذي تريد تحقيقه من عملية التقييم ومن انك قد تدربت على استخدامها بالشكل الكافي. يجب أيضا

التأكد كمن التعامل مع المعلومات في نطاق من السرية التامة ومن حصول المجيبين الاستبيان على تقيم يتوافق مع الإرشادات التي حددتها جهة النشر. ويتضمن ذلك الأمر تقديم معلومات دقيقة عن النتائج ومدى صحتها، هذا بالإضافة إلى جعل المجيبين على دراية بمدة سريانها.

في الوقت الذي لا تزال فيه طرق التقييم التقليدية القائمة على العلاقة بين الرئيس ومرؤوسيه هي أكثر طرق التقييم شيوعا، يدرس الكثير من الشركات في الوقت الحالي خيار استخدام طرق التقييم الشامل متعدد المصادر. وقد أظهرت دراسة أجرتها الجمعية الصناعية البريطانية أن 5% فقط من المديرين يعتقدون أن طرق التقييم التقليدية ستظل مقبولة في العشر سنوات القادمة، بينما يعتقد أكثر من 40% من المديرين أن أسلوب التقييم الشامل متعدد المصادر سيكون أهم إضافة إلى طرق التقييم المتبعة حاليا.

قائمة بخطوات إجراء مقابلة التقييم الشخصية:

- استخدام وصف حديث مفصل لمتطلبات الوظيفة

- جمع البيانات المتعلقة بأداء الأفراد.

- جمع بيانات إضافية باستخدام الاستبيانات.

- تذكير الموظف بالغرض من هذه المناقشة.

- الاتفاق على جدول الأعمال مع الموظف.

- مراجعة الأهداف والإجراءات التي تم الاتفاق عليها في التقييم الأخير.

- تقدير مدى الفاعلية التي تم بها تحقيق الأهداف.

- مقارنة أداء الموظف بالوصف الخاص بمتطلبات الوظيفة بحرص شديد.
- الاتفاق على الأهداف الخاصة بالأداء المطلوب تحقيقها قبل عملية التقييم التالية.
- مناقشة الجوانب التي يحتاج الموظف التدرب عليها أو تطويرها.
- الاتفاق على الاحتياجات المطلوب الوفاء بها والشخص المنوط للقيام بهذه المهمة والموعد المحدد لذلك.
- إعطاء الفرصة لمناقشة أي موضوعات أخرى.

إدارة المكافآت:

في الوقت الذي تعتبر فيه المكافآت والعلاوات طريقة غير فعالة للتأثير على حافز الفرد للعمل فإن إدارة نظام عادل لمنح المكافآت تعد أولوية أساسية من اجل الحفاظ على مناخ صحي ونشط داخل المؤسسة. ويتطلب وضع مثل هذا النظام من الشركة إجراء تقييمات رسمية للوظائف من اجل تحديد القيمة النسبية التي تمثلها الوظائف المختلفة داخل المؤسسة. وبناءا على هذه التقييمات، يتم وضع بنية محددة لدفع المكافآت - التي تحدد بشكل عشوائي في الكثير من المؤسسات - حتى يمكن في ضوءها اتخاذ قرارات سليمة ومبررة بشأن تحديد قيمة العلاوات والمكافآت التي يتم دفعها. من المهم للغاية أيضا أن تدرك أن تقييم الوظيفة يمثل حلقة وصل مباشرة بين اتجاه الشركة والقيمة الإستراتيجية التي تمثلها الأدوار المختلفة داخلها. فعلى سبيل المثال، لا يمكن تحقيق المهام والأهداف المؤسسة إلا من خلال الأفراد الذين يضيفون قيمة للوظائف الموكلة إليهم. غير أن أكثر الأسباب وضوحا وراء إجراء تقييمات الوظائف هو تقديم

إطار مرجعي يمكن في ضوءه اتخاذ القرارات السليمة بناءا على الفروق الحالية والفعلية - ولا يتعلق ذلك الأمر فقط بتحديد قيمة المكافآت التي سيتم دفعها للفرد، ولكنه يشمل أيضا ربط هذه المكافآت بما يحصل عليه الأفراد الآخرون.

من الواضح أن العملية بأكملها تعتمد على القدرة على تحديد قيمة للوظيفة. من الناحية النظرية، يستلزم ذلك تحديد ما يعرف باسم "القيمة الفعلية" أو الفكرة بأن قيمة الموظفين تتحدد في ضوء شخصياتهم ووظيفتهم أو مؤهلاتهم التعليمية وطبيعة العمل الذي يقومون به. ولتحديد هذه القيمة، يجب وضع العوامل التالية في الاعتبار:

- **التأثير:** ما الفارق الذي تحدثه أنشطة الموظف في الطريقة التي يتم بها تحقيق أهداف الشركة؟

- **الخبرة:** كيف تنعكس خبرات أو معارف الموظف على كفاءته في أداء مهام وظيفته؟

- **المسؤولية:** ما مستوى المسؤولية الشخصية المطلوب من الموظف تحملها من اجل أداء مهام وظيفته؟

- **الكفاءة:** ما الكفاءات التي ينبغي أن يمتلكها الموظف ليؤدي عمله بفاعلية وما درجة الإجادة المطلوبة لتلك الكفاءات؟

من المعتاد أيضا أن يتم وضع المتطلبات البدنية التي تستلزمها الوظيفة، وذلك فيما يتعلق بالجهد المطلوب بذله من أجل أداء مهام الوظيفة على النحو المطلوب، في الاعتبار. كما قد توضع في الاعتبار أيضا المتطلبات الذهنية غير المعتادة المتمثلة في القرارات التي يتم اتخاذها تحت ضغط. فعند تقييم العوامل

المطلوب توفرها في ضابط النقل الجوي الناجح، على سبيل المثال، يكون من المهم للغاية تقييم العلاقة بين المسؤولية الشخصية والمتطلبات الذهنية التي تستلزمها الوظيفة. يتضح أيضا أن العوامل المذكورة آنفا لا تضع في الاعتبار سمات مثل ثقافة المؤسسة أو قيمة وظيفة معينة في السوق. لذلك، قد يكون من التقليدي أن تقوم بعض المؤسسات، مثل تلك التي تعمل في قطاع الخدمات، بمكافأة مجموعات معينة من العاملين بطريقة ما، وغالبا ما ستتم مقارنة جداول الأجور والمرتبات بنظيرتها في المؤسسات الأخرى المنافسة. وتمثل النقطة الأخيرة أهمية خاصة، حيث تؤثر قيمة السوق بشكل ملحوظ على معدلات الأجور. ففي بعض الشركات ــ خاصة تلك التي تعتمد على العاملين المتخصصين غير المتوفرين في سوق العمل ــ تكون قيمة السوق هي العامل الأساسي في تحديد قيمة أجور الموظفين.

وعلى مستوى الفرد، يجب أيضا إدراك حقيقة أن الموظفين سيظلون غير راضين عن أجورهم إذا لم تتساوى مع الأجور التي تدفع لأصحاب الوظائف المشابهة في المجال نفسه، وذلك حتى و إن كانوا يعتبرون أن أجورهم عادلة داخل المؤسسة التي يعملون بها. وهذا الأمر، بالطبع، يجعل من الصعب على صاحب العمل وضع نظام أجور موضوعي بشكل كامل، خاصة إذا كانت المؤسسة تعمل في عدد من الأماكن المختلفة داخل البلاد. ويرجع السبب في ذلك إلى أن الموظفين، في مثل هذه الحالات، لن يقوموا بمقارنة أجورهم بمعدلات الأجور على المستوى المحلي وحسب، ولكن أيضا على المستوى القومي بشكل عام وتعتبر هذه المسألة هي المعضلة التقليدية فيما يتعلق بتحديد معدلات الأجور. وفي المملكة المتحدة، تثار هذه المسألة سنويا عندما تتفاوض نقابات تقديم الخدمات العامة مع الحكومة بشأن زيادات الأجور وأيضا عندما تحاول الشركات متعددة الجنسيات مساواة نظم الأجور في العديد من الدول المختلفة.

تقييم الوظائف:

تتمثل المهمة الأولى التي يجب القيام بها عند تقييم الوظائف في تحديد نوعية الوظائف التي سيتم تقييمها. وهي مهمة شاقة إلى حد كبير؛ حيث إنه من الممكن أن يصل عدد المسميات الوظيفية في بعض المؤسسات إلى أكثر من 200 مسمى وظيفي مختلف. وما يزيد الأمور تعقيدا هنا هو أنه قد يكون من الضروري تقييم عدد من الموظفين المختلفين لكل وظيفة مطلوب تقييمها. علاوة على ذلك، ينبغي أن تقرر المؤسسة ما إذا كانت ستقوم بتطبيق خطة تقييم موحدة على كل الوظائف أم ستستخدم عددا من خطط التقييم المختلفة وبمجرد الاستقرار حول هذه الموضوعات، يمكن البدء في برنامج التقييم. ويتضمن هذا البرنامج، بصفة عامة، المراحل الخمس التالية:

1. اختيار الوظائف المطلوب تقييمها.
2. تحديد أساس التقييم.
3. تحليل الوظائف المستهدفة.
4. تقييم الوظائف.
5. وضع نظام الأجور.

تعتبر المرحلة الأولى من أكثر المراحل أهمية حيث إنها تعتمد على تحديد عينه ممثله من الوظائف ويجب أن تعكس هذه العينة جميع الوظائف الموجودة داخل المؤسسة. كما يجب أيضا أن تتيح هذه العينة إمكانية إجراء مقارنات مباشرة مع الوظائف المشابه في الشركات الأخرى المنافسة،وذلك إذا رغبت الشركة في هذا الأمر.وكقاعدة عامه، يجب على القائمين على عمليه التقييم جمع معلومات عن ثلاثة نماذج، على الأقل، لكل وظيفة مستهدفه. ويتضمن المرحلة التالية تحديد العوامل المشتركة بين كل الوظائف والتي توجد

بدرجات متفاوتة في الوظائف المختلفة. ومن المفيد أن يتم استخدام إطار عام للكفاءة في هذه المرحلة (انظر الفصل الأول)، حيث أن ذلك من شأنه أن يكشف عن العديد من العوامل اللازم توفرها، هذا بالإضافة إلى توفير معلومات عن مستويات الأداء. وبمجرد تحديد العدد المناسب من العوامل - ثمانية أو عشرة عوامل مثلا - يتم تحليل الوظائف المستهدفة وتقييمها. وسيكون ناتج هذه المرحلة عبارة عن مجموعه من المواصفات الخاصة بالوظيفة والتي يمكن استخدامها في تحديد مرتبة وظيفة ما بالنسبة لوظيفة أخرى أو مقارنه هذه الوظيفة على أساس مقياس محدد مسبقا.

في كثير من الخطط التقييم، تتم مقارنه الوظائف بأكملها بعضها البعض، وذلك دون أي محاولة لتمييز بينها على مستوى العوامل. وتضع مثل هذه المناهج غير التحليلية الوظائف في ترتيب هرمي، وذلك عن طريق مقارنه الأزواج المتتالية من الوظائف أو مقارنة كل وظيفة على حده بالوظائف المعيارية التي يفترض انه قد تم تحديد مرتبتها بشكل صحيح. ويتمثل الهدف من ذلك في تحديد معدلات الأجور التي تعكس ضرورة مكافأة أصحاب الوظائف ذات القيمة المتساوية بالطريقة نفسها. ويعتبر هذا الأمر مطلبا قانونيا في المملكة المتحدة يفرضه قانون المساواة في الأجور. أما الطريقة البديلة لذلك، فتتمثل في استخدام خطه تقييم تحليليه أو خطة تعتمد على تصنيف درجه توفر عوامل معينه في وظيفة ما، ثم يعين لهذه العوامل نقاطا على أساس الأهمية النسبية التي يمثلها كل عامل. وهكذا، إذا تم تقييم الوظائف بصورة منظمه على أساس كل عامل متوفر فيها، فأنه يمكن تعين قيمه عدديه مستقله لكل وظيفة. ومن الممكن استخدام هذه القيم مباشرة في وضع جدول للأجور والمرتبات. تبقى الموضوعات المعلقة الوحيدة في هذه الصدد متمثلة في كيفية تحديد معدل الأجر الأساسي أو كيفية التعامل مع أصحاب المصالح الخاصة.

يتطلب نظام تصنيف رتب الوظائف تحديد معدل الأجر الأساسي، مثلما هو الحال بالضبط في المنهج الذي يعتمد على تحديد درجه توفر عامل ما في الوظيفة. وعلى الرغم من انه من السهل إعداد مثل هذا النظام؛ فانه ينطوي على عيب مهم للغاية ألا هو اعتماده على التصنيف البسيط لرتب الوظائف دون وضع الفروق الموجودة بينها في الاعتبار. فعلى سبيل المثال، قد يتم تصنيف وظيفة الإشراف على أنها ذات قيمه اكبر من وظيفة الإنتاج، ولكن إلى أي مدى؟

برامج تقييم الوظائف المتكاملة:

لا تعتمد عملية تقييم الوظيفة المشار إليها سابقا على التحليل والتقييم الجيد لمجموعة من الوظائف وحسب، وإنما تستلزم أيضا تخصيص المزيد من الجهد والوقت حتى يتم تنفيذها بشكل فعال. ولهذا السبب، يلجأ العديد من المؤسسات إلى استخدام برامج التقييم التجارية الجاهزة أو الاستعانة بخدمات هيئة استشارية متخصصة في الأمور المتعلقة بإدارة المكافآت.

يعتبر برنامج Hay Guide Chart_profile Method أوسع الطرق المستخدمة في تقييم الوظائف انتشارا على مستوى العالم، حيث يتم استخدامه في ما يقرب من 40 دولة، كما أنه يشكل الركيزة الأساسية لنظم الأجور في 8 آلاف مؤسسة مختلفة. وتعتمد هذه الطريقة على ثلاثة مبادئ رئيسية ألا وهي:

- تساهم كل الوظائف القائمة في الناتج النهائي الذي تحققه المؤسسة.

- يتطلب أداء الوظيفة المعرفة والمهارة والخبرة.

- يتم الاستفادة من الكفاءة الوظيفية في حل المشكلات التي تنشأ أثناء العمل.

ترتبط هذه المبادئ الثلاثة بالعوامل التالية على التوالي: "المساءلة الإدارية" و "الخبرة العملية" و "حل المشكلات". يذكر انه من الممكن وصف جميع الوظائف من خلال هذه العوامل. فعلى سبيل المثال، يمكن تقسيم الخبرة العملية إلى المعرفة الفنية أو الإجرائية أو المهنية والمهارة، ومهارات التخطيط والتنظيم والإدارة، ومهارات العلاقات الإنسانية. ويتم استخدام دليل واحد لكل عامل من هذه العوامل الرئيسية الثلاثة. ويشتمل هذا الدليل على مقياس وصفي لكل عنصر، بالإضافة إلى نظام ترقيم تبلغ فيه نسبة الفجوة بين كل مجموعة من المعايير الخاصة بكل عنصر 15%. وفي نهاية العملية، يتم تحديد "حجم الوظيفة"، وذلك بجمع نتائج العوامل الثلاثة معا.

يتم استخدام البيانات الخاصة بتقييم الوظيفة التي يتم التوصل إليها من خلال الطريقة السابقة في وضع نظام للأجور، وذلك عن طريق تقدير درجة توازن هذه العوامل في كل الوظائف التي يتم تقييمها ووضع واحد مما يلي:

- جدول للأجور والمرتبات يعتمد على حجم الوظيفة المطلق.

- نظام للتصنيف يعتمد على مجموعات الوظائف التي لها الحجم نفسه.

- نظام يربط بين كل الوظائف داخل المؤسسة.

- فئات للوظائف يندرج تحت كل فئة منها الوظائف التي تتطلب المهارات والكفاءات المتشابهة.

علاوة على ذلك، تتيح هذه الطريقة عقد مقارنات مع النظم التي يستخدمها أصحاب العمل الذين يديرون مؤسسات لها الحجم نفسه تقريبا، ويرجع السبب في ذلك إلى الطبيعة القياسية التي تتسم بها هذه الطريقة واستخدامها على نطاق واسع. وتمثل هذه السمة أهمية كبيرة، حيث أنها تضع

نظام المكافآت الخاص بالمؤسسة في سياق " سوق الأجور" الحالي بشكل تلقائي. تجدر الإشارة هنا إلى أن هذا النظام متوفر من خلال برنامج معروف باسم HRXpert يتم تشغيله على نظام MS Windows. ويوفر هذا الأمر طريقة مرنة يتم من خلالها إعداد استبيانات معدلة تستخدم في عقد مقارنة مباشرة بين وظيفة وأخرى أو بين مجموعة من الوظائف.

يتوفر أيضا في الأسواق البريطانية على نطاق واسع برامج متكاملة أخرى لتقييم العمل. وتشمل أمثلة ذلك برنامج Equate و برنامج Basic job Evaluation Scheme وبرنامج Pay Points System وبرنامج Profile Methodology وبرنامج Job Evaluation Method.

العلاقة بين تقييم الوظائف والكفاءات:

كما ذكرنا سابقا، فإن إطار الكفاءة يعد نقطة انطلاق جيدة فيما يتعلق بإعداد نظام لتقييم الوظائف، وذلك لأن العديد من المؤسسات تستخدم بالفعل منهج الكفاءة أو مناهج مشابهة في أغراض اختيار المرشحين للعمل أو تنمية المهارات. علاوة على ذلك، تتميز أطر الكفاءة بفاعليتها في تحديد الاختلافات بين الإفراد. ومن ثم، فهي تعد نقطة الانطلاق الطبيعية لإعداد نظم الأجور التي تعتمد على كفاءات الموظف. وتتساوى هذه النظم في ذيوع انتشارها مع المناهج التي تتحدد فيها الأجور على أساس نوع الوظيفة، وذلك لأنها تضع في اعتبارها الطبيعة المتغيرة لعمل الفرد. وبغض النظر عن الإطار المرجعي المستخدم، فإنه ينبغي أن يتم تحديد الكفاءات وقياسها بحرص شديد. بمعنى آخر، يجب أن يقوم المديرون بتحديد أهم الكفاءات المطلوب توفرها في الموظفين هذا إلى جانب تلك الكفاءات. وهي مهمة ليست سهلة؛ حيث أن الكفاءات تتنوع ما بين تلك التي يمكن تنميتها لدى الأفراد وتلك التي تكون متأصلة وفطرية لدى

الشخص. وهكذا، في حين انه قد يكون من المنطقي ربط الأجور- على الأقل جزئيا – بالتحسن الذي يطرأ على مهارات الموظف العامة في التواصل والتفاوض، فهل من المعقول حرمان الموظف من الحصول على مكافآت لعدم قدرته على الابتكار بالصورة المتوقعة منه؟

يزداد هذا الموضوع تعقيدا عند ادارك حقيقة أن المؤسسة عادة ما تختار موظفيها على أساس الكفاءات الفطرية المتأصلة لديهم لأنه يسهل تقييمها بوجه عام. غير أن المشكلة هنا تكمن في أن مثل هذه الكفاءات قد لا تتسم بالمبرزة التنافسية نفسها الموجودة في الكفاءات التي تتطلب وقتا ومجهودا لتنميتها. لذلك، قد يكون من الأفضل بالنسبة لصاحب العمل أن يقوم بتحفيز القدرات الكامنة لدى موظفيه عند طريق تبني منهج مرن عند التعامل مع الكفاءات والأجور، وذلك بدلا من الاكتفاء بمنح الموظف مكافآت عن الكفاءات التي كان يمتلكها بالفعل قبل أن يتم توظيفه. وفي دنيا الأعمال والوظائف التي تشهد تغيرات سريعة باستمرار، يكون من الصعب معرفة الكفاءات الجيدة المطلوبة. وفي هذا الصدد، يطرح علم النفس ثلاثة حلول ممكنة:

● الاهتمام بشكل اكبر بالكفاءات التي تتطلب الميل إلى التغيير والمرونة وسرعة البديهة. ويجب أن يشمل ذلك الأمر التأكد من أن الموظفين يتعلمون وينمّون مهاراتهم بسرعة ومن أنهم لا يعكسون مجرد صورة عن الكفاءات الموجودة في قوة العمل داخل المؤسسة.

● وضع الكفاءات الفكرية في الاعتبار، خاصة ما يرتبط منها بمستويات الأداء المرتفعة. تشمل أمثلة ذلك الكفاءات الإستراتيجية أو الكفاءات المرتبطة بالتنبؤ بمستويات الأداء المتوقعة في المستقبل.

● إيجاد صلة مرنة بين الكفاءات والأجور تضع في اعتبارها وجود دورة حياة محددة وثابتة لبعض الكفاءات. وهكذا، قد تكون بعض الكفاءات مهمة من اجل تحقيق الأداء الجيد في الوقت الحالي، غير أنها على الأرجح لن تكون بالقدر نفسه من الأهمية في المستقبل. هذا في حين انه قد تبزغ كفاءات أخرى جديدة، مثل الكفاءة المتمثلة في القدرة على العمل كجزء من فرق يتعامل أفراده عبر الوسائل الالكترونية (انظر الفصل الخامس).

باختصار شديد، من المهم أن تقوم بإجراء الأبحاث اللازمة في هذا الشأن وان تحدد سمات الفرد أو الوظيفة المرتبطة بالأداء. علاوة على ذلك، يجب أن تتعامل مع هذه السمات على أنها البيانات التي يتم إدخالها إلى عملية تستوجب مكافأة الموظفين أصحاب الأداء المرتفع، مع الاعتراف أيضا انه هناك عوامل أخرى على القدر نفسه من الأهمية، ألا وهي إتاحة الفرصة للأفراد لتنمية المهارات وتحسين الكفاءات اللازمة للإيفاء باحتياجات المؤسسة في المستقبل. وبهذه الطريقة، يمكن أن يلعب كل من تحليل الوظيفة وتقييم الوظائف ونظام الأجور المرن دورا بناءا في توليد الدوافع الفطرية القوية للعمل لدى الإفراد.

قائمة بخطوات تقييم الوظائف:

● التأكد من أن وصف الوظيفة\أطر الكفاءة متوافقة مع احدث متطلبات العمل في المؤسسة.

● تحديد الأهمية النسبية لسمات الوظيفة/ الفرد.

● اختيار نظام مناسب لتقييم الوظائف.

● التأكد من أن الأوصاف تفي باحتياجات نظام التقييم.

- التأكد من تلقي القائمين على عملية تقييم الوظائف القدر الكافي من التدريب.
- اختيار عينه من الوظائف بغرض تحليلها.
- فحص البيانات بحثا عن أي مصادر واضحة للتحيز والتفرقة - مثل التحيز المباشر /غير المباشر لموظفين بعينهم على أساس النوع.
- التأكد من أن عوامل التقييم تغطي متطلبات الوظيفة الأساسية.
- التأكد من أن النفوذ الممنوح للوظيفة يعكس أهميتها.
- تطبيق النظم التي تعتمد على منح النقاط - أو أي نظم مشابهه- كما تحدد جهة النشر.
- مقارنة النظم المستخدمة في المؤسسة بالنظم الأخرى التي تعكس أفضل الممارسات.
- القيام بتحديد الإمكانيات الكامنة داخل النظام.
- التأكد بحرص شديد من أن الحدود الخاصة بترتب الوظائف قد وضعت بصورة عادلة.
- التأكد من انه يمكن تبرير معدلات الأجور المختلفة في ضوء متطلبات الوظيفة الفعلية.

استخدام أساليب الحافز والتقييم:

ربما يتمثل الدور الأساسي الذي يجب على المدير القيام به في توليد الدوافع القوية لدى الموظفين من اجل أداء العمل بقدر كبير من الكفاءة. لذلك، ينبغي أن تتصدر أي أساليب يمكن من خلالها توفير العوامل التي تحفز

الموظفين وتدفعهم إلى العمل بكفاءة أعلى قائمة أولويات المدير. فيجب أن يكتشف المديرون العوامل المحفزة التي تدفع الموظفين إلى العمل باجتهاد اكبر وتولد لديهم الإحساس بالولاء للشركة، كما يجب عليهم تحديد العوامل التي تدفع الموظفين إلى التخلي عن وظائفهم. وكنقطة بداية جيدة في هذا الصدد، يمكن استخدام استبيان خاص بدوافع العمل تم إعداده بعناية شديدة من قبل إحدى جهات النشر حسنة السمعة. غير انه من الضروري تدعيم المعلومات التي يتم جمعها عن طريق تلك الاستبيانات لإجراء مقابلات شخصية مع الموظفين وعملية تقييم رسمية للأداء.

يعتبر تقييم الأداء – الذي يتم إجراءه على النحو الصحيح- الفرصة المثالية لكلا الطرفين للإفصاح بصراحة ووضوح عن أي موضوعات تشغل بالهم. ومن وجهة نظر المدير، يوجد الكثير من الأمور التي يمكن القيام بها من اجل تشجيع الموظفين وحثهم على بذل المزيد من الجهد في العمل، وذلك مع تحديد الأهداف الصعبة لهم في الوقت نفسه. ومع ذلك، تبقى عملية التقييم (هذا إذا تم إجرائها في الأساس) أداة ضعيفة، وذلك لان المديرين لا يعرفون بالضبط كيفية القيام بها على النحو الصحيح، هذا في حين أن الموظفين يعتبرونها عبئا ثقيلا عليهم. وأفضل نصيحة يمكن تقديمها في هذه الحالة هي أن تقوم المؤسسة بأعداد خطة تقييم مناسبة ترتبط بأهداف واضحة من الممكن قياسها وان يحصل المديرون على تدريب مهني محترف حول كيفية إجراء عملية التقييم.

على الرغم من أن تقييم الوظائف يرتبط بشكل واضح بعملية تقييم الموظفين، فأنه يعد مهمة تتطلب إجراء الأبحاث الشاملة والدقيقة. وفي المؤسسات صغيرة الحجم، يكون من الممكن وضع جدول عادل للأجور والمرتبات في إطار سوق الأجور المحلية. ولكن، في حالة المؤسسات كبيرة

الحجم التي تقوم بتوظيف أنواع مختلفة من الأشخاص، تكون مهمة وضع نظام عادل للأجور أمرا بالغ التعقيد. بناءا على ذلك، يكون من الأفضل بالنسبة لأية مؤسسة الاستعانة بهيئة استشارية خارجية متخصصة في أدارة المكافآت، خاصة أذا أضفت إلى ذلك المتطلبات القانونية المختلفة التي ينبغي التعامل معها. ويرجع السبب في ذلك إلى أن هذه الهيئات تكون قادرة على تحليل الوضع القائم على نحو موضوعي وغير متحيز، كما انه سيتم اعتبارها على الأرجح بمثابة وسيط أكثر أمانه ونزاهة من مديري المؤسسة أنفسهم.

أبعاد الحافز الأربعة طبقا لاستبيان تحليل الحافز:

1. **الطاقة والنشاط:**

مستوى النشاط	يبذل الموظف الجهد والطاقة عن رضى تام ويستطيع التعامل مع الضغوط التي يفرضها عليه ضيق الوقت. كذلك، أن بكون في حالة دائمة من الانشغال والنشاط ويعمل بكل جد من اجل انجاز مهام العمل.
الانجاز	يحتاج الموظف إلى تحقيق الأهداف والتغلب على التحديات. كما انه يستمتع بالعمل الشاق من اجل انجاز المشروعات الصعبة.
المنافسة	يعتبر حث الموظف على أداء العمل بشكل أفضل من الآخرين حافزا قويا له للعمل. وغالباً ما تفدغه المقارنة إلى تحسين مستوى أداءه.
الخوف من الفشل	يحتاج الموظف إلى النجاح حتى يحافظ على تقديره لذاته. كما يدفعه الخوف من إمكانية الفشل على بذل نشاط اكبر.
السلطة	يتولد لدى الموظف حافز قوي للعمل عندما تلقى على عاتقه المسؤولية ويكون قادرا على ممارسة السلطة. هذا في حين أن

	غياب الفرص التي تتيح لها ممارسة سلطته تؤثر بالسلب على حافزه للعمل.
الانغماس في العمل	يحتاج الموظف إلى الشعور بالاندماج في العمل.وهو على استعداد تام للعمل لساعات إضافية وبذل المزيد من الطاقة والجهد في سبيل أداء مهام وظيفته.
الطموح المادي	يكون لدى الموظف توجه نحو تكوين الثروة وتحقيق الأرباح. هذا في حين انه يشعر بالإحباط عندما لا يحقق العمل الإيرادات النقدية المرجوة

2. **التعاون:**

العلاقات الاجتماعية	يجد الموظف متعة في مقابلة الناس والعمل الجماعي ومساعدة الآخرين. ويشعر هذا الموظف بالإحباط على الأرجح عندما توجد خلافات بين الأشخاص.
التقدير	يحب الموظف أن تتم ملاحظة عمله وان يتم الاعتراف بانجازاته. ويضعف حافزه للعمل إذا لم يحصل على الدعم من مديريه.
المبادئ الشخصية	يحتاج الموظف إلى أن يشعر بأن عمل المؤسسة مقبول من الناحية الأخلاقية. ويضعف لديه الحافز للعمل عندما يطلب منه التوصل إلى حلول وسط بشأن مبادئه الأخلاقية.
الراحة والأمان	يحتاج الموظف إلى الشعور بالأمان فيمال يتعلق بوظيفته ووضعه. وهو لا يتأقلم بسهولة مع ظروف العمل غير المريحة وغير المناسبة.
تنمية الذات	يعتبر الموظف العمل الذي يوفر فرصا للتطور والتعلم واكتساب مهارات جديدة حافزا قويا لديه

3. **العوامل الداخلية:**

التجدد والتنوع	يحب الموظف إثارة القيم والعمل المتنوع، وهو يستمع بالعمل الإبداعي. ويضعف حافز هذا الموظف للعمل بشكل كبير عند القيام بالكثير من المهام الروتينية العادية.
المرونة	يفضل الموظف بيئة العمل المرنة التي لا يفرض فيها نظام محدد للعمل وهو يستطيع التعامل بكفاءة عالية مع المواقف التي يسودها الغموض والالتباس.
الاستقلالية	يفضل الموظف العمل بشكل مستقل دون أن يكون هناك إشراف صارم على عمله. ويضعف حافزه للعمل عندما لا يسمح له بتنظيم كل منهجه الخاص في العمل والجداول الزمنية.

4. **العوامل الخارجية:**

المكافأة المادية	يربط الموظف الراتب بالنجاح. ويكون لديه حافز قوي للعمل عندما يحصل على مزايا إضافية وعلاوات. يضعف حافزه عندما يكون برنامج منح المكافآت سيئا أو عندما يراه غير سسسف.
التقدم	يعتبر الموظف التقدم في مهنته ومعدل وفرص الترقي العادلة من العوامل المحفزة التي تشجعه على العمل.
المكانة	يهتم الموظف بوضعه ومكانته في المؤسسة. ويضعف حافزه للعمل عندما لا يحظى باحترام الآخرين له.

الفصل الثامن

اتخاذ القرار

الفصل الثامن

اتخاذ القرار

- مقدمة

- مفهوم القرار

- مفهوم اتخاذ القرار

- أهمية اتخاذ القرار

- خطوات اتخاذ القرار

- العوامل المؤثرة في اتخاذ القرار

- مدخلات نظام اتخاذ القرارات

- مخرجات نظام اتخاذ القرارات

- نظريات اتخاذ القرار

- أساليب اتخاذ القرار

- أثر التنشئة الاجتماعية على اتخاذ القرار

الفصل الثامن
اتخاذ القرار

مقدمة:

عملية اتخاذ القرارات تعتبر عملية إدارية مركبة من حيث أنها تأخذ في الاعتبار بيئة اتخاذ القرار وكذلك التنبؤ بالمعوقات والمشكلات التي قد تحد من فعالية القرار الإداري. لذا يجب على متخذي القرار الأخذ في الاعتبار بالمشكلات التي قد تقابلهم وتحليلها والعمل على تجنبها أو حلها.

وأول خطوة في تحليل المشكلة هو تعريفها، حيث تعرف المشكلات بشكل عام بأنها التباين بين الواقع الحالي والحالة المرغوبة. والاختلاف بينهما يسمى الانحراف وهو ما يجسم طبيعة المشكلة. ودور الإدارة هو تحليل الوضع الحالي والتعرف على مسببات الانحراف مما يمكنها من تجنبه في المستقبل أو التعامل معه وحل المشكلة. ويوجد متغيرين هامين في عملية تحليلا المشكلات هما: الاتجاه الإنساني والخلفية الثقافية.

الاتجاه الإنساني يؤثر بدرجة كبيرة على عملية حل المشكلات من حيث المدخل للتعامل مع تلك المشكلات. على سبيل المثال يوجد المدخل التقليدي الذي يركز على تقليل عنصر المخاطرة مما يؤثر سلبا على الابتكار، وعلى النقيض يوجد المدخل الابتكاري الذي يركز على عنصر الابتكار على حساب المخاطرة.

وتعتبر الخلفية الثقافية لمتخذي القرار من العوامل المحددة في تحليل المشكلات حيث تتباين القيم التي تفرزها الثقافة بين المجتمعات المختلفة.

مفهوم القرار:

القرارDecision هو اختيار لطريق أو سبيل [سلوك] من بين طرق وسبل متعددة [بديلة] للوصول إلى هدف مرغوب. القرار إذن انحياز الفرد إلى نمط سلوكي معين من بين أنماط مختلفة.وبذلك يعكس اختيار سلوك معين [قرار] تفضيل الإنسان وتوقعاته بان هذا السلوك سيحقق له الهدف المنشود.

أمثلة لقرارات:

- اختيار طالب الثانوية العامة لمجال معين للدراسة الجامعية من بين مجالات متعددة يمكنه دراسة أي منها وفقا لمجموع درجاته.
- اختيار الطالب طريق الاجتهاد والمثابرة في الدراسة الجامعية، أو الركون إلى اللهو والاهتمامات الجانبية.
- اختيار الفرد لنوع العمل من بين أعمال مختلفة يمكنه تأدية أي منها.
- اختيار المستهلك لسلعة معينة من بين عدة سلع بديلة.

مفهوم اتخاذ القرار:

لقد حظيت عملية اتخاذ القرار باهتمام العديد من علماء الإدارة وعلم النفس،لكونها تلازم الإنسان ينفرد عن غيره من الكائنات الأخرى بامتلاكه قدرات عقليه تحقق له إمكانية التجربة المطلوبة والاختيار عند مواجهة مشكلة ما.

وقد ذكر جروان بأن "بعض الباحثين قد صنف عملية اتخاذ القرار ضمن استراتيجيات التفكير المركبة، وذلك لكونها تتطلب استخدام الكثير من مهارات التفكير العليا كالتحليل والتقويم والاستقراء والاستنباط، لذا فقد يكون من المناسب

تصنيفها ضمن استراتيجيات التفكير المركبة كالتفكير الإبداعي والتفكير الناقد وحل المشكلات.

ويجمع علماء الإدارة وعلم النفس على أن معنى اتخاذ القرار ينطوي على وجود عدد من البدائل التي تتطلب المفاضلة بينها اختيار انسبها، وعليه فإن عملية المفاضلة، تعد جوهر عملية اتخاذ القرار وبدونها تنتقي العملية ولا يكون هناك اتخاذ قرار.

ويشير العمري بأن كلمة قرر"Decision" "لغة" مشتقة من أصل لاتيني معناه القطع أو الفصل، أما اصطلاحا فقد اتفق الباحثون والمختصون على أن القرار هو كم معين في موقف ما وذلك بعد التفحص الدقيق للبدائل المختلفة.

وبكلمات أخرى يرى بان القرار هو عملية فكرية- عقلية يسعى الفرد من ورائها إلى انتقاء بديل من مجموعة بدائل لحل مشكلة ما.

وقد أورد العلماء والدارسون لعملية اتخاذ القرار العديد من التعريف كل من وجهة نظره وذلك حسب خلفيته العلمية والثقافية ،فقد عرفها سلام أنها آخر الخطوات في عملية صنع القرار والتي تتضمن اختيار أفضل الحلول الممكنة وإصدار حكم يتعلق بمشكلة ما لتحقيق الهدف المطلوب بأقل كلفة وأقصر وقت ممكن.

وذلك مماثل لما ذهب إلية (جروان) بأنها عملية تفكيرية مركبة تهدف إلى اختيار أفضل البدائل المتاحة للفرد في موقف ما من أجل الوصول إلى الهدف المرجو، وقد ركز الساعد وعلي على أهمية الدراسة والتفكير الموضوعي الواعي في عملية اتخاذ القرار وافترض أن يتم الاختيار بين بندين على الأقل.

وهذا ما ذهب إليه سنج (sing) إذ يرى أنها عملية يتم خلالها اختيار بديل من بين عدة بدائل في موقف معين.

وتتفق التعريفات السابقة على أن الأساس في اتخاذ القرار هو المفاضلة بين البدائل المتاحة ثم اختيار بديل من البدائل المطروحة بعد دراسة وتفكير ،ومن ذلك قد تم التوصل إلى التعريف التالي: عملية عقلية يتم من خلالها توليد وتقييم البدائل المختلفة ثم اختيار البديل الأفضل من بين هذه البدائل على أساس مجموعة من الخطوات المتسلسلة لتحقيق هدف محدد.

إن بعض الباحثين يخلط بين مفهومي صنع القرارات واتخاذها ،فعملية صنع القرار (Decision making) هي مجموعة من الخطوات والإجراءات المتتابعة تبدأ بتحديد المشكلة وتنتهي باتخاذ القرار وتنفيذه، أما مرحلة اتخاذ القرار (Decision taking) فليست إلا جزاء من عملية صنع القرار وأخر خطواته والتي تتضمن اختيار بديل من بين عدة بدائل لحل المشكلة القائمة.

أهمية اتخاذ القرار:

تعلق المنظمات المختلفة أهمية كبيرة على عمليات اتخاذ القرارات بسبب الحقيقة التي تقول أن القرار الخاطئ له تكلفة وتكتسب هذه العملية أهمية متزايدة بسبب التطورات التي أدخلت على طرق جميع المعلومات وتحليلها وتصنيفها وتخزينها حتى أنها أصبحت حديث الساعة في قاعات الدروس والمؤتمرات العلمية وبرنامج التدريب في دول متعددة كما جذبت هذه العملية اهتمام العديد من الأطراف في ميادين عملية متعددة كالهندسة والطب والمحاسبة والرياضيات والإحصاء....

كل ينظر إلى اتخاذ القرارات من زاويته لاستخدامها في الوصول إلى حلول للمشاكل التي تواجهها.

وترتبط عملية اتخاذ القرارات ارتباطا مباشرا بوظائف الإدارة كالتخطيط التنظيم التوجيه والرقابة فهي عملية تتم في كل مستوى من المستويات التنظيمية كما يتم في كل نشاط من أنشطة المنظمات.

فالمدير العام والمشرف على العمال مديري الإدارات في الإنتاج أو التسويق أو غيره يواجهون ظروفا تتطلب منهم اتخاذ القرارات.

وعملية اتخاذ القرار بهذا الشمول تمثل الإدارة الرئيسية التي يستخدمها المديرون في التخطيط التنظيم التوجيه والرقابة حتى أن هذا الشمول دفع بعض الكتاب إلى القول أن الإدارة ما هي إلا عملية اتخاذ القرارات.

خطوات اتخاذ القرار:

تمر عمليه اتخاذ القرار بمجموعه من المراحل المتسلسلة على الرغم من اختلاف تسمياتها وعددها إلا أنها لا تختلف من حيث الهدف المراد تحقيقه فالقرار الجيد هو ذلك القرار الذي يعتمد في اتخاذه على أسلوب منظم ومرتكز على المنطق العلمي ومستخدم جميع المعلومات المتوافرة من اجل التوصل إلى البدائل المناسبة.

وفيما يلي عرضا لخطوات اتخاذ القرار التي ينبغي على الفرد إتباعها عند المواجهة المشكلة ما متضمنا ذلك مثالا توضيحا لذلك:

1. تحديد المشكلة:

تعتبر هذه المرحلة من أهم مرحله عمليه اتخاذ القرار لأنه بتحليل وفهم وتحديد المشكلة بشكل جيد فانه من التوقع أن يتم اتخاذ القرار المناسب الذي يودي إلى نتائج جيده والذي يحقق الرضا والإشباع.

أن تشخيص المشكلة السيئ وعدم تحري أسبابها سيؤدي إلى ارتكاب أخطاء في جميع المراحل اللاحقة فلا قيمه لأي علاج طالما بني على تشخيص خاطئ وعليه فان على متخذ القرار التوي والتعميق في دراسة المشكلة صياغتها بعبارات محدده وتحديد أسبابها ودراسة أعراضها وجمع المعلومات عنها ثم تحليلها وصولا إلى التشخيص النهائي لها.

ومثال ذلك شخصا يواجه مشكله تتمثل في تأخره عن مركز عمله وبشكل يومي بسبب عدم وجود وسيله نقل لديه الأمر الذي يسبب له إحراج وضيق مع مديريه في العمل.

2. مرحلة البحث عن البدائل:

بعد فهم وتحليل المشكلة بشكل جيد، تبدأ مرحله أخرى هي مرحله البحث عن البدائل المحتملة لمواجهه مشكله القرار، وفي هذه المرحلة يقوم متخذ القرار بالتحري والتفتيش عن البدائل (الحلول) المختلفة لحل المشكلة التي تم تحديدها.

وبالطبع فانه من أصعب أن يتم تحدد جميع البدائل المحتملة، ولكن عليه أن يحدد ما استطاع منها، ويحاول الابتعاد عن البدائل السلبية أو التي سبق وان جربها فشلها، أو التي يصعب تنفيذها، إذ عليه أن يحاول التنبؤ بالآثار الايجابية والسلبية لكل بديل. وبكلمات أخرى فان على متخذ القرار أن يحدد البدائل المرتبطة بمشكله القرار والتي تسهم بشكل ما بحل تلك المشكلة.

وطبعا هذا ليس بالأمر السهل لان تطوير بدائل يحتاج إلى أن يمتلك متخذ القرار قدرات شخصيه وذهنيه، وان يستخدم مهارات التفكير الإبداعي لتوليد بدائل جديدة وغير عاديه معتمدا على معلومات الآخرين وخبراتهم وتجاربه السابقة والسجلات، ذلك انه من الصعب على أي فرد بذاته أن يكون

ملما بكل الحلول. بد أن تمكن ذلك الشخص من تحديد مشكلته ودراسة أسبابها، فان عليه أن يقوم بالتحري والتفتيش عن البدائل الملائمة لحل مشكلته، أن يعرض مشكلته على مديره ليسمح له بالتأخر عن الدوام، أو أن ينهض باكراً من نومه لكي يجد وسيله نقل ي الوقت المناسب، وربما يفكر في شراء سيارة تناسب دخله ، أو أن يطلب النقل إلى مكان عمل اقرب إلى مكان سكنه

3. مرحلة تقييم البدائل:

وبعد أن تتم مرحلة البحث عن البدائل يصبح من الضروري إجراء عملية تقييم موضوعية للبدائل التي تم التوصل إليها والنظر إليها من جميع الزوايا، الأمر الذي يقتضي من متخذ القرار أن يقارن بين البدائل التي تم تحديدها ومن خلال ذلك يتوصل إلى مزايا وعيوب كل بديل على حده ،ثم يقدر النتائج الايجابية والسلبية لكل بديل بحيث يستبعد البديل الذي تكون ايجابيه اقل من سلبياته في ضوء ما يحقق له البديل من رضا وإشباع.

ولكن يبدو أن هذا الأمر غاية في الصعوبة ذلك أن ايجابيات وسلبيات هذه البدائل قد لا تظهر وقت بحثها، وإنما قد تظهر في المستقبل، وعلى أية حال فان هذه المرحلة تفيد في تقليص عدد البدائل المقترحة التي لا تحقق الرضا والإشباع لمتخذ القرار ،مما يحل أهم مشكله تواجه متخذ القرار وهي مشكله ضيق الوقت المتاح لتقيم البدائل المختلفة.

وبعد أن تمكن ذلك الشخص من التحديد البدائل المحتملة لمواجهه مشكله القرار فان عليه تقييم هذه البدائل ضوء مزاياها وعيوبها وقابليتها للتنفيذ وبما يتناسب مع وضعه المادي لذا فقد يستبعد بعض البدائل التي حددها كإقناع المدير بضرورة السماح له بالتأخر عن عمله، أو النهوض باكر كون مركز عمله بعيد

جدا عن مكان سكنه، وعدم إمكانية نقله إلى مكان آخر، بينما قد يبقي على بعض البدائل لإمكانية تطبيقها ولكون مزاياها أكثر من عيوبها.

4. مرحلة اختيار البديل الأنسب:

بعد القيام بتحديد البدائل وتقييمها ،فان متخذ القرار يكون في وضع يسمح له باختيار أفضل البدائل لحل المشكلة القائمة في ضوء الحقائق والمعلومات المتاحة، ويجب على متخذ القرار أن يراعي ترتيب البدائل على أساس مزاياها وعيوبها وتكاليفها ونتائجها ومضاعفاتها، ثم يختار انسب هذه البدائل لحل المشكلة القائمة، ولكن يبدوان عليه اختيار البديل الأفضل تتأثر إلى حد كبير بسلوكيات متخذ القرار وشخصيته وخبرته ومهاراته والتي تتفاوت من شخص لآخر.

وعوده إلى المثال السابق فان ذلك الشخص الذي تجاوز مرحله تقييم البدائل بعد ترتيبه للبدائل الأخرى على أساس مزاياها وعيوبها فانه يجد أن البديل الأنسب لحل مشكلته هو شراء سيارة تناسب وضعه المادي.

5. تنفيذ القرار:

يعتقد البعض ن دور متخذ القرار ينتهي بمجرد اختيار البديل الأفضل لحل المشكلة المطروحة ولكن يبدو أن هذا الاعتقاد خاطئ بطبيعة الحال ذلك أن البديل الذي تم اختياره يتطلب وضعه موضع التنفيذ لمعالجه المشكلة القائمة والتخليص من آثارها على نحو يحقق التكيف ويعيد التوازن للفرد كما كان.

وهكذا فان على متخذ القرار أن يوفر جميع مستلزمات نجاح تنفيذ قراره وإزالة المعوقات التي تعترض تنفيذه على نحو يحقق فعاليه التنفيذ لتحقيق الهدف المنشود.

وبالرجوع إلى المثال السابق فان على ذلك الشخص أن يضع القرار الذي اتخذه موضع التنفيذ وذلك بشراء سيارة تناسب وضعه المادي

العوامل المؤثرة في اتخاذ القرارات:

يتأثر الإنسان في اتخاذ قراراته بمجموعة من العوامل تتبلور جميعا في محصلة المدركات والدوافع والاتجاهات والخبرات المتراكمة لديه. ويمكن تفصيل مصادر تلك العوامل على النحو التالي:

● **الفرد ذاته:**

أي متخذ القرار ومجمل خبراته السابقة وتكوينه النفسي الاجتماعي والحضاري، ومحصلة القيم والمعتقدات التي يؤمن بها، ونظرته للأمور وآماله وطموحاته المستقبلية.

● **الظروف المباشرة المحيطة:**

أي مجمل الأفراد والجماعات والعلاقات والنظم والعادات والتقاليد التي يعيش الإنسان في إطارها يتعامل معها ويتفاعل مع عناصرها، يأخذ عنها ويعطيها (يؤثر ويتأثر).

● **الخبرات والظروف غير المباشرة:**

أي كل ما يصل تأثيره إلى الإنسان بشكل غير مباشر من معلومات وثقافات وتوجهات علمية وسياسية وحضارية محلية أو خارجية.

نظام اتخاذ القرارات:

تمثل عملية اتخاذ القرارات نظاما فرعيا في إطار النظام السلوكي الأكبر.

مدخلات نظام اتخاذ القرارات:

تتكون مدخلات النظام الفرعي لاتخاذ القرارات من المخرجات الخاصة بالنظم الفرعية الأخرى في النظام السلوكي الأكبر وهي:

1. المدركات والمفاهيم والاستنتاجات الصادرة عن نظام الإدراك.
2. الاتجاهات المعبرة عن مواقف التأييد والمعارضة أو الحياد والصادرة من نظام اتجاهات.
3. الخبرات والتجارب وأشكال التعديل في السلوك الصادرة عن النظام التعليمي.
4. الرغبات غير المشبعة الصادرة عن نظام الدافعية.
5. كل المعلومات والمدركات السابقة والقرارات والاتجاهات المختزنة في ذاكرة الإنسان.

العمليات في نظام اتخاذ القرارات:

1. اكتشاف الحاجة إلى اتخاذ القرار (حالة وجود فجوة بين الواقع الفعلي والهدف المنشود).
2. تحديد الأهداف وتعيين مدى الفارق بين التطلعات والواقع الفعلي.
3. البحث في أسباب الفوارق التي يعاني منها النظام السلوكي.
4. استكشاف السبل أو الطرق المختلفة التي تساهم في حل المشكلات.
5. تحليل ومقارنة البدائل بحثا عن الأفضل.
6. اختيار البديل الأفضل ((اتخاذ القرار)).

المخرجات في نظام اتخاذ القرارات:

تتركز في نوعين:

1. قرارات روتينية تمس المشكلات المتكررة.

2. قرارات غير روتينية تمس المشكلات الطارئة وغير المتكررة

نظريات اتخاذ القرار:

لقد تباينت وجهات نظر كتاب العلوم السلوكية حول الكيفية التي يتخذ بها الفرد قراره ونتيجة لذلك، فقد ظهرت العديد من النظريات اتخاذ القرار،نعرض منها ما يلي:

● **النظرية العقلانية:**

لقد انطلق رواد هذه النظرية من أمثال ماكس فيبر (max weber) وهنري فايول (Henri fayol) من فكرة مفادها أن على متخذ القرار أن يسعى للوصول إلى الحلول المثلى التي تحقق له اكبر منفعة على اعتبار انه صاحب قدرات عقلية كبيرة.

أن على متخذ القرار أن يسير حسب خطوات متتابعة تبدأ بالتعرف على المشكلة وتحديد جميع البدائل ثم التعرف على جميع النتائج المحتملة لكل بديل ،وتقييم هذه النتائج وصولا إلى اختيار البديل الأمثل الذي يحقق أعلى فائدة ويحل المشكلة القائمة بشكل نهائي.

ومن خلال ما تقدم يتضح لنا بأن هذه النظرية قد أهملت عمليات البحث وجمع المعلومات عن المشكلة القائمة طالما يملكها متخذ القرار مسبقا، كما أنها أهملت أهمية القيود والمؤثرات البيئية المحيطة،فلم تأخذ بعين الاعتبار محدودية

العقل البشري وعدم مقدرته على احتواء جميع المعلومات اللازمة لحل المشكلة القائمة ،كما أهملت أهمية العوامل النفسية والأخلاقية والقيم والنظريات الشخصية للأمور في اتخاذ القرار.

وهكذا نجد بأن هذه النظرية ترى بأن متخذ القرار يتخذ قراره ضمن نظام مغلق بعيدا عن أية مؤثرات فيما يسمى بالقرار العقلاني.

- **العقلانية المحدودة:**

إن من ابرز دعاة هذه النظرية هربرت سايمون (Herbert simon) الذي انتقد فكرة القرار العقلاني وأكد على أن العقلانية الكاملة في صنع القرار أمر غير ممكن ،وذالك نظرا لقدرات الإنسان المحدودة ولما يتعرض له من ضغوط بيئية ،وبالتالي فإن على متخذ القرار أن يسعى إلى حلول مرضية لا مثالية بحيث تتلاءم مع الضغوطات البيئية والاحتياطات الشخصية واتي تحقق له مستوى مقبول من الرضا والإشباع.

وقد أكدت هذه النظرية على محدودية قدرات الفرد على جمع وتحليل البيانات ووضع البدائل المتعددة ،وبالتالي فأن على متخذ القرار أن يجمع المعلومات اللازمة حول المشكلة القائمة، إذ أن تحديد جميع البدائل المحتملة ليست كلها يمكن تقييمها ،ولكن يمكن تحديد بعض البدائل ليجري تقييمها ،وعليه فإن على متخذ القرار أن يرضى بالبديل الذي يحقق له مستوى مقبولا من الرضا أو الإشباع، ومن تحقيق الأهداف والحاجات ،وذلك لكون اختيار البديل الأفضل يعتمد على تجارب الفرد ومحاكماته الشخصية ومحدودية قدراته العقلية على احتواء كافة أنماط القيم والمعلومات والسلوك.

- **نظرية المباراة:**

تعتبر نظرية المباراة إحدى الوسائل الحديثة التي تستخدم لاتخاذ القرار في الحالات والمواقف التي تتضمن وجود نزاع بين طرفيين أو أكثر من متخذي القرار حول موقف ما ،ويتضمن هذا الموقف وجود تناقض بين أهداف ومصالح كل طرف، إذ يحاول كل طرف تعظيم المنافع أو المكاسب إلى الحد الأقصى وتقليص الخسائر إلى الحد الأدنى، بحيث يسعى كل طرف في هذا الموقف التنافسي إلى تحقيق أهدافه وغاياته بحسب ما تقتضيه مصلحته الشخصية وفقا لإجراءات وقواعد محددة ومتكاملة.

وعليه فإن هذه النظرية توضح موقف متخذ القرار(المتباري) من البدائل المختلفة التي تحقق له المكاسب أو تجنبه الخسائر ضمن موقف تنافسي، فقد يواجه متخذا لقرار منافسا أخر أو عدة منافسين.وعليه فإن ناتج المباراة قد يكون صفرا إذا كان متخذ القرار يواجه منافسا واحدا، ذالك إن أي ربح يحققه متخذ القرار يعني خسارة للمنافس، وقد يكون ناتج المبارى ليساوي صفرا وذلك في حالة وجود عدة منافسين.

أساليب اتخاذ القرار:

يرى جينز ومانن (Janis&mann) المشار إليهما في فريدمان (Friedman) أن متخذ القرار يتصرف بحذر ونشاط ويستعمل عناصر ذات جودة عالية عند اتخاذ القرار،فقد يلجأ إلى استخدام أساليب معينة ليثبت أنه قادر على التكيف وتوفير الوقت في بعض الحالات مثل القصور الذاتي والتجنب الدفاعي والنشاط الزائد.

أنّ الأدب السابق الذي تناول عملية اتخاذ القرار يزودنا بمرحلتين أساسيتين من خلالها يتمكن الفرد من اتخاذ قرار ما وهما:مرحلة التفتيش وجمع المعلومات وتحديد القيم والأهداف وتوليد وتقييم البدائل ومرحل اختيار وتنفيذ البديل الأنسب.وفي ضوء هاتين المرحلتين الهامتين فإن أساليب اتخاذ القرار بشكل عام يمكن تصنيفها وتقسيمها في ضوء بعدين هامين وهما:

1. التفكير بعمق (التروي): وهو تلك المصادر العقلية الموجهة إلى تحديد وتعريف المشكلة بشكل دقيق وتطوير حلول بديلة ويشتمل على ثلاثة مستويات:

- المنخفض: ويتضمن القليل من التفكير والاهتمام بالمشكلة.
- المتوسط: ويشير إلى التفكير السطحي بالمشكلة والحلول البديلة والاعتماد السلبي على الآراء الآخرين.
- المرتفع: وهو يشير إلى ذلك التفكير الجدي الذي يكرس لفهم المشكلة وتشكيل الخيارات المختلفة لحلها جميعا من خلال تقييم كل بديل.

2. الالتزام: أي الوصول إلى خيار محدد وهادف وثابت لأحد البدائل التي تم تطويرها مسبقا مع اهتمام خاص بمجموعة من الخطط التي يمكن احتياجها ويشتمل على ثلاثة مستويات:

- المنخفض: يشير هذا المستوى إلى أنه لم يتم أي اختيار من بين البدائل المتاحة.
- المتوسط: ويشير هذا المستوى إلى انه تم اختيار بديل ما ولكن مع درجة منخفضة من الالتزام ،وهو ما يشير إلى عدم المدرة على تبني قرار ثابت.

- المرتفع: ويشير هذا المستوى إلى أن البديل تم اختياره مع درجة عالية من الالتزام ،وهو ما يشير إلى تبني قرار ثابت ومستقر.

إن أساليب اتخاذ القرار لدى بعض الأفراد يمكن أن تقسم إلى ثلاثة أساليب متباينة وهي(التروي، التسرع، والتردد) وذالك بناء على المستويات المختلفة لبعدي التفكير المتروي والالتزام).

وفيما يلي توضيحا لهذا الأساليب التي يلجأ إليها المراهقون عند التعامل مع المشكلات التي تتطلب حلولا:

1. **الأسلوب المتروي:**

يعد هذا الأسلوب من أكثر أساليب اتخاذ القرار فعالية ،ذلك أن متخذي القرار المتروين يميلون إلى استخدام الإستراتيجيات المنطقية أو المخطط لها في اتخاذهم لقراراتهم ،كما ويبدون مسؤولية شخصية عن القرار الذي يتخذونه).

إن الأسلوب المتروي في اتخاذ القرار يتضمن التواصل إلى قرار محدد وواضح وثابت وذلك بعد الفحص الدقيق للبدائل المختلفة ،وهو ما يشير إلى ذلك المستوى المرتفع من التفكير العميق والجدي بالمشكلة وحلولها ،فمتخذو القرار المتروون يقومون بتوضيح المشكلة على نحو مناسب ويجمعون المعلومات الكاملة حولها ومن خلال ذلك يطورون عده بدائل وإجراءات لحل المشكلة ،ثم يزنون هذه الحلول ويقضون الوقت المناسب للتفكير بها وتمحيصها ،وأخيرا يتخذون قراراتهم ويلتزمون بها دون تغيرها

2. **الأسلوب المتسرع:**

وقد اعتبر هذا الأسلوب على أنه أقل نجاعة لأن متخذي القرار المتسرعين يميلون إلى استخدام إستراتيجيات حدسية أو عفوية وأكثر اندفاعية

،فغالبا ما تعتمد قراراتهم على العاطفة والتخيل والشعور وعلى ما يبدو صوابا في حينه دون أن يصرح كيف اتخذ قراره، ومع ذلك فإنه يبدي مسئوليته تجاه القرار الذي اتخذه.

ويبدو أن متخذي القرار المتسرعين يتخذون قراراتهم بعد القليل من التفكير أو بالاعتماد على الآخرين وربما بناء على تجارب شخصية سابقة ولكنهم يظهرون التزاما قويا لما يقررون، وهكذا تأتي قراراتهم سريعة دون الكثير من التعمق والقصدية في جمع المعلومات، فقد يكونون حكما نهائيا حيال المشكلة التي تواجههم دون سابق بحث شامل أو تفكير جاد بها أو بالحلول الممكنة فيكونون قرارات نهائية دون تمحيص البدائل معتمدين على ما يبدو صوابا في حينه ولا مانع لديهم من تغيير قراراتهم ولكن دون تأكد أو تفكير عميق بحلول أخرى للمشكلة وهكذا تبدو قراراتهم فجائية.

3. الأسلوب المتردد:

مستوى مرتفعا من التفكير ومستوى منخفضا من الالتزام. وفي هذا الحال فأن الفرد يبدو منهمكا وبشكل جدي بتقصي أسباب المشكلة والحلول المحتملة لها، إلا انه ليس لديه القدرة على اتخاذ قرار ثابت ومستقر حيال المشكلة القائمة، فقد يقضي كثيرا من الوقت في التفكير بالمشكلة والحلول الممكنة ثم يتخذ قرارا ما حيالها، إلا أنه قد يغيره أكثر من مرة أو قد لا يتخذ قرارا حيالها.

وخلاصة القول أن على متخذ القرار عندما يواجه مشكلة ما أن يقوم بدراستها وتحديدها بشكل دقيق وتطوير حلول بديلة تسهم بحل تلك المشكلة القائمة، ثم يبذل ما بوسعه لكي يتوصل إلى خيار محدد وهادف وثابت لأحد البدائل التي تم تطويرها مسبقا، وفي ضوء ذلك فإن الأفراد قد يتباينون فيما

بينهم عندما يواجهون مواقف تقتضي منهم اتخاذ قرار ما، فمنهم من يتعمق ويتروى في دراسة مشكلة القرار، بينما نجد البعض الآخر يتردد في قراره، في حين أن بعضهم يتسرع في معالجة المشاكل التي تواجههم.

ويتضح من مراجعة الأدب السابق الذي تناول عملية تشكيل الهوية النفسية بأن إحدى وسائل توسيع مداركنا لطبيعة أساليب اتخاذ القرار ربما يتواجد في أدب تشكيل الهوية النفسية، ذلك أن تبني الفرد لإحدى حالات الهوية يستلزم المزيد من البحث والتساؤل والتعهد بالاختيار من عدة بدائل للوصول إلى قرار ثابت في أي مجال من مجالات الهوية.

أثر التنشئة الاجتماعية على اتخاذ القرار:

كما أسلفنا فإن اتخاذ أي قرار لا يكون بمعزل عن المجتمع المحيط والمكتنف للفرد بالرغم من أن المجتمعات العربية بشكل عام والمجتمع الأردني بشكل خاص يمر بمرحلة انتقالية ما بين العصرية والمحافظة، إلا أنه يعتبر مجتمعاً أبوياً تقليدياً محافظاً بصورة عامة، وذو توجه جماعي، سواء أكان ذلك على مستوى المجتمع الواسع أو على مستوى العائلة والأسرة -. هذا التوجه ينعكس في التعلق الأسري من ناحية وعدم قدرة الفرد على اتخاذ قرارات مستقلة من الناحية الأخرى. فعمليات التنشئة في المجتمعات العربية والمجتمع الأردني على سبيل المثال تؤثر على اتخاذ القرار بشكل عام والقرار المهني بشكل خاص، تؤثر وتتأثر من عوامل عدة منها:

1- النوع الاجتماعي: فالمجتمع الأردني المحافظ كغالبية المجتمعات العربية يميل إلى تفضيل الذكور على البنات "يعتقد الوالدان بأنهم يستطيعون الحفاظ على اسم العائلة واستمراريته، فقط من خلال إنجاب الأبناء الذكور. بالرغم من التغيرات السريعة التي يمر فيها المجتمع إلا أننا نرى أن الآباء

يميلون إلى إسناد سلطة إلى الابن البكر كأن يقوموا بحماية ورعاية أخوانهم خصوصاً الإناث". هذا التفضيل يؤثر في النهاية على نوع التوقعات وجدية التعامل مع القضايا التي لها علاقة بمهنة المستقبل سواء للفتاة أو للشاب. فتفضيل الذكور على الإناث يعكس التوقعات الكبيرة التي يتوقعها الوالدين من الذكور، ويفسر مدى الجدية التي يوليها الوالدين في تعليم الأبناء وإيصالهم إلى مراكز مهنية قد تعيل الأسرة وتساعد في ثباتها الاقتصادي لاحقاً. فالمتوقع من الأولاد في هذه المجتمعات هو الإجابة على توقعات المجتمع منهم كرجال لديهم القدرة على تحمل مسؤوليات صعبة ومن البنات العيش حسب نموذج "المرأة الشرقية" التي تظهر الرقة، والتي تكبت مشاعرها الحقيقية إذا ما تناقضت مع هذا النموذج. (كما تعكس الدراسات التي أجريت حول مدى تأثر الفتاة من الأحاديث والنقاشات التي تتداول في الشارع والمدرسة حول الزواج والمهن النسوية والعلاقات، فتتحول هذه النقاشات والأحاديث إلى نماذج ذهنية واجتماعية ستدخلها الفتاة في مراحل حياتها وتطورها النفس-اجتماعي. في بحث قام به حجازي لقياس الصعوبات التي يواجهها 1590 طالب (652 طالب، 938 طالبة) جميعهم يدرسون في الصف الثاني عشر (توجيهي) عند اتخاذهم قرار في اختيار مهنة، في السنة التي يقفون فيها أمام خطوة اتخاذ قرار مهم في حياتهم في الفترة القريبة وجد أن هناك فروق واضحة بين الجنسين في الصعوبات التي يواجهوها في اتخاذ قرار مهني: حيث كانت الاختلافات القوية الواضحة بين الجنسين في قلة الدافعية لاتخاذ قرار، والصعوبة العامة في اتخاذ القرار المهني وفي الصراعات الخارجية المؤثرة في اتخاذ القرار المهنى. بينما أظهر الطلاب الذكور صعوبة كبيرة ناتجة عن قلة الدافعية من ناحية والصراعات الخارجية من ناحية أخرى مقارنة بالبنات. وأظهرت الطالبات صعوبة واضحة في قدرتهن العامة في اتخاذ قرار.

يمكن تفسير هذا الاختلاف على أساس التوقعات الكبيرة التي ينتظرها الوالدين من الابن الذكر، من ناحية وعوامل التنشئة المجتمعية التي تحدد من الفرص المتاحة أمام الأنثى مما يعزز لديها الشعور بالمحدودية فهي ليست بحاجة إلى التخبطات والصراع مع التوقعات المجتمعية منها فهي أيضاً محدودة.

2- الوضع السياسي الاقتصادي: محيط الفرد لا ينتهي في بيته، وإنما يمتد ليصل إلى القرية، المدينة القريبة والدولة التي يعيش فيها. لا شك بأن الوضع الاقتصادي في أي بلد يحدد نوع المهن التي يعمل فيها الإنسان، فمجموع المهن التي يقوم بها كل فرد تعكس (الصورة الاقتصادية العامة للدولة) وتحدد تدريجها الاقتصادي في العالم. في الكثير من الدول التي تعاني صراعات إثنية وذات تعدد قومي كما هو الحال في بعض الدول تتأثر الأقليات والمجموعات الاثنية إلى ضغوطات ومحدودية في الخيار تؤثر في النهاية على القرارات المهنية التي سيقوم الفرد بها. ليس بالغريب على سبيل المثال أن مهنة التدريس تتحول شيئاً فشيئاً إلى مهنة نسوية في الكثير من دول العالم ولكنها تبقى على حالها في الوطن العربي، فالكثير من الخريجين المتخصصين في مواضيع ذات طابع حساس (مثل بعض العلوم الفيزيائية، النقل الجوي، الكهرباء، الاتصالات...) لا يستطيعون العمل في مهنهم التي تخصصوا بها فيتحولون للعمل في جهاز التعليم كبديل ليس ملائماً في كثير من الأحيان. فالواقع السياسي يؤثر على فتح البدائل أو تحديدها للأقليات، مما يحدد بالنهاية ماهية سوق العمل العربي النهائي، وأي قرار مهني يقوم به الطالب لاحقاً يأخذ بعين الاعتبار المحدوديات من جهة والبدائل المفتوحة من جهة أخرى، ولذا فمن المتوقع أن يكون هناك احتمال بأن مبنى الصعوبات المهنية قد يتغير بما يتناسب وهذه العوامل.

الفصل التاسع

سيكولوجية التدريب

الفصل التاسع

سيكولوجية التدريب

- مقدمة
- مفهوم التدريب
- تعريف التدريب
- أهداف التدريب العامة
- التدريب ونظريات التعلم
- دور التدريب أثناء العمل
- التدريب في الممارسة العملية – نماذج للبرامج التدريبية
- أساليب تقييم البرامج التدريبية
- موقف المتدرب من البرامج التدريبية
- أهمية تحليل الاحتياجات التدريبية وتحديدها
- مراحل تقييم البرنامج التدريبي
- معايير الأساليب التدريبية
- مؤشرات نجاح البرامج التدريبية
- تقويم التدريب

الفصل التاسع
سيكولوجية التدريب

مقدمة:

يهدف علم النفس إلى إيجاد توازن نفسي مابين قدرات الفرد وإمكانياته ومتطلبات الوظيفة، التي هي مهمة بالنسبة له لأنها مصدر لإشباع حاجاته النفسية الضرورية فمن خلال نظرية الحاجات للعالم أبراهام ماسلو الذي تم التطرق له في فصول سابقة، نرى أن هذه الوظيفة تؤمن للفرد مصدرا ماديا يستعمله في إشباع حاجاته الفسيولوجية، كالحاجة للطعام، والشراب،... الخ.

كما أنها تؤمن له جانب نفسيا وهو الشعور بالأمن والطمأنينة والاستقرار وتشبع حاجاته للآخرين،وحاجته للتقدير والاحترام، وتوكيد ذاته.

وهذه الحاجات جعلت الأفراد يقبلون على التعليم والتدريب لغرض الحصول على وظيفة وحتى يتمكنوا من أداء واجبات وظائفهم بكفاءة ومواجهة وتحمل أعباء وظائفهم ومسؤولياتهم المتزايدة باستمرار.

إن التدريب في العصر الحديث أصبح ضرورة ملحة وسمة من   سمات العصر وذلك نظرا لتطور علوم التكنولوجيا السريع. كما أن العلوم نفسها أصبحت تعتمد في تجاربها وتسجيل ملاحظاتها على جمع وتحليل البيانات عن الآلات والأجهزة المكتبية والمختبرية، هذا فضلا عن تطور الصناعات على اختلاف أنواعها.

لا نستطيع في هذا الفصل أن نتناول بالشرح جميع العوامل الأساسية المرتبطة بالتخطيط للبرامج التدريبية مهما كان نوعها أو شكلها، والقائمة التالية تتضمن بعضاً من هذه العوامل:

العوامل الخارجية	الفروق الفردية
الممارسة	الخبرة/ المعرفة
أدوات التدريب	المهارات
تنظيم خطوات التدريب	القدرات
سمات المدرب	الدافعية/ الاتجاهات/ الكفاءة الذاتية
انتقال أثر التدريب	الحالة الراهنة

لكننا، نستطيع أن نشير هنا إلى أهمية بعض العوامل أو الموضوعات، وأن نؤكد على ضرورة أن يتمتع الاختصاصي النفسي، الذي يشرف على البرامج التدريبية، بمعرفة عميقة بهذه العوامل وطبيعة أثر كل منها على العملية التدريبية وبخاصة عندما يتولى ذلك الاختصاصي مهمة تطوير وتغيير سلوك العاملين في المنظمة التي يعمل لديها.

مفهوم التدريب:

قد يفهم التدريب على أنه تعليم غير أن ميدان التعليم واسع بينما ميدان التدريب خاص ومركز على هدف معين دون غيره مع ملاحظة أن التدريب يعتمد اعتمادا كليا على التعليم. حديثا تسعى المؤسسات التعليمية إلى دمج التعليم بالعمل التطبيقي للنظريات العلمية، فالتدريب يمنح المتدربين معرفة بنوع المعلومات وكميتها والحقائق التي سبق للفرد معرفتها وان توسعه واستيعابه واستخدامه لهذه المعرفة يؤدي إلى تحسين أداؤه للعمل.

كما إن التدريب يمنح المتدرب مهارة ويعمق خبراته السابقة سواء كانت هذه الخبرة نظرية دراسية (موظف جديد) أو خبرة عملية سابقة. فالفرد يكتسب عن طريق التدريب المعرف والمهارة لتطوير عاداته واتجاهاته.

أن التدريب يساعد العاملين التعرف على فلسفة وسياسة وقرارات وأهداف المؤسسة وينعكس ذلك في رفع الروح المعنوية لدى العاملين ودرجة ولائهم وكفاءتهم في أداء أعمالهم، ويؤثر في سلوكهم مما يجعلهم ينسجمون مع الإدارة وزملاء العمل بما يحقق الأهداف التي تسعى لها المؤسسة.

إن رفع الكفاءة يعني تزويد العاملين بالمهارة التي تعني (القابلية على أداء الواجب أو العمل بالمستويات المطلوبة من الكفاءة وبأقل ما يمكن من الطاقة والجهد غير الضروري) فمفهوم التدريب هو إكساب المهارة والمعرفة التي تتناسب مع التغييرات التكنولوجية الحديثة.

تعريف التدريب:

ويمكن أن يعرف التدريب بما يلي:

التدريب: هو الأداة الأساسية لتطوير القدرات والتأهيل لشغل المناصب والأدوار الوظيفية. فالتدريب هو الوسيلة التي من خلالها ينمي العامل قدراته على الأداء وانجاز المهام وإدراك المسؤولية في إطار الانتماء للمنظمة، فجميع أنواع التدريب غايتها الأساسية هي تغيير الإفراد في معارفهم وخبراتهم واتجاهاتهم وسلوكهم.

التدريب: هو العملية المنظمة لإكساب أو تطوير معارف أو مهارات أو اتجاهات العاملين بهدف الوصول إلى الأداء المطلوب.

التدريب: هو النشاطات المنظمة التي تنظم من قبل المؤسسة لزيادة المعلومات حول العمل وزيادة المهارات بطرق تتناسب مع أهداف المؤسسة ومتطلبات العمل.

أهداف التدريب العامة:

تهدف البرامج التدريبية إلى تطوير المهارات وتغيير سلوك الأفراد وزيادة المعرفة التخصصية، وتكييف الموظف مع دوره في المؤسسة. وحتى يتم ذلك لابد من التخطيط لأنشطة التدريب وتحديد الاحتياجات التدريبية لتحديد أهداف الأنشطة التدريبية وان لكل برنامج تدريبي أهدافا خاصة وأهدافا عامة تجدها في اغلب أو جميع البرامج التدريبية منها:

1- تنمية المهارات:

تهدف كل البرامج إلى تنمية المهارات والقدرات، السلوك، العلاقات الإنسانية، أنواع من الأنشطة والإشراف...الخ. للعامل وتزويده بالمعرفة والمعلومات اللازمة لعمله الذي سيشغله مستقبلا.

2- رفع الكفاية الإنتاجية:

تسعى البرامج التدريبية إلى خفض التكاليف، وزيادة الإنتاج، وتحسين الدخل وزيادته من خلال الاستغلال الأمثل للموارد وعن طريق زيادة الكفاءة للعاملين.

3- اكتساب المعلومات:

تخطط البرامج لغرض إكساب العاملين معلومات عن البرامج وعن العمل نفسه والخدمات، ونظام وسياسة المؤسسة.

4- تعديل الاتجاهات:

يسعى البرنامج التدريبي إلى تعديل أو تعزيز سلوك العاملين مهنيا أو وظيفيا بهدف إكسابهم مهارة الأداء العملية في استخدام طرق وأساليب جديدة في العمل.

مبادئ التدريب:

تسعى البرامج التدريبية إلى استثمار كفؤ للطاقات البشرية وزجها في ميدان العمل لتحقيق الأهداف بمستوى عال من الكفاءة والفاعلية. وحتى يتحقق للبرنامج النجاح لا بد أن ترتكز على مبادئ منها:

1- اختيار المتدربين:

ويمكن ملاحظة ما يلي عند الاختيار:

أ- أن يتم الاختيار بشكل دقيق وموضوعي.

ب- توفر الرغبة لدى المترشح.

ج- تناسب الرغبة مع مستوى المترشح ومضمون البرنامج.

د- إن يكون الترشيح مناسبا لمستوى المترشح الوظيفي.

2- الحوافز:

تثير الحوافز دوافع المترشح وتخلق الرغبة لديه فيقبل على البرامج التدريبية (وهو يسعى إلى زيادة الدخل، أو الترقية، أو التقدير والاحترام...الخ) وهذا يساعده على اكتساب المهارات وتعلمها وإدراك الوسائل والأساليب التي هي الأفضل في تحسين الأداء.

3- المتابعة:

بعد اجتياز المترشح التدريب لا بد من متابعته ورصد التغيرات التي طرأت على سلوكه الشخصي أو الاجتماعي، وطريقة أداؤه وإنتاجيته.

4- التطبيق أو الممارسة العملية:

لا يكتفي المتدرب بإلقاء المحاضرات نظريا بل يجب إن يمارس ما يطرح عليه عمليا مستخدما الآلات والمعدات اللازمة لممارسة المهارة ومن خلال الممارسة يمكن تصحيح الأخطاء التي يقع بها ومدى خطورتها وهذا يساعده على تجنبها مستقبلا.

5- تجزئة العملية التدريبية:

يمكن تجزئة العملية التدريبية إلى مراحل وفي كل مرحلة يتدرب المترشح على جزء من العمل، وخاصة إذا كان البرنامج التدريبي معقدا. وهذه التجزئة إلى مراحل تتناسب وتتوافق مع القدرات الذهنية والعقلية للمتدربين، ويمكنهم من الاستيعاب، ولا يشعرهم بصعوبة البرنامج.

6- مراعاة الفروق الفردية:

يتفاوت المتدربون في درجات الذكاء والاستعداد للتعلم واستيعاب المهارات والمعارف.مما يتوجب اخذ هذه الفروق بنظر الاعتبار عند تصميم البرنامج التدريبي بحيث يتضمن استخدام الأجهزة والمعدات بشكل فردي لكل متدرب وذلك للتعرف على درجة تعلمه واكتسابه المهارة.

7- التعلم من الزملاء:

يتصل المتدربون فيما بينهم خلال التدريب والاستراحة وهذا الاتصال يساعد على انتقال الخبرات والمعارف بينهم وتبادلها ويشكل هذا الاتصال عامل مساعد على تعلم الخبرات من بعضهم إضافة إلى ما يتعلمون من البرنامج ومن خلال المناقشات التي تثار بينهم أو المعدة من قبل القائمين على البرنامج

التدريب ونظريات التعلم:

عندما يحاول الاختصاصي النفسي المهني تغيير أو تعديل سلوك الأفراد أو بعضهم في مؤسسة معينة بوساطة التدريب ويصبح لنظريات التعلم النفسية دور مهم جداً لضمان نجاح محاولته، أي عملية تعجيل سلوك العاملين أو بعضهم. وكانت نظريات التعلم الأولى سلوكية الطابع، وتميل إلى تطبيق مبادئ الإشراط الكلاسيكي (بافلوف) والاشتراط الإجرائي Operant Conditioning. على استخدام الحوافز Incentives أي المعززات Reinforcements ليس حديثاً، بل هو قديم قدم المجتمعات الإنسانية. وبالتأكيد فإن من اعتنقوا ومارسوا مبادئ الإدارة العلمية عملوا على استخدام الحوافز قبل سنوات من ميلاد المدرسة السلوكية. وما أضافه علم النفس هو مبادئ عملية "تشكيل السلوك" Shaping Behavior (أي تكوين وتشكيل السلوك من خلال خطوات متتابعة ومتدرجة) والتي تم الوصول إليها من خلال البحث العلمي السيكولوجي الرصين، وكذلك مفهوم انتقال أثر التدريب Transfer of Training من خلال الاستخدام الواسع لأسلوب "التمرين" Practice أثناء التدريب وضرورة وجود تماثل بين ظروف التدريب وظروف العمل الفعلية. كما ساعدت نظرية الإشراط الإجرائي على تطوير أساليب التعليم المبرمج Programming Learning وهو نظام للتعليم الذاتي، يأخذ في الاعتبار سرعة الفرد في التعلم وعدم تمكين الفرد المتدرب من القفز عن بعض مراحل التدريب، فقد لا يستطيع المتدرب الانتقال إلى مرحلة جديدة في البرنامج التعليمي (التدريبي) قبل أن يجتاز بنجاح مراحل معينة، أي أن الإجابة هي نوع التغذية الراجعة، فإذا كانت الإجابة صحيحة فإنها تؤدي إلى الانتقال إلى مرحلة

جديدة في البرنامج التدريبي أما الإجابة الخاطئة فتعني العودة إلى مرحلة سابقة لإتقانها قبل الانتقال إلى مرحلة تالية. وقد تطور هذا الأسلوب ليواكب التطور التقني في مجال صناعة الحواسيب. وهناك تعليم مبرمج على هيئة كتاب للتعليم الذاتي وبرامج للتعليم الذاتي تعتمد على ما توفره تقنية الحاسوب.

أما أعظم الأثر على التدريب خلال العقود القليلة السابقة؛ فقد جاء من علم النفس المعرفي، وبصفة خاصة من نظريات التعلم الاجتماعي Social Learning theory. لكن معظم التأثير جاء من البحوث التجريبية في المجال المعرفي.

نظرية التعلم الاجتماعي:

أن نظرية باندورا في التعلم الاجتماعي كانت مساهمة مهمة في إطار نظريات التعلم، نظراً لاهتمامها بدراسة العمليات المعرفية التي أهملتها المدارس السلوكية. فقد أظهر باندورا أن الناس يمكن أن يتعلموا من خلال عملية مراقبة بسيطة Observation ودون حاجة إلى معززات واضحة مباشرة. ويجدر بنا أن نلاحظ أن الإدارة سبقت علم النفس في هذا الشأن، فقد كان تدريب العاملين الجدد على كيفية أداء الواجبات من خلال أسلوب المشاهدة أو المراقبة متبعاً منذ فترة ليست بالقصيرة، لكن نظرية التعلم الاجتماعي درست تجريبياً بعض معالم هذا الأسلوب في التعلم من قبيل أثر الثواب والعقاب البد يلي على المتعلم. بعبارة أخرى، درس باندورا أثر الثواب أو العقاب الذي يتعرض له النموذج على احتمالات ظهور السلوك المراد تعلمه لدى المشاهد. وتعتمد أساليب التدريب الحديثة (مثل ممارسة بالدور والعروض العملية والوسائل السمعية والبصرية) على فرضية مؤداها أن الناس يمكن أن يتعلموا من خلال مشاهدة آخرين يقومون بأداء السلوك المطلوب منهم ممارسته مستقبلاً. وبصفة عامة، يتحدث العلماء والنقاد عن هذه النظرية بطريقة إيجابية نظراً لأهميتها وفائدتها.

وعمد باندورا في كتاباته الأخيرة إلى التركيز على عدة عوامل، مثل: التفاعل Interaction بين المتدربين والمدربين، ودور المراقبة الذاتية (فحصنا لسلوكنا أثناء حدوثه وتغيره نتيجة للتغذية الراجعة التي نحصل عليها) ودور الكفاءة الذاتية Self-Efficacy (مندى إيمان الفرد بقدرته على تعلم أو أداء واجب معين). وأوضح (Bouchard،) أن المتدربين الذين يمتلكون معدلات عالية من الثقة بالذات والإيمان بها قبل بدء العملية التدريبية تفوقوا على أقرانهم من ذوي المعدلات المنخفضة.

نظرية التعلم المعرفي:

إن "الثورة المعرفية" في البحوث النفسية كان لها أثراً كبيراً على نظرية التدريب، ويركز اختصاصيو علم النفس المعرفي على العمليات العقلية الضرورية لفهم عملية التعلم؛ فهم لا يركزون كثيراً على السلوك الظاهري قدر تركيزهم على عمليات "معالجة المعلومات" Information Processing (الانتباه، الإدراك، الذاكرة، اتخاذ القرارات، وحل المشكلات) وتحدث هذه العمليات العقلية داخل الدماغ ولكنها أيضاً توجه سلوكاً نحو أهداف أو غايات محددة.

يمكن اعتبار الإنسان كائناً حالاً للمشكلات، وجامعاً للمعلومات، لذا فهو يتطلب باستمرار خطوات موجهة Guided Steps وبيانات ملائمة لتساعده على تعديل سلوكه بما يتناسب وغاياته أو أهدافه المتغيرة باستمرار. وينطبق هذا التحليل وبنفس الدرجة على قبض طفل لشيء غريب الشكل، وعلى القيام بعملية موازنة آمنة ودقيقة أثناء إدارة محطة طاقة نووية، وفي هذا السياق وصف لنا اندرسن (Anderson) نموذجاً مفيداً لتحليل خطوات اكتساب المهارات الجديدة.

أولاً: معرفة المعلومات أو المرحلة التقريرية:

تعني هذه المرحلة الحقائق المرتبطة بالواجب الذي ينبغي تعلمه؛ فمثلاً يعرف عدد كبير من الناس ضرورة الضغط على جهاز تعشيق التروس (الكلاتش) لتغيير مبدل السرعة (جير السيارة)، ولكن الذين يستطيعون القيام بذلك أقل؛ أي أن المراحل الأولى لتعلم المهارة تتضمن في غالب الأحيان معرفة القواعد والمعلومات بطريقة شفوية. وفي هذه المرحلة نجد أن عمليات الانتباه والتذكر هي الأكثر أهمية.

ثانياً: تنفيذ أجزاء الواجب (التطبيق الجزئي):

وتعني هذه المرحلة معرفة كيفية تنفيذه أو القيام بأجزاء الواجب المراد تعلمه كل على حدة. وينصب اهتمام أندرسون الرئيسي في هذه المرحلة على كيفية تحويل المعلومات التي تم الحصول عليها أثناء المرحلة الأولى إلى حركات أو إجراءات. وبعد ممارسة سباقة السيارة سيصعب عليك أن تشرح لشخص آخر، وبدقة، كيفية تغيير مبدل السرعة (جير السيارة) بسلاسة ونعومة، وفي هذه المرحلة يستطيع المتعلم الاستفادة من معلومات المرحلة الأولى لكن في مجموعات منفصلة عن بعضها البعض، فقد يستطيع الفرد مثلاً أن يقوم بتغيير مبدل السرعة بطريقة سلسلة جداً، وربما يستطيع أيضاً توجيه السيارة حول المنعطفات بسلاسة، ولكنه لا يستطيع أن يقوم بالواجبين معاً وفي وقت واحد.

ثالثاً: مرحلة الأداء الآلي أو مرحلة التناغم:

وأخيراً، يتم في هذه المرحلة ربط جميع أجزاء الواجب ببعضها البعض بطريقة سلسلة وناعمة، ويحاول المتعلم القيام بالواجب الكي ويتضمن ذلك محاولة تحقيق مزيد من الإتقان لكل جزء على حدة ومحاولة تحسين طريقته في تنفيذ روابط الأجزاء كذلك. وفي نهاية المطاف فإن الأداء الكلي للواجب يصبح أكثر إتقاناً (أكثر سلاسة ونعومة) وكأنه أصبح آلياً وذاتياً.

وبصفة عامة، يمكن القول إنه في الوقت الذي كانت فيه النظريات السلوكية الخاصة بالمعززات (الثواب والعقاب) تركز جهودها على معرفة لماذا يهتم فرد معين بممارسة سلوك معين، وكيف يمكن تشجيعه على ممارسته في ظروف معينة دون غيرها. فإن النظريات أو الأساليب المعرفية ركزت جهودها على محاولة معرفة كيفية اكتساب السلوك الماهر.

دور التدريب أثناء العمل:

تنفق مؤسسات كثيرة جداً وقتاً ومالاً وجهداً لشراء حواسيب أكبر بكثير مما تنفق على مناقشة نوع التدريب الذي يحتاجه مشغل تلك الأجهزة. ونظراً لاعتماد كل ما يصدر عن الحاسوب على مهارات مشغله فإن القرارات الخاصة بالتدريب تساوي- على الأقل- في أهميتها القرارات الخاصة بالشراء، من ناحية أخرى، قد يرى بعض المديرين أن التدريب علاج شاف لكل مشكلات العمل، في حين قد يرى البعض الآخر فيه فائدة قليلة جداً، وربما تعزو الإدارة انخفاض مستويات الإنتاج- كما وكيفاً- إلى نقص في كفاءة المدربين أو عدم ملائمة برامج التدريب بدلاً من البحث عن الأسباب الحقيقية- كما هو صحيح في كثير من الحالات- الكامنة مثلاً في ممارسات تنظيمية معينة من قبيل انخفاض مستويات الروح المعنوية أو قرارات غير صائبة اتخذتها الإدارة... الخ. وإذا ما

نظرت الإدارة إلى التدريب على أنه جل لمشكلات العمل.. فلا بد من أن يكون واضحاً لمن يقترحون برنامجاً تدريبياً ما الذي يريدون تحقيقه جراء ذلك البرنامج، فليس من المفيد أن تقول- مثلاً- لمن يقوم بتدريب الكلاب البوليسية" عليك بتدريب هذا الكلب، ولا يعنينا الهدف أو الغرض من تدريبه".

وسيجعل غموض الأهداف التدريبية عملية تقييم البرامج التدريبية مسألة صعبة للغاية، فإذا أردت أن تقيم مستوى أداء المدربين، فما عليك إلا أن تجيب عن الأسئلة التالية:

- ما الذي يستطيع المتدربون عمله بعد الانتهاء من البرنامج التدريبي؟

- في أية ظروف سيقومون بتلك الواجبات، وبوساطة أية أدوات؟

- ما المعايير التي ستكون نقطة انطلاق لقياس أو تقدير مستوى جدارتهم؟

التدريب في الممارسة العملية- نماذج للبرامج التدريبية:

تم تطوير عدد من خطط التطوير النموذجية (النماذج) Models لبرامج التدريب بغرض تحسين عملية التدريب في المؤسسات. وللتوضيح، سنذكر هنا نموذج جولدشتاين (Goldstein) الذي يوضح مختلف مراحل العملية التدريبية، ويجدر بنا أن نشير إلى أن نموذج باتريك Patrick الأكثر حداثة يتضمن خطوات مماثلة، ولكن بإسهاب أكبر:

الخطوة الأولى: تقدير الاحتياجات التدريبية بصفة عامة وتحديد احتياجات التدريب وأهدافه:

يبدأ كل من النموذجين السابق ذكرهما بتحديد الاحتياجات التدريبية، وتحتاج هذه المرحلة إلى دراسة ثلاثة جوانب هي المؤسسة ذاتها والواجب

والفرد. وأضاف لاثام Latham الجانب الديموغرافي Demographic Level ويعني بذلك ضرورة الاهتمام بالاحتياجات المتميزة لأعضاء الجماعات الفرعية مثل المرأة والأقليات وذوي الاحتياجات الخاصة أو من هم في فئة عمرية معينة.

- **المنظمة:** لن يحدث تدريب في أية مؤسسة إلا بعد شعورها بأن تلك الحاجة التدريبية تمثل جزءاً حيوياً من خطتها العامة والطويلة الأمد لتطوير الكفاءة الإنتاجية أو المناخ التنظيمي أو تطوير المؤسسة ونموها.... إلخ.

- **الواجب:** يشرح باتريك (Patrick) عدداً من نماذج Models تحليل الواجبات، ويعتبر النموذج الهرمي لتحليل الواجبات Hierarchical task analysis من أكثرها شيوعاً. ويتضمن تحليل الواجب تحليله إلى أجزائه على طريقة شجرة العائلة. ومن الأمثلة على هذا الأسلوب واجب إصلاح عجل السيارة، إذ يتطلب 1- رفع السيارة. 2- فك عجل السيارة الذي يتضمن أيضاً واجبات جزئية مثل فك البراغي، وهكذا.

حلل	صمم وطور	نفذ وسيطر
(المرحلة الأولى)	(المرحلة الثانية)	(المرحلة الثالثة)

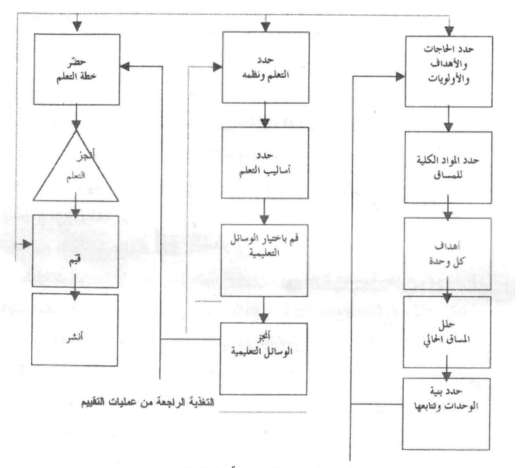

النموذج التطوري لأنظمة التعلم

- **الفرد:** يشتمل تحليل الفرد على جميع أساليب القياس التي سبقت الإشارة إليها، ويجب أن نضيف إلى تلك الأساليب، تقدير الفرد ذاته لاحتياجاته التدريبية، وآراء المشرفين عليه مباشرة. على كل حال، قد لا تجد علاقة بين تقدير الفرد وتقدير المشرف وبخاصة إذا كان المشرف رجلاً والمرؤوس امرأة.

- **التحليل الديموغرافي:** يمكن النظر إلى هذا الجانب على أنه جزء من اعتبارات المساواة في بيئة العمل إذ لا بد من أن يؤدي استخدام أساليب موضوعية ودقيقة لتحديد الاحتياجات التدريبية، بدلاً من آراء

وانطباعات المشرفين أو المديرين، إلى تجنب التمييز في التدريب ضد فرد، أو أقلية، أو مجموعة فرعية. فالقرارات الخاصة بمن سوف يتلقى التدريب وما نوع التدريب الذي سيحصل عليه المتدرب، يجب ألا تعتمد فقط على الآراء الذاتية للمشرفين أو تقديرات المسؤولين عن اتخاذ القرارات في أية مؤسسة. وفي بريطانيا تحصل العاملات على تدريب أقل من رجال، وبصفة خاصة في الأعمال التي كانت مخصصة تقليدياً للرجال وجدا في دراسة مسحية لأكبر عشرين شركة في بريطانيا أن معظم المسؤولين عن تطبيق قانون الفرص المتساوية في مجال العمل لا يشعرون بضرورة عمل أي شيء جديد في هذا المضمار، ولا ينظرون إلى هذه القضايا على أنها مشكلات تنظيمية لا بد من معالجتها، كما وأن لديهم فكرة غامضة جداً عن موضوع تحديد الاحتياجات التدريبية. ووجد بريمان- فنك (Berryman- Finck) أن الإدارة العليا (رجالاً ونساءً) في أية مؤسسة ترى أن الرجال لهم احتياجات تدريبية تختلف عن الاحتياجات التدريبية للنساء، فبينما تحتاج النساء إلى تدريب في مجال التوكيد Assertiveness والثقة بالذات وكيفية التعامل مع الرجال نجد أن الرجال بحاجة إلى تدريب في مجال الاستماع والمهارات اللفظية والحساسية Sensitivity والتعاطف Empathy.

الخطوة الثانية: اختيار أساليب التدريب ومضمونه:

من خلال عملية تقدير الاحتياجات التدريبية، يمكننا أن نضع أيدينا على كل ما يحول دون بلوغ الفرد لأهدافه أو أهداف المنظمة. فقد يهدف التدريب إلى تحديث أو تغيير المعلومات (كأن يكون الهدف تحديث معلومات الخبير القانوني

بمستجدات القوانين الأوروبية مثلاً) أو المهارات (تعليم أحد العاملين على استخدام برنامج حاسوب جديد) أو القدرات (تحسين قدرة المدير على اتخاذ قرارات أفضل). أو الاتجاهات (تحسين الاتجاهات نحو العملاء). ولا نستطيع أن نختار أساليب التدريب أو مضمونه، إلا بعد تحديد جميع أهداف التدريب بدقة، ويجب أن تكون أساليب التدريب هي الأفضل من زاوية تسهيل انتقال اثر التدريب، وأثناء هذه المرحلة أيضاً، يمكن تحديد المعايير التي يمكن استخدامها لتقدير مدى نجاح البرنامج التدريبي.

الخطوة الثالثة: إجراء التدريب:

يستطيع المدربون الاختيار من بين عدد كبير جداً من الأساليب التدريبية المتنوعة، مثل المحاضرة والمناقشة والقيام بالدور والنمذجة Simulation والتعليم المبرمج والتقليد، وهكذا وقد يحدث التدريب أثناء العمل وفي موقع العمل وتحت إشراف عامل خبير، ومن خلال دوران العامل على أعمال مختلفة Job Ratio حيث يكتسب العامل خبرة بعدد كبير من الأعمال المتباينة، وإذا تم إعداد برنامج الدوران على الأعمال بطريقة جيدة فقد تكون النتيجة عاملاً يتميز بالمرونة وحسن التوافق.

انتقال أثر التدريب: تظهر مشكلة مهمة عندما يكون التدريب بعيداً عن العمل وموقعه، وتتلخص هذه المشكلة في مدى أو احتمالات تطبيق ما تم اكتسابه من تغيرات جديدة في العمل الفعلي تخيل مثلاً أنك لاعب بلياردو شهير وطلب منك صديق تدريب أبنائه على لعبة البلياردو، فقد تقرر تعليمهم الهندسة وعلم المثلثات وهي أساس لعبة البلياردو. ولكنك قد تقرر بدلاً من ذلك تعليمهم اللعب على طاولة صغيرة مناسبة لهم، فإذا حدث وأنقذوا اللعب على الطاولة الصغيرة فسيكون سهلاً عليهم نقل مهاراتهم من الطاولة الصغيرة على الطاولة الكبيرة، في حين أن معلومات الفيزياء وعلم المثلثات لن تكون مفيدة لهم ولن تنتقل من على سطح الورقة إلى سطح طاولة اللعب.

الخطوة الرابعة: تقييم البرامج التدريبية:

ذهب صديق لي يعمل لدى مؤسسة تملكها الدولة على دورة تدريبية خاصة ببرامج للطباعة بالحاسوب لمدة يومين. وذكر لي الصديق أنه وجميع المتدربين شعروا أن الدورة كانت "مضيعة للوقت". أما المدهش حقاً فهو أن تلك المؤسسة لم تتجشم عناء الاستفسار من المتدربين عن رأيهم أو انطباعهم عن تلك الدورة، على الرغم من أن مجموعة ثانية من المتدربين ومن المؤسسة نفسها ستذهب للمشاركة في الدورة نفسها، وتشبه أهمية مرحلة تقييم البرامج التدريبية أهمية مرحلة تقييم البرامج التدريبية أهمية المرحلة الأولى من إعداد البرامج؛ نظراً لأن غياب التقييم يؤدي- كما توضح القصة السابقة- إلى ضياع الوقت، وخسارة المال؛ لأننا لا نعرف ما إذا كان التدريب قد حقق أهدافه المرجوة أم لا؟

ويأخذ تقييم البرامج التدريبية أشكالاً عديدة، ونجد في جدول 2 وصفاً مختصراً لبعض الأساليب المستخدمة في التقييم وتكرار استخدامها. ومن المفيدة أن نشير هنا إلى كتابين جديدين في موضوع التدريب للراغبين في الاستزادة.

وتعترض صعوبات معينة طريق تقييم البرامج التدريبية ومن ذلك أسلوب تصميم البحث. فإذا قارنا بين أداء المتدربين قبل التدريب وأدائهم بعده فمن الواضح أنه يصعب علينا ضبط عدد كبير من المتغيرات التي قد تؤثر في الأداء. ويذكر (Jack) أن برنامجاً تدريبياً تم تصميمه لمعالجة مشكلة استقالات العاملين Turnover وبعد الانتهاء من البرنامج التدريبي، وجدت الشركة أن استقالات العاملين انخفضت من نسبة 50% إلى نسبة 24% فقط، فرفعت مستوى الأجور في الشركة. لكن مزيداً من الاستقصاء توصل إلى أن تغيرات أخرى طرأت على سوق العمل في البلد بصفة عامة أدت إلى ارتفاع كبير لمعدل

البطالة في جميع أرجاء البلد. وقد يكون أي من هذين العاملين مسئولا عن التغيير الذي طرأ على معدل دوران العمل (الاستقالة) Turnover. وكان التقييم في الماضي يعتمد على توجيه أسئلة تتعلق بانطباعات المتدربين عن الدورة، ولا شك في أن نسبة كبيرة من المتدربين كانت تقول أن التدريب جيد جداً بسبب سرورهم بالابتعاد عن العمل لمدة يوم أو يومين، ويبدو أن أفضل أساليب التقييم تعتمد على التصميم التجريبي الحقيقي حيث يتم توزيع المتدربين وبطريقة عشوائية بين المجموعتين الضابطة والتجريبية، لكن معظم البرامج التدريبية تعتمد على التقييم عن طريق المقارنة بين أداء مجموعتين: الأولى، وهي المجموعة التدريبية (الذين تدربوا) ومجموعة أخرى للمقارنة. ويوصف هذا الأسلوب بأنه "شبه تجريبي" quasi- Experimental ويشرح كوك وكامبل (Cook and Campbel) عدداً من الأساليب التجريبية المناسبة لتقييم مدى فعالية البرامج التدريبية أو نجاحها.

جدول (7-2)

أساليب تقييم البرامج التدريبية

النسبة المئوية للمديرين الذين استخدموا الأسلوب			
المستوى	نوع التقييم	الوصف	التكرار
1	انطباع المتدربين	كيف شعروا بالنسبة للتدريب	99 مقابل 1
2	كمية التعلم	كمية ما تم تعلمه أثناء الدورة	90 مقابل 9
3	تغير السلوك	التغير الفعلي الذي طرأ على السلوك ومهارات تم اكتسابها	79 مقابل 19
4	النتائج	قياس النتائج من قبيل زيادة الإنتاجية أو زيادة الأرباح	68 مقابل 30

موقف المتدرب من البرامج التدريبية:

يقبل الأفراد على البرامج التدريبية لأنها تكسبهم مهارات تزيد من كفاءتهم على أداء أعمالهم وتتوقف فاعلية التدريب على رغبة المتدربين في العمل واندفاعهم نحو التعليم وزيادة معرفتهم التخصصية المهنية.كما يتوجب تصميم البرامج التدريبية بطريقة تحقق رضاهم ورغبتهم وإقناعهم بفائدة تدريبهم ،وبما يتفق وتوقعات العمل المنوط بهم مستقبلا ويحقق لهم احتياجاتهم.وأول الخطوات التي يخضع لها المتدرب هو قياس مهاراته للتعرف على مقدار ما يملك من مهارات الذكاء والخبرات وكل ما يتعلق بسلوكه لتتمكن الإدارة من معرفة نوع التدريب الذي يحتاجه،هل يحتاج إلى تدريب علاجي أي أن مهاراته غير كافية ويحتاج إلى إضافة.أما إذا كان لا يتقن المهارات فإنه سيخضع إلى برامج تدريبية كاملة.ويخضع المتدربون إلى تقييم لسلوكهم المكتسب (قياس معيار المخرجات) فإذا أتقنوا المهارات يتم تعيينهم في العمل ثم يقوم الأداء في العمل نفسه.. وتتابع الإدارة التقويم عن طريق التدريب الإضافي كلما كان ذلك ضروريا.

ويتضح من ذلك أن التدريب هو عملية استثمار للطاقات البشرية وتزويدها بمستويات عالية من الكفاءة والفاعلية ولكن هذا يرتكز على أن يكون لدى المترشحين الرغبة وتشجيعهم بالحوافز على التعلم ومتابعة ومعالجة نقاط الضعف لدى المتدرب بعد الانتهاء من البرامج التدريبية وتوفر البرامج العملية لهم وتوزيع برامج التدريب على مراحل ،وملاحظة الفروق الفردية بينهم كدرجة الذكاء والاستعداد للتعلم والمهارات والمعارف.

أهمية تحليل الاحتياجات التدريبية وتحديدها:

يصعب تحليل الاحتياجات التدريبية عمليا خاصة فيما يتعلق بصدق محتوى الاحتياجات الهامة المستهدفة من العملية التدريبية فقد تحقق الإدارة أهدافها عن طريق برنامج تدريبي فعال مادياً وفكرياً وبدنياً. أما إذا كان البرنامج التدريبي يؤدي إلى نقص في مهارات ومعارف وقدرات المتدربين. لذا يتوجب تحليل الاحتياجات التدريبية إلى ثلاث مستويات (مستوى المنظمة بشكل عام،المستوى الوظيفي، مستوى العاملين).

أولاً: مستوى المنظمة بشكل عام:

ويتم عن طريق:

1- التحديد:

- تحديد الوحدات التي تحتاج إلى التدريب وفق أولوياتها.
- تحديد الاختيارات للمتدربين من الإفراد.
- تحديد المهارات والمعارف والقدرات المطلوب تدريبهم عليها.
- تحديد أدوات تحليل الاختبارات ومعاييرها التي بواسطتها تفسر النتائج.
- تحديد أسلوب مقارنة الأداء. (كالغيابات،الإنتاجية،الأمن الوظيفي).
- تحديد الفترة الزمنية اللازمة للتدريب.

2- الهدف من التدريب:

توضيح أهداف التدريب بشكل وصفي يفهم منه أنها أهداف واقعية منسقة سهلة التحقيق،مفهومة ومتوافقة مع أهداف ورغبة المتدرب وأهداف المؤسسة.

3- التسلسل الإداري:

وتوضح فيه تسلسل السلطة الإدارية بين أجزاء الأقسام وتحديد مسؤولية كل وحدة منها.

4- الإجراءات المنظمة للتدريب:

لغرض تنسيق الجهود لإنجاح البرنامج التدريبي تصدر الإدارة عددا من التعليمات والإجراءات واللوائح وذلك تسهيلاً لإدارة العمل وتوجيه الأنشطة نحو تحقيق الأهداف التدريبية.

5- تحليل بيانات العاملين:

يهتم مخططو البرامج التدريبية بفحص البيانات والمعلومات للأفراد العاملين في المنظمة الإعلامية بدءاً من عددهم، جنسهم، أعمارهم، خبراتهم السابقة، تعليمهم الدورات التدريبية التي سبق وأن شاركوا به، مستوى مهاراتهم، ودرجة كفاءتهم........الخ.

6- تحليل معدل كفاءة الأفراد العاملين:

يقدم مشرف التدريب تقرير مشيراً فيه إلى مستوى أداء الأفراد موضحاً فيه التكاليف (وتشمل تكلفة العمل والمواد والمعدات المستخدمة وخسائرها من جراء الاستعمال).

7- تحليل السلوك:

ويتم ذلك عن طريق الملاحظة أو المقابلة أو الاستبيانات أو تقارير دوران العمل، وحوادث العمل، والغياب.. الخ لمعرفة مدى ارتفاع الروح المعنوية والاستجابة (الإقبال) من خلال سلوك الأفراد واندفاعهم لتحقيق الأهداف.

8- **تقيم النشاط:**

تهتم البرامج التدريبية بدراسة الظروف وتقييم الأنشطة لغرض الاستفادة منه مستقبلاً بقصد إيجاد الحلول للمشاكل التي يتوقع ظهورها والتعامل مع المواقف المتغيرة أو المتطورة التي تظهر خلال التدريب وتنعكس إيجاباً أو سلباً عليه كتغيير الأهداف والسياسات للمنظمة بشكل عام أو لقسم التدريب بشكل خاص أو التغيير في نوعية الأفراد العاملين (التعليم،الخبرة...الخ).

ثانياً: المستوى الوظيفي:

ويقصد به تحديد وتحليل عمليات وموضوعات البرنامج التدريبي والهدف من ذلك مساعدة المتدرب على القيام بواجبه الوظيفي طوال فترة التدريب ويتم ذلك عن طريق:

أ) **تحليل الوظيفة:**

ويقصد به تحديد الواجبات ومهام الوظيفة ومسؤولياتها ونوع المهارات والمعرفة اللازمة لهذه الوظيفة.

ب) مرتكزات تصميم البرامج التدريبية:

عندما يصم برنامج تدريبي يتوجب فيه توضيح المكون الوظيفي (يقصد بالمكون الوظيفي واجبات ومسؤوليات ومهارات وأدوات وقوانين وتشريعات العمل وظروفه ونوعه ومكانه وزمانه).

بشكل لا يقبل اللبس لأنواع المهارات والمعارف والاتجاه للأداء وتحديد معايير الأداء الوظيفي ومكونات الواجبات، وطرق إنجازها مما يساعد المتدرب معايير الأداء الجيد أو المقبول للوظيفة.

ثالثاً: مستوى العاملين:

عند تحليل الاحتياجات التدريبية في العمل الإعلامي يتوجب النظر إلى:

أ) تدريب العاملين الجدد:

إن البرنامج التدريبي يهدف إلى توفير فرص العلم وتنمية المعارف والمهارات والاتجاهات لدى العمال الجدد، ومواجهة مواقف العمل لأول مرة. وقد يتحقق للعامل في بعض الوظائف تعلم المهارات من خلال الخبرة، ومعرفة متطلبات الوظيفة. غير أن البعض الآخر من الوظائف لا ينمي ويطر الأساليب خلال إنجاز هذه الوظائف، لذا يجب النظر باهتمام وتمييز هذه الوظائف وأخذها بنظر الاعتبار أي اعتبارها ضمن البرنامج التدريبي أو لا توضع ضمن البرنامج.

ب) تدريب العاملين القدامى (الحاليين):

ويقصد بالعاملين القدامى (الحاليين) أي أنهم العمال الذين يعملون ولكن قد يكون مستوى أداء بعضهم ضعيفاً. ويتم ذلك من خلال تقويم أدائهم وتكرار تحليل الأداء وتعيين جوانب الضعف في الأداء الذي يكون فيه الأداء أقل من المعيار المحدد والذي يعني أن هناك مشاكل في الأداء يتطلب تحسينه ولسلوك الأداء ثلاث مظاهر هي:

- الثبات.... يقصد به أن مشكلة الأداء مزمنة، (مكررة، غير مؤقتة، كثيرة الوقوع).

- الإجماع... ويقصد به هل أن مشكلة الأداء تقع لدى عدد من الأفراد، أو تخص فردا واحدا.

- التمييز.... يبين المشكلة الأدائية والتي تشمل جانبا واحدا من الأداء أو مختلف جوانب الأداء.

ويتم بعد ذلك تحديد فيما إذا كانت مشاكل الأداء تخص فردا وفي هذه الحالة تكون مراقبته لفترة زمنية محددة فربما يتحسن أداءه بعد فترة أما إذا كانت مشاكل الأداء تخص مجموعة من الأفراد ولديهم مشاكل أداؤه في نفس الوظيفة فيمكن النظر في:

- تدريب مجموعة العاملين.

- إعادة تعميم الوظيفة.

- التحكم في بيئة العمل. في حالة ضعف الأداء ناتجا عن عدم تطابق مهام العمل.

- النظر في إدخال بعض الأجهزة لحل المشكلة (وسائل اتصال حديثة، جهاز حاسب....) ويلاحظ عند النظر إلى مستوى الأداء انه ليس من الضروري أن يكون نتيجة عامل فردي (كالحوافز أو المهارات) فقط بل يجب اعتبار مظاهر سلوك الأداء (الثبات، الإجماع، التمييز) كجزء مهم في تحليل مستوى العاملين في العمل السياحي. فعند تحديد احتياجات التدريب تتساءل أين تحتاج التدريب؟ وهنا تبحث في مستوى المنظمة وتحليلها لتعرف المحددات المطلوبة في التدريب والإجراءات المعتمدة....الخ. ويبرز سؤال آخر يتطلب الإجابة وهو ما نوع التدريب المطلوب؟ وتبحث في المستوى الوظيفي، أي تحليل الوظيفة ومرتكزات تصميم برامج التدريب. ولكن من هم الذين يحتاجون للتدريب؟ وتبحث في المستوى الثالث من الاحتياجات في العاملين وهم نوع جديد ولهم نوع من التدريب وتقدم لهم برامج خاصة أيضاً.

مراحل تصميم البرنامج التدريبي:

أصبحت برامج التدريب من الأمور الصعبة والمعقدة فهي تكلف الإدارة جهداً بشرياً ومادياً لذا يجب الاهتمام بتصميمها بحيث تحقق أهدافها ن غير أنها تشترك بصفة عامة ببعض القواعد والخصائص الأساسية ومن ذلك:

1- مرحلة وصف الوظيفة:

إذ يقوم مصمم البرنامج بوصف الوظيفة من حيث:

■ نشاطاتها الضرورية والأساسية المطلوب أداؤها

■ الظروف التي فيها يتم الانجاز (كالظروف البيئية، هل يتم العمل داخل أو خارج بناء، هل هو فردي أم جماعي، الظروف الفيزيقية ضوء، ضوضاء اهتزاز، مخاطر، ظروف مناخية كالأمطار، غبار، ضباب، ظروف نفسية كالشعور بالتعب والإرهاق، القلق والتردد).

■ المواد والخدمات والمتطلبات التي تساعد على التدريب كالمتطلبات الفيزيقية، القوة، الدفع، السحب...الخ أفعال العامل والنتائج الحاصل عليها.

■ تكرار الأداء، أهمية النشاط (بناء على نتائجه المادي سالبة أو موجبة) للعامل الذي ليس في مقدوره أداء النشاط أو يواجه صعوبة التعلم ومن الضروري التعرف على الأهداف السلوكية والمعايير التي سوف تستعمل في قياس الأداء والأخذ بعين الاعتبار أنواع السلوكيات الضرورية لأداء الوظيفة؟ وأية وسيلة تعليمية ومتغيرات التعلم تعزز الأنماط السلوكية؟.. ثم يتوجب النظر في هل يمكن إعادة تصميم الوظيفة بعد التدريب لتصبح ذات فائدة أكثر من ذي قبل وسهلة التعلم

والأداء؟ وما هي النشاطات التي يتوقع من الإفراد أدائها في وظيفة كهذه؟.

2- مرحلة أهداف التدريب:

وتستند هذه المرحلة إلى مرحلة وصف الوظيفة أي المهارات والمعارف التي تحتاجها الوظيفة وبعد ذلك يتم إعداد الأهداف وتحديدها.

3- مرحلة قياس المعايير:

وهي الوسائل التي تقيس مدخلات العملية التدريبية أولا كالاختبارات النفسية أراء المشرفين على التدريب والمقابلة ونتائجها، التدريب السابق ومعلومات أو بيانات المترشح ومهاراته وقدراته كما تقارن المدخلات مع المخرجات للعملية التدريبية وقد تشمل الجذب الإعلامي ومستوى الإنتاج كماً ونوعاً ومعالجة المواقف وإيجاد الحلول من قبل المتدرب إضافة إلى تقويم زملاء العمل... الخ.

4- مرحلة الإجراءات التعليمية:

حيث يتم توفير الوسائل التعليمية والتعرف على مدى تحقيق الأهداف من خلال قياس المعايير وتستند إلى التعليم والدافعية التي تمكن التدرب من التعلم بشكل فعال من خلال بيئة تعليمية تمكن المتدرب من الاستمرار في أداء عمله بكفاءة.

5- مرحلة الاختبار:

ويقصد بها تحسين برامج التدريب وتطويرها واختبار صلاحية تطبيق مقاييس المدخلات والمخرجات.

أساليب التدريب:

1- أسلوب المحاضرة:

إذ يتم عرض الأفكار والحقائق والمعلومات عن مادة التدريب ويقوم المدرب بإلقاء المادة على المتدربين بشكل منسق متسلسل أما دور المتدرب فهو سلبي أي الاستماع فقط فقد يستعين المدرب بالخرائط أو الأفلام أو الإعلانات.... الخ ويهدف موضوع المحاضرة إلى تطوير مهارات ومعرف وخبرات المتدربين ويتوقف على كفاءة المدرب ومن مميزات هذا الأسلوب:

● يمكن أن يحضرها عدد كبير من المتدربين.

● كلفتها منخفضة.

● تتضمن عددا كبيرا من المعلومات.

أما عيوبها فهي:

1- تشكل اتصال من جانب واحد. فالمحاضر هو محور العملية التعليمية التدريبية وقد لا يحقق أية مهارات ومعارف للمتدربين.

2- موقف المتدرب سلبي فهو لا يشارك ولا يناقش.

3- تشمل الجانب النظري فقط ولا تمارس أي نشاط عملي تطبيقي للمعلومات النظرية.

2- أسلوب دراسة الحالة:

ينفع هذا الأسلوب مع عدد محدد صغير من المتدربين وفيه تطرح حالات فرضية أو فعلية لمناقشتها واتخاذ القرار بشأنها ويقدم المدرب لهم

المعلومات ويشجعهم على المناقشة باتجاه البحث عن حل مناسب. في هذا الأسلوب يكون المتدربون هم محور العملية التعليمية التدريبية.

ومن مزايا هذا الأسلوب:

1- يشارك المتدربون في المناقشة ويقدمون حلول تتسم بالشمول والتكامل.

2- ينشط الأفكار وينمي القدرات وتتخيل حلول المشكلات ويوضع لها بدائل.

أما عيوبه:

1- لا يصلح إلا عندما يكون عدد من المتدربين محدودا.

2- تستغرق مناقشة الحالات وقتاً طويلاً ما يجعله أسلوبا صعب التطبيق.

3- أسلوب تقمص الأدوار:

تجري في هذا الأسلوب عملية تمثيل الأدوار دون إعداد تفصيلي مسبق لما يجب إن يقوله كل واحد من المشاركين وإنما تترك تفاصيل النقاش للمتدربين لكي يعتمد كل منهم على قدراته الذهنية والخبرة والمهارة التي يمتلكها لتصرف في حالات من هذا النوع. وبعد أن تتم عملية تقمص الأدوار من قبل المتدربين المكلفين بذلك يقوم الفريق بمناقشة الأحداث التي عرضت أمامهم لتحديد نقاط الضعف والقوة في أداء الأدوار ويستخدم عادة في مجال العلاقات الإنسانية والإشراف والقيادة وغيرها.

ومن أهم مزايا هذا الأسلوب: انه ينشط عملية التعلم الذاتي للفرد المتدرب وينمي عنده مهارات العلاقات الإنسانية.

4- أسلوب تنمية العلاقات الإنسانية:

ويتركز على أساس تنشيط الجانب الشعوري ولتعلم الانفعالي لدى المتدرب حيث يقوم المدرب بوسائل وأساليب مختلفة على خلق جو من الصراحة والمكاشفة بين المتدربين ضمن جلسات جماعية ومن خلال هذا الجو يشجع المدرب الإفراد المتدربين على الانتباه إلى تصرفاتهم الذاتية وتصرفات زملائهم الآخرين. ويؤدي هذا الأسلوب إلى تعميق بصيرة الفرد بنفسه وبغيره وتقبل انفعالاتهم والتقليل من حلة المغالاة في المشاعر ورفع مستوى تفهمه للآخرين وتحسين علاقاته الإنسانية مع زملاءه الآخرين.

5- أسلوب النقد:

يعتمد على نقد أراء الآخرين حول مشكلة أو موضوع ما وهذا يحفز الآخرين على طرح آراءهم والدفاع عنها بحرية أو أي نقد لهذه الآراء حتى يمكن التوصل إلى أفكار تسهم في تحسين العمل ومن عيوب هذا الأسلوب:

1- تكرار الأفكار.

2- ملل بعض المتدربين من المناقشة.

أما من فوائد هذا الأسلوب.

• طرح أفكار جيدة ومفيدة عملياً.

معايير الأساليب التدريبية:

نلخص بعض المعايير التي نستند إليها عند اختيار الأسلوب المناسب للعملية التدريبية منها:

1- أن يتناسب الأسلوب مع المستوى العلمي لمتدربين.

2- يتناسب الأسلوب مع طبيعة المادة.

3- يتناسب الأسلوب مع مجموعات المتدربين (صغيرة، كبيرة).

4- مقارنة تكاليف البرنامج (وسائل، أدوات) ومقارنتها مع المخرجات وما حققته من أهداف.

5- تناسب الوقت والزمان مع أسلوب التدريب.

مؤشرات نجاح البرامج التدريبية:

تهدف البرامج التدريبية في العادة إلى إحداث تغيير في الأنماط السلوكية للإفراد ويتضح ذلك في طريقة أدائهم لأعمالهم والقدرات والمهارات التي اكتسبوها وانعكاسها بشكل ايجابي في شخصياتهم ويمكن أن تنجح البرامج التدريبية إذ أخذت بنظر الاعتبار عددا من الملاحظات منها تنظيم مادة التدريب وإعدادها مسبقا،مرونة البرنامج بحيث يكون متوافقاً مع متطلبات العمل من جهة ومع رغبات وحاجات المتدربين من جهة أخرى ثم التعرف على نتائج التدريب والحكم على مخرجاته.

تفويم التدريب:

تعرف تقويم البرامج التدريبية بأنها تلك الإجراءات التي تقاس بها كفاءة البرامج التدريبية ومدى نجاحها في تحقيق أهدافها المرسومة وتقاس بها كفاءة

المتدربين ومدى التغيير الذي نجح التدريب في إحداثه بينهم ولضمان فاعلية وكفاءة برنامج التدريب وتحقيق أهدافه فأنه يجب تقويم هذه البرامج.

ومن أسباب التقويم:

1- التأكد من أن البرنامج التدريبي يعمل وفق ما هو مخطط له وفي ضوء الأهداف المحددة له.

2- معرفة مدى تلبية البرنامج للاحتياجات العملية لبيئة العمل.

3- معرفة مدى تلبية البرنامج للاحتياجات السلوكية للمشاركين فيه.

4- الوقوف على درجة فعالية وملائمة الأساليب التدريبية المعتمدة.

5- تحديد درجة كفاءة المدربين ومدى نجاحهم أداء أدوارهم.

تستخدم عدة طرق لتقويم مقياس مدى فاعلية البرامج التدريبية ومن أهمها:

- الزيادة الحاصلة في الكفاءة الإنتاجية وزيادة الإنتاج كماً ونوعاً بعد التدريب.

- الزيادة الحاصلة في حجم المبيعات الكلي قد تستخدم كمؤشر لقياس درجة فاعلية التدريب.

- تقليل النفقات بشكل عام وتخفيض نسبة الفاقد أو الضائع في الإنتاج.

- التغيير في السلوك الإنساني واتجاهات الإفراد العاملين.

- نقص في عدد ومعدل الإصابات بالحوادث الصناعية نتيجة لارتفاع كفاءة الفرد في التعامل مع الآلة.

- زيادة الاستقرار والمرونة بسبب إتقان عدد من المنتسبين لعدة وظائف مما يسهل توفير البديل المناسب عندما تشغل إحدى الوظائف.

● ارتفاع الروح المعنوية لان إتقان الفرد المتدرب لطريقة أداءه لعمله بشكل جيد والاستفادة من البرنامج التدريبي يرفع من الروح المعنوية لدى الإفراد العاملين. ويمكن استخدام مجموعة من المعايير لتقويم البرامج منها:

1. استبانه لقياس مشاعر وأحاسيس المتدربين وهي مقياس للصدق الظاهري، إذ يتم توزيع استبانه فيها عدد من العبارات تقيس مدى شعور المتدرب بالاستفادة من البرنامج والتي يعتبرها أكثر فائدة أو أقل أو أسهل أو أكثر صعوبة.

2. امتحان لقياس التغيير المباشر الذي أحدثه البرنامج في المخزن السلوكي والذاكرة لدى المتدرب.

3. المعيار السلوكي ويتم عن طريق التقارير التي يتم رفعها من قبل المشرفين على التدريب أو عن طريق الاستبيان والمعيار السلوكي يعني قيس المخرجات قبل وبعد التدريب أو التعرف على المشكلات أو نسبة الغيابات.

4. المعايير الموضوعية وهي تقيس نواتج وعائدات التدريب والقيمة النهائية للتدريب ومقارنة التكاليف بالفوائد للبرنامج التدريبي.

المراجــع

المراجع العربية:

1. أبو أسعد، أحمد والغرير، أحمد. (2009) التقييم والتشخيص في الإرشاد، دار الشروق، عمان.
2. أبو أسعد، أحمد والغرير، أحمد. (2008) التعامل مع الضغط النفسي، دار الشروق، عمان.
3. أبو أسعد. احمد عبد اللطيف (2009) المهارات الإرشادية، دار المسيرة، عمان.
4. أبو جادوا، صالح محمد علي(2005). علم النفس التربوي، دار المسيرة للنشر والتوزيع و الطباعة، ط4، عمان، الأردن.
5. أبو علام، رجاء محمد.(2006) مناهج البحث في العلوم النفسية والتربوية، القاهرة: دار النشر للجامعات.
6. الختاتنة، سامي و أبوأسعد،أحمد و الكركي، وجدان، (2010) مبادئ علم النفس، دار المسيرة للنشر والتوزيع، عمان الأردن.
7. الرحو، جنان سعيد.(2005) أساسيات في علم النفس، دار العربية للعلوم، لبنان.
8. الريماوي، محمد عودة وآخرون.(2008) علم النفس العام، ط4، دار المسيرة، عمان.
9. الزغول، عماد عبد الرحيم، الهنداوي، على فالح.(2002). مدخل إلى علم النفس، دار الكتاب الجامعي.
10. الزغول، عماد (2003) نظريات التعلم، دار الشروق، عمان.
11. الزق، أحمد. (2006) علم النفس، دار وائل للنشر والتوزيع، عمان.

12. الزهراني، نجمة بنت عبدالله (2005) النمو النفس اجتماعي وفق نظرية اريكسون وعلاقته بالتوافق والتحصيل الدراسي لدى عينة من طلاب وطالبات المرحلة الثانوية بمدينة الطائف. جامعة أم القرى المملكة العربية السعودية، رسالة ماجستير غير منشورة.
13. السامرائي، نبيهة (2007) علم النفس الإعلامي، دار المناهج للنشر والتوزيع، عمان الأردن.
14. الطراونة، معتصم (2003) الهوية النفسية وعلاقتها باتخاذ القرار لدى طلبة جامعة مؤتة، رسالة ماجستير غير منشورة، جامعة مؤتة.
15. العديلي، ناصر محمد (1995) السلوك الإنساني والتنظيمي، معهد الإدارة العامة، الرياض.
16. العمري، بسَام (2002) آليات صنع القرار من وجهة نظر العمداء ورؤساء الأقسام الأكاديمية في الجامعات الحكومية الأردنية. دراسات، الجامعة الأردنية.
17. القذافي، رمضان (1997) العلوم السلوكية في مجال الإدارة والإنتاج، المكتب الجامعي الحديث، الإسكندرية، مصر.
18. القعيد، إبراهيم حمد (1422هـ)، العادات العشر للشخصية الناجحة، دار المعرفة للتنمية البشرية، الرياض.
19. القليني، فاطمة وشومان، محمد. (2004) الاتصال الجماهيري، دار الكتب العلمية للنشر والتوزيع، القاهرة.
20. المنصور، كاسر نصر (2000) نظرية القرارات الإدارية، دار ومكتبة الحامد للنشر والتوزيع، عمان، الأردن.
21. النعيمي، جلال محمد (1990) المدخل إلى دراسة العمل، دار الحكمة للطباعة والنشر، الموصل الجمهورية العراقية.

22. توق، محي الدين وآخرون: أسس علم النفس التربوي. (2003). دار الفكر للطباعة والنشر والتوزيع، ط3، عمان،الأردن.

23. جابر، جابر عبد الحميد. (2008) . نظريات الشخصية البناء -الديناميات -النمو - طرق البحث -التقويم. القاهرة: دار النهضة العربية.

24. جبل، فوزي. (2008) علم النفس العام، المكتب الجامعي الحديث.

25. حجازي، مصطفى (2001) علم النفس والعولمة، شركة المطبوعات للنشر والتوزيع، بيروت، لبنان.

26. حسن، محمد عبدالغني (2004) مهارات إدارة السلوك الإنساني، مركز تطوير الأداء والتنمية، مصر.

27. خالدي، أديب محمد (2003). كتاب سيكولوجية الفروق الفردية والتفوق العقلي.

28. ختاتنة، سامي محسن. (2007). بناء برنامج لتدريب الأمهات على المهارات الحياتية و استقصاء أثره في تحسين الكفاية الاجتماعية ومفهوم الذات ومهارات الحياة لدى أطفالهن، رسالة دكتوراه غير منشورة، جامعة عمان العربية للدراسات العليا، عمان الأردن.

29. ربيع، محمد شحاته (2009)، المرجع في علم النفس التجريبي، دار المسيرة للنشر والتوزيع، عمان الأردن.

30. ربيع، هادي(2008) علم النفس الإداري، مكتبة المجتمع العربي للنشر والتوزيع، عمان الأردن.

31. زريقي، سيف الدين.(2000)، اثر التدرب على مهارة حل المشكلات في الضغط النفسي وتقدير الذات لدى المراهقين في مدينة عمان، رسالة غير منشورة، الجامعة الأردنية، عمان، الأردن.

32. زويلف، مهدي حسن (2001) الإدارة نظريات ومبادئ، دار الفكر للطباعة والنشر والتوزيع، عمّان.

33. سليم، مريم.(2003).علم نفس التعلم، دار النهضة العربية، بيروت، لبنان.

34. سليم، مريم والشعراني، الهام. (2006) الشامل في المدخل إلى علم النفس، دار النهضة العربية، بيروت، لبنان.

35. صويص، راتب وصويص غالب. (2008) تقنيات ومهارات الاتصال، دار إثراء للنشر والتوزيع، عمان: الأردن.

36. غباري، ثائر أحمد (2008) كتاب الدافعية النظرية والتطبيق.

37. قطامي، يوسف؛ وعدس, عبد الرحمن (2002). علم النفس العام، الأردن، عمان: دارالفكر للطباعة والنشر والتوزيع.

38. كلاين، ستيفن ب.(2003) التعلم: مبادئه وتطبيقاته، ترجمة: رباب حسني الرياض.

39. كنعان، نواف (1402هـ)، القيادة الإدارية، ط2، دار العلوم للطباعة والنشر، الرياض.

40. مارك باركينسون، التوظيف الفعّال لعلم النفس في إدارة الأعمال، ترجمة خالد العامري (2008)، دار الفاروق للاستثمارات الثقافية، القاهرة، مصر.

41. هيوكوليمان وآخرون، علم النفس التطبيقي، ترجمة موفق الحمداني وآخرون (2003) عمان الجامعة الأردنية.

42. ياغي، محمد عبدالفتاح (1988) اتخاذ القرارات التنظيمية، مطابع الفرزدق التجارية، الرياض.

المراجع الأجنبية:

1. Atkinson, R.L. (1996). Hilgard's introduction to psychology. Harcourt Brace.

2. Alfred, Jay(2006), Our Invisible Bodies: Scientific Evidence for Subtle Bodies. Trafford Publishin.

3. Blustein, D.L, & Phillips, S.D. (1990). Relation between ego identity statuses ans decision making styles. Journal of Counseloing Psychology. Vol. 37, No. 2, PP. 160-168, American Psychological Association, New York, U.S.A.

4. Cohen, C.R, Chartrand, J.M., & Jowdy, D.P. (1995). Relationship between career indecision subtypes and ego identity development. Journal of Counseling Psychology.Vol.42, no. 4 , pp.440-447, American Psychological Association. Virginia, U.S.A.

5. Corey, Gerald (2001) Theory and Practice of Counseling and Psychology, B rooks/Cole publishing com N. Y.

6. Garnham, Nicholas.(1998). Information Society Theory as Ideology: A Critique. Volume 21, University of Quebec.

7. Gurren, James Gurevitch.(1997). Mass Media and Society. Arnold. London.

8. Hamer, Dean H. (2004). The God gene how faith is hardwired into our genes. New York: Doubleday. Pages 211-12.

9. Heiman, G.(1999). Research Methods in Psychology. 2th ed. Boston, Houghton Mifflin Company.

10. Larson, Cynthia Sue(2004). Aura Advantage, Adams Media , ISBN 1-58062-   945-8

11. Myers, D.(1998). Psychology. 5th ed. New York, Worth Publishers.

12. Newhope (1998). E.mail nfm @ new hope. com. Sun day Times (March ,12, 2000) http: www. Sun day Times.